# 学びをみとる

## エスノメソドロジー・会話分析による授業の分析

五十嵐素子　平本毅　森一平　團康晃　齊藤和貴　編

新曜社

# 目　次

装丁＝藤井 聖子（La Chica）

# *Introduction*

# 生徒の学習経験を理解する
## ——学習活動と相互行為を「みとる」必要性

五十嵐 素子

## 1. 本書の目指すものと本書の構成

　「授業」といっても、その実際は多様です。校種、学年、教科によってその内容と方法は異なり、たとえ単元が同じでも、授業の展開やそこでの教師の働きかけ、生徒の反応によってその内実は異なるものです。しかし、生徒の学習経験を把握するにはある確実な方法があるのです。それは、**その授業の学習活動において教師と児童生徒の相互行為（やりとり）に着目し、その学びを「みとる」（見取る）こと**です。

　「みとる」とは、一般的にはなじみのない言葉かもしれませんが、教育現場では「見て知る」や「読み取る」といった意味でよく使われており、生徒の学びを観察して「みとる」ことは、教師には欠かせないスキルの一つです。実はこのスキルを磨くには、学習活動を相互行為（やりとり）として捉える視点を学ぶのが手っ取り早いと考えています。

　では、本書が扱う「相互行為」とは何でしょうか。それは、次の Lecture1 ～ 3 でより詳しく述べていきますが、さしあたり以下のように捉えていただければと思います。授業で教師は、生徒に質問したり、呼びかけたり、黒板に書いて説明し、生徒はそれに答えたり、説明を聞いて質問したりします。またグループ活動ならば、生徒同士がお互いに議論し合い意見をまとめ、発表します。そこで生徒同士は反対意見や賛成意見をぶつけ合うこともあるでしょう。**相互行為とは、こういった学習活動を成り立たせている、教師と生徒による一連の振る舞いや行為の応酬（やりとり）**といったものです。

　本書はこのような、教師と生徒の相互行為（やりとり）に着目する見方と枠組みを示し、生徒の学習経験の理解に役立てて頂きたいと考えています。そのために、エスノメソドロジー・会話分析という研究法に基づき、学校教育の教育実践

1

を理解し、分析する方法を紹介していきます。エスノメソドロジー・会話分析についても Lecture1 ～ 3 にて解説します。

　本書は 4 つの内容に分けて構成しています（各章の内容については末尾で紹介します）。

　まず、Lecture1 ～ 3 では、どのように学習活動や相互行為に着目して授業を捉えていくのか、その分析的観点の意義と方法を紹介します。次に続く Part1（1 章～ 4 章）では、一斉授業の形式における教師の実践の方法に焦点を当てながら、どのように授業が組み立てられていくのかを具体的に確認していきます。一斉授業の形式といっても、ここで取り上げるのは、教師がただ説明しているような事例ではありません。児童生徒の関心や参加を引き出しながら授業を進めていく教師の実践の方法を紹介していきます。

　Part2（5 章～ 7 章）では、児童生徒による主体的な学習活動の相互行為に焦点を当てながら、そこでどのような学習経験が生まれているのかを事例を通じて示していきます。

　Part3（8 章、9 章）では、これまでに紹介してきた視点をもとにしながら、いかに教師が授業を振り返り、改善したり、評価することが可能なのかを、具体的な事例に沿って示していきます。

## 2．具体的な授業例から：児童自らが「問い」を生み出す場面

### （1）教師の手立てをみとる／生徒の授業経験をみとる

　さて、ここからは、イントロダクションとして、授業の一場面を例にしながら本書が目指すところを示していくことにしましょう。

　学校現場には、どんな授業に対しても、その授業者の教師の指導のよさや問題点を、すぐに指摘できるベテラン教師がいます。たとえば、研究授業の後に行われる協議会ではそうした教師たちが授業の問題点について語り、改善案について議論する姿がみられます。こうした教師たちの日々の振り返りや課題意識によって日本の教育現場は支えられてきたといえるでしょう。教育実習生などは、このようなベテラン教師の鋭い指摘に圧倒され、振り返りの力や改善力を身につけようと憧れるものです。

　だが、本書ではそのような力をいきなり身につけることを目指すことよりも、そうしたベテラン教師には**確実に見えているにもかかわらず、言及されることはない、教師と生徒の相互行為を把握すること**が、まずは必要であると考えます。

というのも、多くのベテラン教師は、授業における教師の工夫や児童生徒の反応といった相互行為の詳細が見えているため、児童生徒の学習経験についてもより具体的に理解しています。だからこそ、教師の指導のあり方の良し悪しについても、的確に指摘することができるのです。

　ではここで具体的な授業例を紹介しそれに基づいて話を進めていきましょう。

　以下で取り上げるのは、児童が自ら問いを立て、それを主体的に探究していくことを目指して計画された小学校 3 年生の理科の研究授業です。本書において事例は、相互行為を詳細に書き起こして作成された、トランスクリプトの一部（断片）によって提示されます（トランスクリプトについての詳細は Lecture3 を参照してください）。

　授業者の E 教師は、普段から理科の「物質とエネルギー分野」では、児童が自ら解決したいと思うような「問い」が生まれにくく、授業で実験を通じて実証的なデータを獲得したとしても、児童がそれまで持っていた「見方や考え方」を更新しづらいと感じていました。そこで、児童らが興味・関心をもって問いを生みだし、仮説を立て、検証することができるような授業を構想したのです。

　この授業の導入で E 教師が工夫したのは、児童が自ら解決したいと思う「問い」を生み出せるようにすることでした。このため、児童に前時（前回の授業）の実験の結果を語らせるときに、その結果が全員同じではなかったことが明るみに出るような手立てをしたのです。

　前時では、乾電池から伸びた導線に色々なものをつないで豆電球がつくかどうかを実験していました（「電気のとおり道探し」）。このため、児童は「電気を通す物と通さない物がある」こと、「モールやハンガーといった電気を通しそうで通さない物がある」ことを知っていました。そこでまず、E 教師は、ある児童らが書いたノートから、前時の実験のエピソード（「（豆電球が）つくと思ったのに、つかない」「つきそうでつかない」）を紹介し、そのときの状況をその児童らに尋ねて「さびても釘は釘だから、つくと思っていたんだけど、つかなかった」という発言を引き出したのです。ですが、E 教師の手立てはそこでは終わりません。そう言った児童らとは別の児童らから、それとは異なる実験結果を引き出すように、「（釘は）さびていると（電球が）つかない？」と、繰り返し問いかけたのです（次頁断片 1）。

**（断片1：別の児童らから異なる実験結果を引き出す問いかけ）**

（TはE教師、Sは特定できない児童、番号が振ってあるSは別々の児童であることを指す。Kは当てられた「ことね」さん、記号については15頁を参照）

```
  01   T：釘さ：（　）とつかないって：言ってるんだけどみんなは↑どう思う
  02   S：°さびているから°
→03   T：さびてるからつかない？
          （中略）
→04   T：さびてると＞つかない＜の？
  05   S1：そういうわけでは無いような気がする：：
  06   S2：うん：：
  07   S3：うん
→08   T：これ↑つかないんだ↓じゃ
  09   S：つかないわけじゃない：：［ちから強く（やれば：：）
  10   S：　　　　　　　　　　ち［からをいれると：：
  11   T：＝＞ことねさん何か目があったけど＜ことねさん（.）↑どう
  12   K：°さび（.）だ：：くぎでも：：°
  13   T：うん，さびたくぎでも：くぎでも
  14   K：さび（.）さび（.）さびたくぎでも：：＝導線を：：°こうやって：：°
  15   K：°強く押し付けると°［（ついた）°
  16   T：　　　　　　　　　　　［強く押しつけると
  17   K：　　ついた
  18   T：　　つい°た°
  19   K：　°あかりがついた°
  20   T：　　＝ついた
  21   S：（あ：その　　　　　　）
  22   T：　　　［つい°た°
  23   K：　　　［さび（てる）とつかないわけじゃない
```

　この後は、さびた釘の電気の流れ方について複数の児童らが説明しようと手を挙げて議論が展開していきます。これを受けつつ、E教師は児童らが本時で考える問いを文章化して黒板に書き（図1「板書の様子」）、この問いについての仮説を児童に立てさせ、それを実験で検証するという展開に進んでいったのでした。

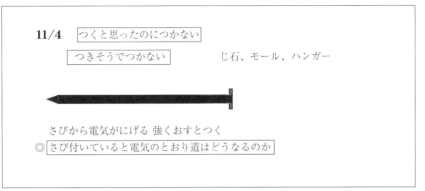

11/4　つくと思ったのにつかない

つきそうでつかない　　　じ石、モール、ハンガー

さびから電気がにげる　強くおすとつく
◎ さび付いていると電気のとおり道はどうなるのか

**図 1　板書の様子**

　この断片 1 の E 教師の手立てを、児童との相互行為に着目しながら、もう少し詳細にみていきましょう。E 教師は「さびたくぎでは豆電球がつかなかった」という経験をしたという児童のエピソードについて、あらためて 01 行目で「みんなはどう思う」と問いかけています。これに応じた 02 行目の児童 S の「さびているから」という発言に対して、教師は否定も肯定もせず、そのまま「さびてるからつかない？」と質問をし直しました。教師は 01 行目で、オープンクエスチョンの形で問いかけていたのに対して、02 行目の児童 S の「さびているから」という発言の後には、「さびてるからつかない？」と、問いの内容をより狭め、児童の回答の形式を絞り込んだのです。

　そしてこの問いを繰り返し（04 行目）、05-07 行目で「そういうわけでは無いような気がする：：」という複数の児童らの答えには応答せず、08 行目で「これつかないんだじゃ」と、児童らの答えとは逆の内容で確認を求めた結果、09 行目で「つかないわけじゃない」という、よりはっきりとした児童の答えを引き出しています。

　児童にとってすれば、教師に「どう思う？」「つかない？」と聞かれたから答えたのに、教師がその内容を受け止めないまま繰り返し質問したことで、自分の答えが応じるに値しないものとして扱われたと感じたかもしれません。であれば教師の質問にもっと明確に答えなければと思ったでしょう。実際、児童らの発言は教師の質問に応じながら「さびていてもつかないわけではない」という方向へと内容が徐々にアップグレードしていきます。こうした教師の発問の方法は、児童が「さびたくぎでもあかりがついた」という経験を語りやすい方向へと導いていたのでした。実は、このやりとりの後の 11 行目で当てられたことねさんは、

「あかりがついた」エピソードを持つ児童であり、教師は彼女が語りやすい場面をあらかじめ作り上げていたのです。

　こうしてE教師は最初に取り上げた児童の「つくと思っていたんだけれども、つかなかった」という結果とは異なる、「さびた釘でも、導線を強く押しつけるとあかりがついた」という実験結果を引き出すことに成功したのでした。

　児童は前時までにさびていない釘を導線につないだ場合には豆電球がつくことを知っており、その際には導線に電流が流れていると学んでいます。しかしさびていると豆電球がついたりつかなかったりすることは、そうした既習の知識では説明ができません。そこで児童には自ずと疑問が湧いてくることになります。

　**E教師は、さびた釘の豆電球の不思議なつきかたを児童から報告させ、その電気の流れ方に児童らが自ずと疑問を持つように授業の展開を作り出していったのです。**なにげない授業の冒頭ではありますが、こうしてみると、明確な意図を持った非常に細やかな教師の手立てがあり、そして**それがあるからこそ児童が、前時の経験を思い出し、なぜだろうと強く感じ、知りたいと思う**──そうした生き生きとした児童の心の動きを伴った豊かな学習経験が生み出されていることがわかります。

## （2）　手立てをみとる・語ることの難しさと意義

　この研究授業の後の協議会では、児童の議論の深まりや探究活動をどの程度期待して指導すべきなのか、また、3年生の児童同士が仮説を立てて比較しあったりすることが可能なのかということが、議論に上りました。理科を学ぶ一年目にあたる3年次において、児童が自ら問いを立て、仮説を立て、実験でそれを検証する──といった、理科的な思考法をすでに習得しているとは思えません。このため教師がその思考法をどこまで支援するべきなのかは実践上悩むところです[1]。協議会で、こうした論点が議論になった際には、参加者の頭には、E教師のような手立てをどの程度行うのが適切なのか、といったことが念頭にあったはずです──教師は問いのきっかけとなる事象をどこまで用意したらいいのか、そしてそこからどれほど問題意識を喚起したらいいのか──といったことです。ですが、

---

[1]　『小学校学習指導要領解説（理科）』p17 では、「第3学年では、主に差異点や共通点を基に、問題を見いだすといった問題解決の力の育成を目指している。この力を育成するためには、複数の自然の事物・現象を比較し，その差異点や共通点を捉えることが大切である。」とされているように、第3学年では問いを立てることまでは求めているが、仮説形成までは求められていないため、どこまでをどのように指導するのかは、現場に任されていると考えられます。

実際の議論において、このE教師の手立てについては、具体的に触れられることはありませんでした。おそらくそれは議論の前提だったからです。

　授業を参観しているベテランの教師らは、こうした児童への手立てや支援の仕方をすでにある程度身につけているため、その意図や詳細が容易に読み取れます。しかしこうした手立てや支援の方法がどのようなものであるのかについて詳しく「語ること」は案外難しいものです。また、このときの協議会でもそうでしたが、多くの授業検討の場でこのような詳細が語られ、焦点があてられる機会はほとんどありません。

　だからこそ、**本書が目指したいのは、ベテランの教師らが授業について語る際に、その背後にあり、見えてはいるが言語化されにくい、教師と生徒の相互行為の諸相を見て取り、言語化していく方法を示すことです。そして、その方法を用いることで、生徒らの学びの経験の実際が浮かび上がってくることを実感してもらいたいのです。**

　生徒の学びの経験を知ることは、授業を振り返って改善することができる素地になります。後述するとおり、今の教育改革においては、こうした教師と生徒のやりとりを通じた手立てや支援について、より詳細に見ること、より具体的に語ることを教師に求めています。もちろんそれは簡単なことではありませんが、それをすることは、教師の日々の実践の振り返りと改善を確実なものにし、指導力を高めることに通じると考えています。とくに教育実習生は、ベテラン教師が容易に理解できるような教師の手立てや支援のあり方を観察することすら難しく、協議会の議論を、具体的な教育実践の詳細と結びつけて理解することはできないことが多いものです。**もしこのような教育実践における相互行為が読み取れれば、他の教師のやり方を学び、そこから自身を成長させていくこともできるでしょう。**

## 3．学習活動とそこでの相互行為に着目する今日的意義

　ここまで述べてきたことから、授業を振り返り、改善させていく能力の前提として、学習活動における相互行為に着目することがポイントになってくることが分かってもらえたでしょうか。だがこれだけではありません。あまり指摘されてきてはいませんが、実は近年の教育改革や学習指導要領の改訂は、それに即応した実践力だけでなく、児童生徒の学習活動とそこでの相互行為を詳細に「みとる」力をより一層教師に求めています。以下ではそうした状況について概観して

いきたいと思います。

## (1) 知識・技能の「活用」を意識して授業づくりをする必要性

　まず挙げておきたいのは、児童生徒に知識・技能を活用させることを意識して授業を行う必要が生まれていることです。知識や経験を活用し、直面する課題に自ら主体的に取り組み、解決する能力を重視する、いわゆる PISA 型の学力観が重視されるようになり、教師は、児童生徒が知識・技能を活用しながら習得するよう授業を計画することが求められています。

　そこでは、児童生徒が学習活動でどのような作業を行い、どのような知識や技能が活用されるのかについて、あらかじめ明確にしておく必要があります。また、**実際の授業においては、児童生徒がそうした知識や技能を活用できているのかどうかを判断しなければなりません。**

　このような教師の作業においては、まずは教科教育の知識が必要にはなりますが、児童生徒の学習活動やそこでの行為を具体的に構想したり、把握したりすることができなければならないのです。そうでなければ、活用させたい知識や技能をどこでどのように活用させるのか、そして実際に児童生徒がそうした活用が適切にできているのかを判断することができないからです。

　そう考えると、**学習活動とそこでの相互行為を「みとる」力は、活用を意識した授業づくりをする際に必須の資質**であるといえるでしょう。

## (2) 一つの学習活動を複数の視点から捉えて総合的に判断する必要性

　実は、上記で述べた状況はさらに複雑化しています。度重なる教育改革においては、**授業づくりを、当該の授業の教科の視点からだけでなく、様々な教育課題に対応する複数の視点からデザインし、指導することを教師に求め続けている**からです。具体的には、ICT（Information and Communication Technology）教育、防災教育、道徳教育等の指導がそうであり、これらに関わる指導は、教育課程内で当該内容を教えるものとして位置づけられるものばかりではなく、これまでの教育課程内外の活動のなかに「組み込まれる」形で行うことも求められています。[2]

　**例えば ICT 活用能力の場合**、令和元年の「教育の情報化に関する手引き」（文部科学省）では、現在の学習指導要領が、情報活用能力を学習の基盤となる資質・能力であると位置づけたことから、**教科横断的にその育成を図ることとして**います。そして、各学校段階の教科等ごとの学習過程での活用が示されました（「手引き」第 4 章第 3 節）。例えば、小学校第 3 学年の社会科「身近な地域や市の

様子」の学習では、児童に土地利用、交通、公共施設など、テーマごとに作った地図をタブレット型の学習者用コンピュータ上で一つずつ重ねて一枚にすることを行わせ、出来上がった市の地図を基に、市の様子について話し合う活動を紹介しています。地図が重なっているので、児童は事実を関連付けて、市の様子を語っていくことができるのです。

　このように ICT を活用することで、教科の学習活動の幅が広がっていくのですが、同時に児童には、タブレット端末の使い方を学び、そうした機器のアプリ等の利用方法についても習熟していくことが期待されています。このため教師は、この単元の学習目標を達成するための学習活動の詳細を構想することはもちろん、児童が身につけるべきタブレット端末や、地図アプリ等の利用で必要なスキルとはどのようなものかということを、あらかじめ構想しておかなければなりません。生徒の学習活動を指導する際には、社会科の学習目標の観点からだけでなく、ICT 教育の観点からも指導する必要があるからです。

　このように**教師には、一つの学習活動に対して複数の視点から、生徒の学びを構想し、その姿を読み取ることが求められるのですが、さらにはこれに加えて、その授業全体を総合的に評価する作業も行う必要があります。**ですが、これは容易なことではありません。なぜなら社会科の活動としてはどうなのか、そしてICT 教育としての活動としてはどうなのか、こうした視点の切り替えをするだけでなく、さらにそれらが**矛盾なく学習活動として適切なものとなっているのかを判断する必要がある**からです。

　そうした判断ができるためには、**目の前の児童生徒の個々の行為の意味を、**（多様な視点から）**きちんと把握できるような、学習活動を「みとる力」が、まずは必要になってくるのです。**

---

[2]　防災教育については「学校防災のための参考資料『生きる力』を育む防災教育の展開」（平成25年3月文部科学省）の第1章において、「防災に関する基礎的・基本的事項を系統的に理解し、思考力、判断力を高め、働かせることによって防災について適切な意思決定ができるようにすることをねらいとする側面がある。」とされ、これについては、「体育科・保健体育科をはじめとして、社会科（地歴・公民）・理科・生活科などの関連した内容のある教科や総合的な学習の時間などで取り扱い」とされています。また、道徳教育については、特別の教科として教科化されたものの、道徳科を要としつつ、各教科を含めたあらゆる教育活動を通じて指導を行うとされています（平成27年7月「小学校学習指導要領解説　特別の教科　道徳編」）。

## (3) ねらいに向けて、児童生徒の視点から、学習活動をデザインし、実践し、みとる必要性

このような授業づくりの流れのなかで、平成29年度3月に新学習指導要領が告示されたことは、さらに大きなインパクトがあったといえるでしょう。

平成28年12月に中央教育審議会から出された答申（以下「答申」）[3]で述べられているように、平成29年改訂学習指導要領では、学習する児童生徒の視点に立ち、教育課程全体や各教科等の学びを通じて「何ができるようになるのか」という観点から育成を目指す資質・能力が整理されました。現在の学習指導要領では、各学年の目標や内容は、「何を学ぶか」、またそれを「どのように学ぶか」がある程度想像できるような形で作成されています。またそれを実際に指導する際にも、目の前の児童生徒の具体的な学びの姿を捉えて、学びの過程の質を高めていくことが求められています。いわば、指導要領で示された指導内容に即し、**児童生徒の視点から学習活動をデザインし、その学びのありようを把握することが求められている**といえるのです。

**さらに注意したい点は、その学習活動が、主体的に取り組めるような学習活動である点です。そうした活動であるためには、活動の主体である個々の児童生徒にとって、活動の環境である、教材、教具、共に活動する生徒がどのような意味を持つのかについて考えなければならないのです。**とりわけ、「対話的学び」の側面においては、児童生徒間の相互行為が生み出す学びの意味を理解しなければなりません。それは授業の評価をする際にも同じであり、行われた学習活動へのより一層の観察や洞察が求められます。

このように、現在の学習指導要領は、その指導内容に即しつつ、それと齟齬がないよう、**児童生徒の視点から学習活動をデザインし、その活動のありようを相互行為の水準で把握し、児童生徒の学習経験を理解することを求めている**といえるのであり、教師の多くは、多かれ少なかれ、そうした力をブラッシュアップすることが必要だと考えられます。

---

[3] 「幼稚園、小学校、中学校、高等学校及び特別支援学校の学習指導要領等の改善及び必要な方策等について」（平成28年12月中央教育審議会）の「学習指導要領等の枠組みの見直し」の4点目で述べられています。

## 4．本書の内容と読み方

### (1) 教師志望者や授業研究をしたいベテラン教師・大学院生に向けて

　本書では、授業の学習活動を観察する手法として、教師と児童生徒の相互行為（やりとり）に着目する方法を身に付けてもらい、これから教師を目指す学生や、若い現場の教師らが、児童生徒の学びを「みとる」スキルを磨いてもらいたいと考えています。このために、本書を作成する際に気を付けた点が2つあります。一つは各章で取り上げる事例を選ぶときに、児童生徒が、その活動に主体的に参加している事例を選んだことです。現在、学習指導要領では、アクティブラーニングの視点による授業づくりによって、「主体的・対話的で深い学び」が目指されていますので、できるだけそうした学びがなされているものを選定し、授業づくりの参考となるようにしました。2つ目は、とりあげる事例の校種を小学校から高校までと幅広くし、その教科も国語、理科、英語、体育、生活科、朝の会など、学校種・教科等に偏りがないように心がけ、様々な現場の教師の方になるべく身近に感じてもらえるようにしました。

　また本書は、授業を質的に研究する大学院生や研究者にも相互行為分析の手法を学べる教科書としても活用してもらいたいと考えています。このため、Lectureでは示しきれなかった、分析的視点と方法を補完するために、各章の後には、先行研究の解説と、先行研究の視点を授業研究に生かす方法についてのコラムを配置しました（目次参照）。これらと照らし合わせながら各章を読むことで、より理解が深められると思います。

### (2) 本書の内容

　では本書にはどのような内容が含まれているのでしょうか。以下で詳しく紹介していきましょう。

　**まずLecture1〜3では、どのように学習活動や相互行為に着目して捉えていくのか、その分析的観点の意義と方法を紹介します。**

　Lecture1 では、授業には、教師と生徒が用いている相互行為の方法が存在しているということを、実際の授業の事例をもとに理解してもらいます。そして、その相互行為の方法に着目して授業を見ることの3つの意義（①教師や生徒の個々の行為の意味を把握することができること、②教師の実践上の工夫を読み取れること、③生徒が教えられ／学ぶ経験の質を理解できること）について説明します。

Lecture2 では、授業の全体像をつかむために、教師が授業を進めていく方法に着目してもらいます。具体的には、「導入」「展開」「まとめ（終末）」という典型的な授業の展開をどのように把握するのか、また、授業における学習活動の内容と、そこでの相互行為を把握するやり方について事例に則して説明します。

　Lecture3 では、授業の相互行為における学びを読み取るために、教師と生徒の詳細な相互行為に着目していきます。特に会話分析の知見に基づきながら、会話分析で用いられる書き起こしの意義、行為の連鎖に着目する視点、会話以外の身振り手振りに着目する視点、誰と誰が相互行為するのかを管理する方法に着目する視点などについて事例に沿って紹介します。

　**Part1 では、一斉授業の形式における教師の実践の方法に焦点を当てながら、どのように授業が組み立てられていくのかを具体的に確認していきます。**

　一斉授業の形式といっても、ここで取り上げるのは、教師がただ説明しているような事例ではありません。**児童生徒の関心や参加を引き出しながら授業を進めていく教師の実践の方法を紹介していきます。**

　1 章では、いかに教師と生徒が了解しながら「公的な」授業の会話を成り立たせていくのかを紹介します。実際の授業では、多くの生徒の「つぶやき」等の多様な発言による参加が行われています。ですが、これまでの研究では、そうした「つぶやき」等を書き起こすことなく、「秩序だった教師と生徒の会話」を対象として、そのパターンを抽出してきました。だが本章を読むと、その会話の秩序自体が教師と生徒によって作られていること、その秩序の作られ方に着目する必要があることがわかります。これまでの授業会話の見方を大きく転換させる知見が提示されます。

　2 章では、教師が自身の発言の進行を途中で停止し、それを質問とすることで、その発言の一部を補完する生徒たちの応答を呼び込む、という発問技法について紹介します。この技法は、多くの教師にとってお馴染みのやり方です。生徒たちの意欲にもとづいて、生徒の発言機会を複数用意できるという特徴があり、このため多くの生徒たちから主体的な発言を引き出すのに有効な方法なのです。

　3 章では、教師が生徒の興味を引き出しながら、ルールや規範を理解させるために「物語を語る」方法を紹介します。見逃されがちですが、こうした「語り」も授業の構成要素の一つです。ベテラン教師の事例を観察すると、通常の物語を語るやり方と同様に、「オチ」の期待値を高めるように話を開始したり、聞き手の経験や知識を確認するよう想起させたりしていることがわかります。さらに、語りの終了後には、物語を踏まえて、指導的事項を子どもたちに問題提起し、そ

こでの生徒の理解を確かめるという工夫がなされていることも明らかにしました。

　4章では、教師が「導入」時に、黒板を使いながら、前時（前の授業）の振り返りを児童とともに行う方法を紹介します。授業の導入では、本時と前時とをつなぐ作業が必要であり、そこでは、その後の展開の土台づくりも行う必要があります。そこで用いられる道具の一つが板書です。板書の仕方を教師と生徒の相互行為のなかで捉えた論考は海外の研究でもほとんどなく、本章を通じて、教師の振り返りについても、板書を介した教師と生徒のやりとりについても、理解を深めることができます。

　次の **Part2** では、**児童生徒による主体的な学習活動の相互行為に焦点を当てながら、そこでどのような学びが生まれているのかを事例を通じて示していきます。**

　5章では、中学校の英語のペア学習において、生徒らがどのように文法的誤りに気が付いて修正するのかについて、会話分析の「修復」「修正」の知見を用いて考察しています。そこでは、間違えた生徒が、正しい文法的知識を会話の中で利用できるよう、ペア相手からの指摘の仕方によって促されていることが示されています。また、生徒が会話をしながら正しい文法事項に習熟していく過程も示されました。こうした学びは一人で行う反復練習では得られないため、ペア活動ならではの経験だといえるでしょう。なお、修復や修正による学習者の習熟の過程は、これまで分析の蓄積が少ないため、大変貴重な事例です。

　6章では、小学校の生活科の授業において、自分の作品を互いに紹介し合うペア活動を観察し、どのような相互行為を通じて、自分の思いを伝えあっているのかを考察しています。児童らは、相手とスムーズに交代し、自分の話に相手を効果的に引き込むための工夫をし、身体を巧みに使うことができています。そこでは、単に言語的に「話すこと・聞くこと」にとどまらない、児童らの豊かな相互行為能力が存在することが示されます。また、互いに思いを伝え合うことを通じて、自身の見方が広がる経験をしている様子も描かれます。

　7章では、高等学校の国語科と体育科の教科横断的な連携授業において、生徒らが国語科で培った言語能力を、体育科でいかに活用していたのかについて、会話分析の「定式化実践」の視点から考察しています。「映像を見てプレーや身体の動きを言葉で定式化する」という言語能力は、体育のソフトボールのプレー中のアドバイスにおいても活用されており、生徒たちは、相手のプレーに生かしやすい形で、有効なアドバイスを行っていました。生徒が学んだ知識・技能の活用

のありようを教科横断的に捉えた研究はこれまでになく、分析手法や研究方法論を示している点でも貴重な知見です。

　Part3 では、これまでに紹介してきた視点をもとにしながら、いかに教師が授業を振り返り、改善したり、評価したりすることが可能なのかを、具体的な事例に沿って示していきます。

　8章では、これまでの章で示してきた知見を踏まえ、ベテラン教師が実際に学校現場でビデオを見返すような機会を想定し、相互行為に着目しながら授業を観察・分析して考察する仕方について紹介していきます。データを見返し、全体像を把握し、活動の詳細を読み取り、分析の対象を定め、分析を進めて、考察をまとめる、そうしたやり方について概観します。このような内容は、単なる個人的なノウハウとして捉えられがちであり、具体的にまとまって示されることは少なく、実際にやってみようとして、困難を感じていた人も多かったと思います。そうした人たちにこそ、ぜひ導入として参考にしてほしいと思います。


## (3) 本書の読み方

　本書の構成は、Lecture1、2、3 から Part1、2、3 というように順番に読んでいくことで、相互行為に着目した分析的な視点の獲得と、授業実践への見方が深まることをねらっています。ですが、読者の関心に応じて、その読む順番を変えることもおすすめしたいと思います。

　例えば、教師を目指す学生が、授業における教師の熟練の技を理解するために本書を読もうとする場合には、まずは、一斉授業の形式の授業内容を含んだPart1 から読み、次に、児童生徒による主体的な学習活動の相互行為に焦点をあてた Part2 に進んで、児童生徒の学習活動をつぶさに見ることを体験してもらうのがよいでしょう。Part1 から Part2 への学習活動の形式上の変化を、相互行為に着目しながら理解するだけでも、学習活動とそこでの学習経験の多様性を理解することができます。

　また、自分で実際に授業分析をしてみたいと考えているベテラン教師や大学院生などは、Lecture1、2、3 をまず読み、さらに各章の解説やコラムを読んだ後に、自分の興味がある教育実践が事例となっている章を中心に読んでいくという読み方もおすすめです。もし授業のビデオデータ等が手元にあるならば、Part3の 8章を読みながら、そこに書いてある手順に従って、データと格闘してもらえると、分析のやり方がよりつかめると思います。より専門的に勉強したいと思えば、エスノメソドロジー・会話分析の入門書を手に取り、研究コミュニティにア

クセスして、さらに視点を深めていただければと思います。

## 資料：トランスクリプト断片の表記法

　本書のトランスクリプト断片は、会話分析で一般に用いられるジェファーソンシステムを用いており、表記法については以下を参照して下さい。なお、考察に影響の無い範囲で、表現をあらためた箇所があります。

| | |
|---|---|
| ［ | この記号をつけた複数行の発話が重なり始めた位置。 |
| ］ | この記号をつけた複数行の発話の重なりが解消された位置。 |
| ＝ | 前後の発話が切れ目なく続いている、または、行末にこの記号がある行から行頭にこの記号がある行へと間髪入れずに続いている。 |
| （数字） | 沈黙の秒数。 |
| (.) | ごく短い沈黙、0.2秒以下の間。 |
| 文字：： | 直前の音が延びていること。「：」の数が多いほど長く延びている。 |
| 文字- | 直前の語や発話が中断されている。 |
| 文字. | 尻下がりの抑揚。 |
| 文字¿ | やや尻上がりの抑揚。 |
| 文字？ | 尻上がりの抑揚。 |
| 文字、 | まだ発話が続くように聞こえる抑揚。 |
| ↑文字 | 直後の音が高くなっている。 |
| ↓文字 | 直後の音が低くなっている。 |
| 文字 | 強く発話されている。 |
| °文字° | 弱く発話されている。 |
| hh | 息を吐く音を表し、「h」の数が多いほど長い。笑いの場合もある。 |
| ＜文字＞ | ゆっくりと発話されている。 |
| ＞文字＜ | 速く発話されている。 |
| （文字） | はっきりと聞き取れない部分。 |
| （　　） | まったく聞き取れない部分。 |
| 【　】 | 文字データについての様々な説明。 |
| → | 分析において注目する行。 |
| 太字 | 分析において注目する発話部分。 |

【文献】

中央教育審議会，2016，「幼稚園、小学校、中学校、高等学校及び特別支援学校の学習指導
　　要領等の改善及び必要な方策等について」．
文部科学省，2013，「学校防災のための参考資料『生きる力』を育む防災教育の展開」．
――――，2015，『小学校学習指導要領解説――特別の教科　道徳編』．
――――，2018a，『小学校学習指導要領解説――理科編』．
――――，2018b，『小学校学習指導要領』．
――――，2019，「教育の情報化に関する手引きについて」．

# 授業実践をどう読み解くか？
## ——相互行為として授業を見るということ

# *Lecture1*

# 教育実践を読み解く視点としての
# 「相互行為の方法」

五十嵐 素子

　本書では、授業の詳細を把握するには、社会学の研究法の一つである、エスノメソドロジー・会話分析の視点と知見が役に立つと考えています。

　会話分析とは、1960年代半ばにアメリカの社会学者サックスによって生み出された研究の方法論で、そこで対象に据えられたのは、日常会話を紡ぎ出し成り立たせている、私たちの相互行為の方法でした[1]。他の多様な社会活動と同様に、授業も教師と生徒による相互行為で成り立っています。このため、授業の詳細を把握するにあたっては、教師と生徒が用いている「相互行為の方法」（＝やりとりの方法）をまず最初に知っておくことが非常に大事だと思うからです。以下では、この会話分析の知見の一つを事例に即して紹介し、これを利用してどのように授業を把握していくことができるのかを示していきます。

## 1. 相互行為の方法を知って、教師や生徒の行為の意味を把握する

　以下で取り上げる断片1は、Introduction の2（1）で取り上げた、小学校3年生の理科（「電気のとおり道探し」）の単元の導入場面です（お手数ですが、Introduction をまだ読んでない方は、まず Introduction の2（1）の部分を読んでから以下に進んでください）。

　この授業の導入でE教師が最も工夫したのは、児童らに自ら解決したいと思うような「問い」（疑問）を持たせることでした。このために、E教師は、わざわざ前時の実験の結果が児童間で異なっていたことを明るみに出すような状況を作りだそうとしました。そうすれば自然と児童が「自分の実験結果と友達の実験

---

[1] 会話分析についてのより詳しい説明は串田・平本・林（2017）、山崎敬一ほか編（2023）を参照してください。

結果がなぜ違っていたのだろう」と疑問を持つからです。

**（断片 1　再掲）**
（「釘がさびていると豆電球がつかない」という児童の発言を紹介した後に）
→04　　T：さびてると＞つかない＜の？
　05　　S1：<u>そういう</u>わけでは無いような気がする：：
　06　　S2：うん：：
　07　　S3：うん
→08　　T：これ↑つかないんだ↓じゃ
　09　　S：<u>つか</u>ないわけじゃない：：［ちから強く（やれば：：）
　10　　S：　　　　　　　　　　　ち　［からをいれると：：
　11　　T：＝＞ことねさん何か目があったけど＜ことねさん（.）↑どう
　12　　K：°さび（.）だ：くぎでも：：°
　13　　T：うん，さびたくぎでも：<u>くぎでも</u>
　14　　K：さび（.）さび（.）さびたくぎでも：：＝導線を：：°こうやって：：°
　15　　K：°強く押し付けると°［（ついた）°

　そうした目的からみると、断片 1 の 04 行目で、教師が「さびてるとつかないの？」と問うより、「実験結果が違った人いるかな〜？」などと問いかけ、違いを言うように児童に促すことが手っ取り早いやり方にも思えます。ですが、それでは児童が教師に促されて「言わされた」ことになってしまい、その違いがなぜ・・生じたのかを自発的に問うような流れにはつながりにくいのです。つまり E 教師は、そうしたやり方を取らず、児童が自分からその違いを話したくなるような土台を作り上げていたのだと考えられます。その結果、児童らは自らの疑問を「問い」として立て、それを説明しようとすることで「仮説を立てる」という経験をすることができていたのです。
　**では、こうした E 教師の手立ての巧みさを、会話分析の知見からどのように説明できるのでしょうか。**以下では、「I-R-E 連鎖」という教育学・教育社会学においてよく知られた会話分析の知見を使って考えていきます。
　エスノメソドロジー・会話分析の研究方法は、1970 年代から次第に学校教育や授業の研究に用いられるようになっていきましたが、その後の授業研究に大きなインパクトを与えたのは、教育社会学者のミーハン（Hugh Mehan）の著書 "Learning Lessons"（1979）における「I-R-E 連鎖」の知見でした。
　授業では生徒の発言の後に教師からのフィードバックとして評価的発言がなさ

れることがあります。例えばミーハンが挙げているのは、以下のようなやりとりです（ibid: 52）。

　教師：ん，これは誰の名前？〔Um, whose name is this?〕（I）
　生徒：メルセデス〔Mercedes〕（R）
　教師：メルセデス，よろしい。〔Mercedes, all right.〕（E）

　ミーハンは授業の会話を録音して分析し、授業はこのような教師と生徒のやりとりの方法から成り立っているとして、これを教師による発問（Initiation）－生徒の応答（Reply）－教師による価値付け（Evaluation）という教師－生徒間の行為のつらなり（＝行為連鎖）から成る「I-R-E 連鎖」としたのでした。
　I-R-E 連鎖及び、授業を相互行為から成り立つものとして捉える彼の見方は、その後の心理学、教育学の授業研究に広まっていくことになります。
　とはいえ、実際に日本の授業を観察してみても、こうしたやりとりはそう多くはみられませんし、様々な形式で教育実践がなされている現在では、このやりとりによってのみ授業が作り上げられているとは到底いえません。
　ですが、私たちは教師から質問されて答えたら、自分の理解を確かめようとしたであろう教師から、何らかの評価があることを期待します。そうした意味では、**この I-R-E 連鎖のようなやりとりの方法は、授業におけるやりとり上の規範として今も共有されており、教師と生徒はこうしたやりとりの方法に配慮しながら授業に参加し、そのことで様々な授業の展開が生み出されています。**
　このことを、まず以下の断片で確認してみましょう。断片 1 の E 教師は、児童自らが問いを持つきっかけとなるように、それまでに児童から出てきた「さびたくぎだと豆電球がつかなかった」という経験とは異なる「さびたくぎでも豆電球がついた」経験を児童らに語らせようとしています。
　04 行目で E 教師が、教室全体に向かって「（くぎが）さびてると（豆電球が）つかないの？」と発問したことで、児童らからは「そういうわけでは無いような気がする」（＝「さびたくぎでも豆電球がつく気がする」の意）という発言と、それへの同意（06-07 行目）を引き出しました。
　ミーハンの I-R-E 連鎖を念頭におくと、その後の教師の発言（08 行目）は、ちょうど児童らのこの答えに対するフィードバックとして何らかの評価をするタイミングです。教師の意図したとおりに児童らが発言したわけですから、ここで教師はなんらかの評価的な発言をしてもいいはずです。しかしここでの教師はそ

うした発言はしませんでした。その代わりに「これ↑つかないんだ↓じゃ」（＝「さびていると豆電球はつかない」の意）（08 行目）と、児童らが 05 行目で答えた内容とは逆の内容を言って、児童らに確認するのです。

　こうした教師の発言の「不自然さ」は、児童からみれば、E 教師が自分たちの答えを無視している、あるいは理解していない、と感じられたかもしれません。

　このため、09 行目で児童は先ほどの児童らの答え（「気がする」）とは異なり、「（豆電球が）つかないわけじゃない：：」と断定的に答えることで、先生の発言をより明確に否定し、結果的に「さびたくぎでも豆電球がつく」ということを強調した発言が行われたといえるでしょう。

　この断片 1 には、ミーハンの観察した典型的な I-R-E 連鎖は見られません。しかし共有された方法としての I-R-E 連鎖の存在を念頭に置きながら彼らのやりとりの詳細を見ていくと、児童が E 教師からフィードバックとしての評価的発話がくることを期待していたこと、そしてそれゆえ、その「評価的な発言がないということ」や、その後の E 教師の発言から「教師が自分らの発言内容を理解していない可能性があること」が児童らに明白になっていたといえます。そしてそれゆえに児童が、それに応じた振る舞い（より強く教師の発言を否定すること）を行ったことが見えてきます。

　**このように、I-R-E 連鎖のような授業の相互行為の方法を知ることは、教師や生徒が共有している方法を知ることであり、それを下敷きに授業を見ることによって、そこでの教師や生徒の個々の行為の意味を理解することができるのです**（I-R-E のような会話の連鎖構造については、Lecture3 においてより詳しく説明するのでそちらを参照して頂ければと思います）。

## 2．相互行為の方法に着目して教師の実践上の工夫を読みとる

　このように、I-R-E 連鎖のような、**授業の相互行為の方法を知ることは、授業を「みとる」（見取る）にあたって大きな利点があります。それは、教師が（ときに生徒が）それをどのように利用し、いかに相手から一定の反応を引き出しているのかを理解できるからです。**

　例えば、断片 1 の E 教師は I-R-E 連鎖をある意味うまく利用して児童の発言を引き出すことに成功していました。教師はこの授業の展開上、児童から「さびたくぎでも豆電球がついた」という方向性の発言を求めていましたが、授業のねらいから見て、児童らから「自発的に」発言をしてもらいたいとも思っていまし

た。E教師は児童らの答えを評価するタイミングで、あえて評価はせず、児童らの答えの内容とは逆の内容の確認をします。これが「豆電球がつく」という方向性において、より明確で自発的な発言を引き出すことにつながったのでした。

　もしここでE教師が典型的なI-R-E連鎖のように肯定的な評価をしてしまったなら、そこでその発問についてのやりとりは終わってしまいかねません。そして教師が再度発問しなければ、児童による明確な発言は出てこないかもしれません。

　E教師は典型的なI-R-E連鎖のような相互行為を「しない」、という仕方でこの相互行為の方法を利用し、児童の答えの内容を踏まえず、むしろ意図的に無理解を示すような言い方で児童に確認することで、児童らの自発的な発言を促しつつ応答の内容を方向づけることに成功したのだといえるでしょう。

　このように相互行為の方法とは、私たちが機械的にそれに従うような類いの方法なのではなく、その方法を参照することで相手の行為を理解し、それにどう対応するのかを判断する基盤として用いられています。このため、逆にこの方法を利用することで、相手の応対の仕方のバリエーションを一定程度枠づけたり、方向づけたりすることができます。教師が授業を展開する際に、こうしたことをいかに利用しているのかを知ることもできるのです[2]。

## 3.　相互行為の方法に着目し生徒が教えられ／学ぶ経験の質を明らかにする

　教師が授業を方向づけるために用いている実践上の工夫を知ることは、さらには、児童生徒が具体的にどのようなプロセスを経て教えられ、学んでいるのかを知ること、またそこで彼らが学んだ知識や技能の質の理解へとつながっています。

　どんな授業でも、学習指導要領の内容に即して授業を行う限り、その教えた

[2]　もちろん、ここまで取り上げてきたような、E教師の関わり方が「良い」とか「効果的」であるというのは、E教師の授業案やねらいに即して考えた場合です。E教師がどこまでどのように児童を支援するべきなのかは、児童の実態によって異なり、このように児童にお膳立てをするかのように、丁寧に関わることを「やりすぎだ」と考える教師もいるかもしれません。だがどのような支援をしているのかを知ることなしには、それについてどのように判断し、それをどう改善するのかも見えてこないのです。個々の教師の実践上の工夫やその効果を知ることで実践の改善に向かうことができると考えています。本書の以下の章では、授業の会話がいかに生み出されるのか（1章）といった授業特有のやりとりの方法や、授業の導入で板書をいかに使いながら前時の振り返りをしているのか（2章）といった教師の教え方の方法について明らかにしています。そこで明らかにされた「やり方」を手がかりにして、本書を読まれている皆さんは、別の実践を観察することもできます。さらにそのやり方の善し悪しを知った後に、それを取り入れて実践したり見直したりすることもできるのです。皆さんがこうした研究方針の利点を生かし、「みとり」の目を鍛えて教育のプロセスを改善する際のお役に立てればと思っています。

「内容」を言葉で要約してしまえば、それらはおおよそ同じになってしまいます。だからといって児童生徒が経験している授業のプロセスが同じものであるわけではありません。**実際の教師は、目の前の児童生徒に合わせて教材研究を行い、様々な手立てや支援を与えており、そこでの児童生徒の学習経験も全く異なっています。この質の違いを本書の視点では描き出すことができるのです。**

　最後にこの点を先の事例で確認しておきましょう。その後のE教師の授業では、児童の関心が、自分たちの実験結果の食い違いに強く向けられ、「自分の実験結果が友達の結果と異なっていたのはなぜか、その謎を解きたい」という気持ちから、そのメカニズムについて児童らが仮説を語り始めるといった展開になっていきました。E教師のねらいどおり、児童自らの関心から「問い」が生まれ「仮説」をつくるという学習活動が展開したのです。

　もちろんこのような展開ではなく、教師が「こないだの実験で、何か気になることや調べたいことはあるかな？」「じゃあ、なぜそうなっているのかみんなで考えてみよう」などと、「問をたてて仮説をつくる」という作業を、ある定型化された思考のパターンとして教師から持ち出していくことも可能です。また、状況によってはそうするケースも多いと思います。

　ですが児童が自ら疑問を持ち、その理由を考えようとすることと、教師に促されてそれらをしようとすることは、小学校3年生が初めて理科的思考法自体を学ぶ経験として見たときに、全く異なった経験の質を持つものです。先に見たE教師の工夫は、この授業で子どもたちに、どっちの学習経験をさせるのか、という点において大きなターニングポイントになっていたのです。

　このように本書で提示する視点は、現場の教師の工夫と、教え／学ばれるプロセスの関係や、そこで得られた知識や技能の質を明らかにし、教師の授業づくりや教育諸学の知見に役立てることができると考えていいます。[3]

### 【文献】

串田秀也・平本毅・林誠，2017，『会話分析入門』勁草書房．
山崎敬一・浜日出夫・小宮友根・田中博子・川島理恵・池田佳子・山崎晶子・池谷のぞみ
　　編，2023，『エスノメソドロジー・会話分析ハンドブック』新曜社．

---

[3]　本書の、英語のペアによる学習活動において生徒らがどのように互いの文法上の間違いを指摘し合い、そうした誤りを自分で修正するようになるのかを明らかにした研究（5章）や、互いに自分の作品について質問し語り合うなかで、作品づくりの観点の違いを交流する子どもたちの経験（6章）などが、教え／学ばれる知識やスキルに焦点を当て、そのプロセスの経験を示したものです。

# *Lecture2*

# 相互行為の方法に着目して
# 「授業の展開」を観察する

五十嵐 素子

　この Lecture2 では、教師が授業を進めていく方法に着目し、授業の展開をつかむ方法について述べていきます。

　ここまでの Introduction と Lecture1 では、小学校の理科の授業の「導入場面」を事例として紹介してきました。そこでの教師は、児童に問いかけて、前時の実験結果を思い出させ、発言を促しています。こうした教師の問いかけ方は、前時と本時をつなぐ導入時のおなじみのやり方であり、導入場面における教師の典型的な発問のように見えますが、実際には、教師の問いと児童の答えによって、本時の授業に関わる内容を「思い出す」活動があるからこそ、それが本時（当該の授業）の「導入場面」として成り立っているのです。このように、**授業の展開とは、教師と生徒の個々の相互行為を通じて生み出されています**。[1]

　ですが、こうしたことは普段ほとんど意識されることはありません。教師と生徒にとって、「導入」「展開」「まとめ／終末」といった授業の進行の枠組みは、多くの場合、互いに共有されており、教師と生徒にとって授業を経験する際の前提となっており、当たり前のことだからです。またそれだけでなく、多くの質的な授業研究の会話の分析においても、そうした観点から分析がなされていることはまれで、実際、本書の各章の分析でも、授業の展開のされ方や進行それ自体は分析の対象にはなっていません。[2]

　だからといって、**授業の展開がどのようになされているのかを意識しないまま**

---

[1]　同じ技法は、本書4章の齊藤論文で取り上げられている授業でも用いられています。ぜひそちらの分析も併せて読んでみてください。

[2]　本書の各章では、教師と生徒の相互行為で用いられている様々な方法について、分析を通じて理解してもらうことを目指していますが、紙幅の関係からその授業の展開自体がどのようになされているのかについての分析の紹介は省略されています。ですが実際には、著者らは展開の分析を行って、それを前提として、個々の教師や生徒の行為の分析を行っており、その作業は不可欠なものです。

で授業を観察していると、個々の教師や生徒の発言が、その発言の前後の発言にのみ関連していると捉えがちで、授業の全体の展開といかに結びついているのかを見落としてしまいます。そうすると、教師が授業を進めるための工夫や、生徒が授業の流れをどのように意識しているのかが見えなくなってしまうのです。

　そのため、まずはこの Lecture2 で、個々の行為と授業の展開との関係を捉える視点をお伝えし、それを踏まえて Lecture3 では、教師と生徒の個々の行為を読み取る方法について説明していきたいと思います。

## 1.「教師が授業を進めていく方法」への着目

　近年では、教師の授業づくりは、授業の展開を構想することが中心になっています。本時の目標（ねらい）に向けて、知識や技能をいかに経験・習得させるのか、そのためにいかに前時とのつながりをもたせ、どのように学習活動をつなげて配置するのか、こうしたことを考えながら「授業の展開」を計画しています。

　教育実習生も、学習指導案を書くときには、こうしたことを意識しながら、本時の目標に適った学習活動を、導入、展開、終末の枠組みのなかに配置し、そこでどのような指示や発問をするのか、何を板書するのかまで具体的に構想していくでしょう。ですが、実習生が実際に授業を行うと、それがなかなかうまくいきません。例えば、構想したとおりに指示や発問をしても、それが学習活動を打ち切ることになってしまい、ついつい新たな学習活動を始めることになってしまいます。それが繰り返され、授業に流れが生まれずに、なんとなくぎくしゃくした進行になります。そうなったときに実習生は、学習指導案と実際の授業の実践の間には大きな隔たりがあり、その間を埋めている「ベテランの教師の実践力」が存在していることに気がつきます。そう、ベテラン教師には、授業を進めていく方法が備わっているのです。

　また教育実習生は、授業を参観しているときに、今、生徒が何をやっているのかを見失ってしまうことも良くあります。実習では、指導案が配られないまま授業を参観することが多く、近年では生徒が主体となる学習活動が増えたことで、その形式や内容が多様化しており、彼らが何をしているのかを一瞥で捉えることが難しくなっているからです。こうしたとき、多くの実習生は、今何がなされていて、この後どのような展開になるのかについて、見通しを持てないままメモを取り続けており、生徒がいかに学んでいるのかを考える余裕はありません。

　他方で、ベテランの先生方は、指導案がなくても、授業の展開から学習活動の

内容、児童生徒の取り組みの詳細まで把握することができます。それは学生からすると、とんでもなく眼力があるように見えるかもしれません。ですがそれは、すでに授業者として授業の進行の方法や、そこでの教師と生徒の相互行為のありようを熟知していて、それを前提としながら授業を観察しているからなのです。

　現在の教員養成課程において、授業観察の機会は重視されており、授業参観時には、学生はクリップボードを持参し、指導案を見ながら、教師や生徒の発言をメモすること、そしてその授業の良さと課題について指摘するよう言われています。学生は回を重ねるたびにメモが上手く取れるようになり、多くのコメントができるようになります。また授業者としての経験が増えるにつれ、その経験と比べながら授業を観察することもできるようになるでしょう。いわば観察者としても授業者としても場数を踏むことで、観察力を上げていくのです。

　ですがこうしたやり方は、観察力を鍛えるための体系的なトレーニング方法であるとはお世辞にもいえないものです。以下ではもう少しだけ合理的で効率的なtips、いわばコツのようなものを提案し、少しでもお役に立ちたいと思います。

　以下では、**授業の展開をつかむトレーニングの手始めとして、まずは「教師の授業の進め方に着目する」**という観察のステップをおすすめします。**これを足がかりに学習活動の内容を把握し、そこでの相互行為に目を向け、段階的に授業の詳細に迫っていくことができると考えるからです。**[3]

　またベテラン教師の皆さんには、「導入・展開・まとめ」というおなじみの進行の枠組みやそこで計画された指示や発問が、思っていたよりも実際の授業のなかで重要な役割を果たしていること、その発問の言葉の選択が生徒との相互行為のなかで、彼らの学習経験を方向づけていることを再確認して頂ければと思います。

## 2. 小学校5年生の理科の授業を例に

　さて以下では、新聞に掲載された授業の内容を例として、授業の展開とそこでの学習活動の内容を把握していきたいと思います。

　以下は横浜市立I小学校（当時）のK教諭による5年生の理科の授業内容を記

---

[3]　近年では、教師はあくまでもファシリテーター役にとどまり、生徒が主体となって学習活動を構想し、展開を決定していくような授業も多くみられます。こうした授業では、いわゆる典型的な授業の展開を前提に観察することはできません。ですが、多くの参加者によって成り立っているという授業の性格上、そうした展開の授業であっても、生徒の誰かが進行役になることが多く、そうした生徒の発言等に着目することで、授業の展開を理解することができます。また学習活動間のつながりについても、同様の観点から把握することができるでしょう。

者がまとめた新聞記事の一部です。

　教師は、イネ科のカラスムギの種子（図1）を教材にして、児童に、既習の種子（ヒマワリなど）と異なる「つくり」に着目させます。そして水をかけるとこの種子がどのように変化するのかについて予想させた後に、実際に種子に水をかけ、その種子の変化を観察させることを通じて、種子のつくり及びその変化と発芽の条件（水）との関係を考えさせる授業です。

　この授業は平成29年度改訂の学習指導要領でいえば「第5学年のB生命・地球の（1）植物の発芽、成長、結実」の内容に該当します。ですが、一般的な種子のつくりや、発芽の条件を理解していることを前提として、児童になじみのないカラスムギの種子の変化を予想させている点で、やや応用的であるといっていいでしょう。そのためか、ヒマワリの種子などについての既習事項を想起させておくなど、一つ一つの学習活動を積み重ねる形で、細やかに展開が組み立てられています。

　以下の記事では、授業のやりとりを書き起こしたものとは異なり、教師の声かけや児童の発言の多くが省略されています。このため、実際の授業の様子を想像しながら読んでみてください。

**図1　カラスムギの種子**[4]

---

　カラスムギの種子は変わった形をしている。
　「バッタの足みたい」
　「鳥の羽みたいなのがある」
　5年3組の理科の授業で、みんなは食い入るように観察しながら、いろいろなものに例えた。
　黒田先生は、観察や実験の中で、身近な物に置き換えて説明した「例え」の表現をたくさん引き出す。子どもたちのイメージする絵や言葉の表現を通し、観察眼や科学的思考力を高めることを重視するからだ。
　授業の導入ではまず、みんなが持っている一般的な種子のイメージを絵と言葉で観察カードに書いた。インゲンマメやフウセンカズラ、ヒマワリの種子を

描く子が多く、「細長い」「かたい」「小さくて丸い」などの説明も付けた。

　次に、先生は各班にたくさんのカラスムギの種子を配り、「大きさ、形、模様や色を観察して絵と言葉で書きましょう」と指示した。種子に対するイメージをさらにふくらますのが狙いだ。

　種子は小麦色の細長い殻に包まれ、殻の先端からは左右に分かれて荒い毛が生えている。背面から「芒（のぎ）」と呼ばれる屈曲した長いバネみたいなものが出ている。

　みんなはじっくり観察。においをかいだり、定規で長さをはかったり、分解して中身を見たりする子もいる。「シャツにくっついたよ」とはしゃぐ男の子も。先生は感心して「例えがすごいなあ。発想、豊かだなあ」と声をかけた。

　「刈り取る前の稲みたいな色だよ」「足みたいに長いものがついていた。ねじれていて付け根はシマシマになっていた」「産毛のようなフサフサがある」「竹の子みたいな形」……子どもたちから比喩（ひゆ）表現がどんどん出てくる。

　先生は、みんなが観察した結果を「色」「におい」「形」など特徴ごとに黒板に整理した。

　「カラスムギを道ばたで見つけた子もいたけれど、自然の中ではどうやって発芽するの？」と先生が聞くと、「勝手に種子が落ちる」「雨が降ると発芽する」と予想があがった。

　そこで、霧吹きで「にわか雨」を降らせてみることに。すると不思議。種子がむくむくと動き出す。ゆっくりと回転し、曲がっていた芒が伸びていく。

　「湯を注いだカツオ節みたい」「水に反応したんじゃない？」「立ってる！」「伸びた伸びた」。驚きの声があがった。

　「ねじれていたバッタの足みたいな部分がまっすぐになった」「種子が少しやわらかくなっている」など、変化を鋭くとらえた。

　先生は尋ねる。「種子は、雨が降ったらなぜ動くのだろう？」

　「地面に落ちて、土に突き刺さるためだと思う」「動くことで、水をいっぱい受けられるようになるからでは」

　先生が締めくくった。「綿毛がついたタンポポの種子が風で飛んで運ばれるように、カラスムギの種子は土に潜ろうとして動くんだよ」（山根由起子）

　　　　　（「例えて観察、タネの謎」朝日新聞 2009 年 10 月 5 日より）

---

[4]　「カラスムギ」『むしめがねのちょっといいやつ：顕微鏡生活』（https://sites.google.com/site/microzuma/photo/plant/avena-fatua）、2020 年 3 月現在

## 3．授業の展開の「あたり」をつける――典型的な授業の流れを手掛かりに

　授業の展開をおおまかに捉えるには、まずは典型的な授業の流れを想定しながら、目の前の授業を観察するのがよいでしょう。教育実習で指導されるように、教師は授業をする前に「本時の目標（ねらい）」を決め、複数の学習活動の連なりとして授業の流れを計画するものとされています。それは大きく分けて「導入」「展開」「まとめ（終末）」に分けられます。このような授業の流れは、教師にとってもそこに参加する児童生徒にとっても典型的な授業の進め方として考えられています。

　こうした典型的な授業の流れは、授業を「見る」側も利用できるものです。だがそれは、必ずそうなる、あるいは、そうなるべきだと期待して見るような利用法ではありません。あくまで授業を見る側は、典型的な授業の流れを念頭に置いておくだけにして、実際になされている学習活動の内容を読み取り、目の前の授業が今どの局面にあるのかを判断することに注力することをお勧めしたいと思います。というのも、実際の授業では、「導入」が簡略化されたり、時間がなくなったために「まとめ」が割愛されたりすることがよくあります。

　こうした状況では、典型的な授業の流れを念頭に置いているからこそ、そうではない展開として、柔軟に理解ができるのであって、必ずそうなると思い込んでいると、それが観察の邪魔になってしまうからです。

　では前述の記事における授業の流れを例として考えてみましょう。授業の流れが「導入」「展開」「まとめ」の順番で進行していると仮定したとき、記事のどの部分がそれぞれの局面に該当するか、ちょっと考えてみて下さい。

　記事に書かれていることをそのまま受け取れば、「授業の導入ではまず、みんなが持っている一般的な種子のイメージを絵と言葉で観察カードに書いた。インゲンマメやフウセンカズラ、ヒマワリの種子を描く子が多く、『細長い』『かたい』『小さくて丸い』などの説明も付けた。」の部分が「導入」に該当しそうです。ここは児童がすでに知っている一般的な種子のイメージを引き出すことで、これまでに勉強した内容の復習・確認の作業をし、本時に学ぶことの土台作りをしている局面です。となると、その後が「展開」になると想像されます。そこでは、教師が「カラスムギ」（図1）の種子を児童に配り、カラスムギの種子を初めて見た児童たちは、観察をするように促されていきます。

　ではこの「展開」はどこまで続いているのでしょうか。

「まとめ」は最後にありますので、「先生が締めくくった。『綿毛がついたタンポポの種子が風で飛んで運ばれるように、カラスムギの種子は土に潜ろうとして動くんだよ』」の部分が「まとめ」で、そこまでが「展開」になるのでしょうか。

ですが、このカラスムギの種子の特徴についての「先生の締めくくり」の言葉は授業の「まとめ」にも見えますし、カラスムギについて学んだことの「展開」の「締めくくり」である可能性も捨てがたいです。この点については後ほど検討することにしましょう。

## 4. 学習活動の「区切り」を把握する——教師の説明・発問・指示に着目して

ここまで見てきたように、授業の中身をそれほど検討しなくても、授業の流れを念頭に置くことで、授業の各部分がどの局面なのかについて、おおよその「あたり」をつけることはできました。ですが、**より詳細に授業を把握しようとすると、それぞれの局面を構成する個々の学習活動の内容をよく見ていく必要があります**。とりわけ「展開」の局面は、複数の学習活動から成り立っていることが多いため、学習活動の区切りを慎重に見極める必要があります。

一つの学習活動の開始と終わりを知り、その内容をつかむために注目したいのは、授業を進行している教師の行為です。教師が新しい学習活動を開始する際には、その内容を児童に説明したり、発問をしたりする必要が出てきます。このため、**教師の行為に着目すれば、後続する学習活動の内容をある程度予想して授業を観察する**ことができるでしょう。

例えばこの授業の「『大きさ、形、模様や色を観察して絵と言葉で書きましょう』と指示した。」における教師の「指示」からは、児童らがこの後にカラスムギをこの4観点から観察してその特徴を絵に書きながら言語化する学習活動を行うことが予想できます。

またその次には、教師は児童らにその言語化させた特徴を発言させて、それを黒板に観察の観点ごとに整理しています（記事では触れられていませんが、教師は児童に声かけや発問をして児童の発言を板書にまとめていると思われます）。

またその後は、「カラスムギを道ばたで見つけた子もいたけれど、自然の中ではどうやって発芽するの？」と発問し、児童にカラスムギの発芽の様子を思い浮かべるよう促しています。

もちろん、教師の行為に着目するだけでは、実際に行われた学習活動の内容はわからないので、これらの教師の働きかけに児童生徒がどのように応じたのかも

ある程度確認しながら各学習活動を把握していくことが必要です。

　ではこれらの観点から、この授業を終わりまで読み進め、児童によって行われた学習活動の内容を書き出してみてください。以下はその一例です。

表1　児童の学習活動の内容（例）

| |
|---|
| (1) 一般的な種子のイメージを絵と言葉で観察カードに書く（【導入】に該当） |
| (2) 配られたカラスムギの種子を4つの観点（大きさ、形、模様、色）から観察し、絵に書きながらその特徴を言葉にして絵に書きこむ |
| (3) 児童が観察した結果を、教師が「色」「におい」「形」など特徴ごとに黒板に整理して書く |
| (4) カラスムギが自然の中でどのように発芽するのかを予想し合う |
| (5) カラスムギに霧吹きで「にわか雨」を降らせる実験をし、児童はカラスムギの種子の変化（＝芒が伸びていく）を観察し、言葉で表現し合う |
| (6) 「雨」が降ったときにカラスムギの種子が動く理由を考える |
| (7) カラスムギの種子が動く理由（＝土にもぐるため）を教師が説明する |

　このように、実際に記事を分析してみると、授業とは一つ一つの学習活動の連続で成り立っており、それらは授業の進行に伴った教師による細やかな働きかけと、またそれに応じた児童生徒の行為から生み出されていることが見えてきます。

## 5.　学習活動間の「つながり」を読む⑴——生徒が行う「作業の連続性」に着目して

　個々の学習活動の内容を把握したうえで、さらに検討したいのは、それぞれの学習活動間の「つながり」です。授業全体を通じた生徒の学習経験を理解するには、各学習活動間のつながり方を読み取る必要があるからです。

　近年の授業づくりにおいては、前時の学習活動で生徒が得られた知識や技能、経験を次の学習活動で活用させていくことを通じて、生徒の知識・技能が授業のねらいに到達するよう計画することが期待されています。

　このため教師は、前後の学習活動の連続性を多かれ少なかれ意識して計画していることが多いでしょう。

　こうした教師の授業の進行の方法を踏まえれば、**ある学習活動の前後を見比べ、その共通する要素の連続性や関連性に着目することで、当該の授業における学習活動の設計の意図や生徒らの学習経験を探ることができます。**

　**まず注目したいのは、学習活動における「作業」の連続性です。**ここでは例と

して、本時の「導入」(1) と展開の最初の学習活動 (2)（※学習活動の番号は、表1で書き出した学習活動の内容に対応しています）を比べてみましょう。

導入 (1) では児童がすでに知っている種子（ヒマワリなど）を、絵と言葉でカードに書かせています。そして展開の活動 (2) では、対象がカラスムギに代わるだけでほぼ同じ作業を行っています。こうした作業上の連続性があるおかげで (2) における児童は、すでに知っている種子の様子と比べながらカラスムギを観察でき、その違いに気づくことでカラスムギの特徴を言語化しやすくなっているのです。

次に、活動 (2) と活動 (3) を比べてみましょう。活動 (2) で観察して言葉で書かせたことを活動 (3) では児童に発言させて、それを教師が黒板で整理し、学級全体で共有しています。あらかじめ児童に考えさせ書かせたことを次の活動で発言させることで、活動 (3) が円滑に進められているのです。

活動 (3) と (4) の関係はどうでしょうか。活動 (3) ではカラスムギの特徴が黒板に整理されています。活動 (4) で児童がこの黒板を参照すると、それらの特徴が発芽にどのように関係するのかが想像しやすくなっています。

また活動 (4) の後に続く (5) と (6) の学習活動では、(4) が実験の結果の予想をする活動であり、(5) が実験とその結果の観察、(6) がその結果をうけての考察、となっており、実験に関わって互いに関連した作業となっています。

このように、学習活動の前後を見比べ、その共通する要素の連続性や関連性に着目することで、当該の授業における学習活動の設計の意図や生徒の学習経験をよりよく理解することができるのです。

## 6. 学習活動間の「つながり」を読む(2)──教師が生徒に与える「概念」の連関に着目して

学習活動間のつながりを考える際に、これらの「作業」の連続性に加えて**もうひとつ着目したいのは、学習活動を通じて教師と生徒に利用されている「概念」（意味的に区分されたカテゴリー）の連関です。**

**まずは、授業で教師が与える「概念」が児童らの学習経験や、対象の認識の形成に直接関係しているということを確認していきましょう。**

例えば、活動 (2) のカラスムギを観察する活動の指示をするときに、教師はただ観察させるのではなく、「大きさ、形、模様、色」といった外見上の特徴の区分を与えています。このため児童はカラスムギをこの4つを観点としながら観察し、それを言葉にして書き出すことをしています。またこうして与えられた観

察の区分は、活動（3）で、教師が児童の発言を聞きながら黒板に整理する際に、カラスムギの特徴の区分（「色、におい、形」）の一部（色・形）として引き続き維持されていきます。

　このような一連の教師の概念の使用は、児童によるカラスムギの観察の経験に関して、一定の方向付けをすることになり、それが学習活動（5）における、種子の変化を観察する実験にも生かされているのです。

　**さらに、教師が与える「概念」同士の連関にも注目してみましょう。学習活動（4）（5）（6）の実験に関わる一連の作業において、教師の与える概念が児童らに、生き生きとした経験と自然への想像力をもたらしているのです。**

　活動（4）で教師は、カラスムギに水を与える実験に先立って、「自然のなかでどのように発芽するのか」という発問をし、その後の活動（5）では、霧吹きで水を吹きかけながら「にわか雨を降らせてみよう」と言って実験を行っています。

　ここでの教師は、「霧吹きで水をかける」という自分の行動を「にわか雨」と表現し、意味づけることで[5]、実験でカラスムギに生じる外見上の変化を「自然のなかで起きること」として児童に経験させているのです。そして活動（6）で教師は、そうした経験を前提として「種子は、雨が降ったらなぜ動くのだろう？」と問いかけたのでした。こうすることで、実験の結果を踏まえながら、自然のなかでの種子の動きの働きについて児童らに想像させ、考えさせることができているのです。

　もちろん、こうしたことをせずに、あくまで「霧吹き」で「水分を与える」という点を強調して、水分と発芽の関係に着目させるような進め方もありえます。つまり、教師が概念をどのようにつなぎ合わせて提供するのかによって、生徒が同じ作業をしていたとしても、それがまったく別の経験として感じられるのです。

　このように、**教師が利用する概念の連関に着目することで、学習活動のつながりやそこで生まれる生徒の経験の全体像がよりよく見えてくるのです。**

---

[5]　この6節で紹介したような、教師が行っている作業（「霧吹きで水をかける」という自分の行動を「にわか雨」と表現し、意味づけること）は、エスノメソドロジー・会話分析では、「定式化」（formulation）として知られているものであり、この節では、定式それ自体（概念）のつながりに着目することを提案しています。この定式化の作業や定式化それ自体についてより知りたい場合には、7章を参照するとよいでしょう。

# 7. 再び教師と生徒の相互行為に着目する意義について

ここまで教師の授業の進行の方法に着目して、授業の展開とそこでの学習活動の内容を把握するやり方を提案してきました。実際の授業ではなく、新聞記事の事例をこのように「観察」してみただけでも、この教師の授業の展開が非常に丁寧に計画されており、その結果として、児童らが自分たちの経験と結びつけながら、主体的に授業に参加し、理科的思考を深めていったであろうことが浮かび上がります。

ですが、このように授業を観察するやり方は、あくまで授業の展開と学習活動の内容を「おおまかに」把握するための方法にすぎません。**教師と生徒の相互行為を踏まえなければ見えてこないことがある**からです。

**その一つは、教師と生徒の行為の積み重なりが、学習活動の区切りや進行自体を形作っているため、その区切りがどこかを知るためには、教師と生徒の相互行為の詳細に立ち戻って判断する必要があることです。**

例として、3節の最後で後回しにしていた「授業の展開」における学習活動(7)の位置づけの問題に立ち戻ってみたいと思います。

3節では、活動(7)が「展開」と「まとめ(終末)」のどちらに位置づけられるのかが問題となっていました。その前の活動(6)において、この教師は「種子は、雨が降ったらなぜ動くのだろう?」と種子が動く理由を質問し、児童からは「地面に落ちて、土に突き刺さるためだと思う」「動くことで、水をいっぱい受けられるようになるからでは」という答えを得ています。

Introduction で紹介したように、教師による質問に対して生徒が応答した後とは、教師からなんらかの評価的な発言がなされることが期待されるタイミングです。この児童らの発言の後に続いた教師の発言(「綿毛がついたタンポポの種子が風で飛んで運ばれるように、カラスムギの種子は土に潜ろうとして動くんだよ」)が、そうした評価的発言に該当するものとして言われているのであれば、学習活動(6)は上記の学習活動(7)の教師の発言まで続いていたとみなしたほうが自然です。そしてその場合には、この活動(7)は授業全体の「まとめ」というよりは、「展開」の最後の部分であり、授業の全体を振り返るような「まとめ」はこの記事の記述では省略されているか、そもそも時間の都合などで行われなかったことになります。

このように、教師と生徒の行為の積み重なりが学習活動の区切りや進行自体を

形作っているため、授業の展開を正確に検討しようと思うならば、教師と生徒の相互行為の詳細にまで立ち戻って判断する必要があるのです。

　**二つ目は、生徒の学習経験の実際をより把握するためには、生徒がどのように応答して行動しているのかを見なければならないことです。**

　例えば、5 節と 6 節において、学習活動のつながりを読み取るために、「作業」の連続性とそこで使用されている「概念」の連関に着目することを提案しました。ですが、この両者を児童は実際の授業において、切り離すことなく一体的に経験しています。これを個々の児童がどのように経験したのかを知るには、教師の働きかけに対する児童の応答と行動をもっとよく見ていく必要があります。

　活動（2）で児童は、教師の言った概念を使って、いかにカラスムギを観察し、言葉として書き出したのでしょうか、そしてそれを活動（3）の教師の板書に沿ってどのように発言したのでしょうか。残念ながら、この新聞記事からは読み取れません。児童の学習経験のありようは、具体的な授業場面における教師と児童生徒らの相互行為を見なければわかりません。

　授業の展開を把握した後、さらに生徒らの学習経験を理解し、その成否を振り返るには、教師と生徒の相互行為にまで視野を広げることが必要なのです。では、生徒の学習経験のありようを理解するために、いかに教師と生徒の相互行為の詳細をみとればいいのでしょうか。

　次の Lecture3 では、会話分析の方法論を、実際の授業における教師と生徒のやりとりに即して紹介していくことにします。

# *Lecture3*

# 教師と児童生徒の
# 相互行為をみとるために

平 本　毅

## 1．発話の連鎖 (つながり) を調べる

### 1.1．会話分析

　授業の細かな相互行為に宿る学びの痕跡をどうみとるか、ここではその方法を説明します。それはエスノメソドロジーの中でも、会話分析（Conversation Analysis）（Sidnell & Stivers 2013; 串田ほか 2017）あるいは相互行為（Interaction）の分析と呼ばれる相互行為の分析枠組みにおいて発展してきたものです。会話分析は、人々が交わす相互行為の詳細をできる限り切り詰めることなく、ありのままに観察し、その中で人々が備える能力——たとえば言葉を繋いでいく能力、行為を交換する能力、誤解や理解不足を防ぐ能力等々——をみとっていく手法です。

### 1.2．教師と児童の相互行為を「ありのままに」観察しよう

　この節で強調したいことは、教師と児童のやりとりを「ありのままに」観察することが、相互行為をみとるにあたって大きな意義を持っているということです。

　会話分析の特徴は大きく二つあります。①実際に生じた教師と児童の相互行為の詳細をできるだけ正確に観察し、②それを発話（あるいは身体的な振る舞い）による行為の連鎖（sequence）（2 章解説「日常会話の連鎖構造」参照。より詳しくは串田ほか（2017）の第 4 章参照）とみて分析していく点です。

　この①②は、児童の学びのありようと教師の能力をみとるうえで様々な利点をもっています。次の断片 1 を題材に、まずは①からそれを紹介します。この断片は小学校 3 年生の理科の授業からとられたもので、内容は「電気のとおり道」についてです。前回の授業で電気を通す物質と通さない物質について豆電球の実験

を通じて学んでいた児童たちは、観察ノートを書きました。この時限はそのノートの振り返りを行うことから始まっています。教師はその中から2点を選び、最初に「(錆びた釘を通しても豆電球が：筆者注) つくと思ったのにつかない」と書いた児童1のノートを取り上げています。児童1がこう書いた意図が話題に上がります。

**(断片1)**
【この前に、児童1が書いた「つくと思ったのにつかない」というノートの観察に対して、予想しながら書いた点が素晴らしいと教師が褒めていた】
01　A：【首をかしげて手を挙げようとしている】
02　T：°（うん／でも）なんか（アツコ）さん想像してる°
03　T：ユウサクくん【右手を挙げて児童を指す】
04　Y：はい
05　T：ですよね.【白い服の児童は挙げている手を髪の毛に】
06　T：.h＜どういう＞こと？
07　Y：ん：：ぼくは：：(.) 最初 (.) う：んと：大きな釘（0.3）＜釘＞があっ
08　Y：て：＝
09　T：＝う［ん
10　Y：　　　［それは：う：：んとつくと思ってたん-(0.4) さhびてても
11　Y：なんか釘は釘だからつくと思っていたのに：_＝
12　T：＝う［ん
13　Y：　　　［え：：とつかなかったから (.) だからえ：とそういうふうにノートに
14　Y：書きました.
15　　　（2.5）
16　A：いいです
17　A：(0.6)
18　T：さhびて（る）釘が【釘の絵を黒板へ】
19　A：(1.6)【T：釘の絵を黒板に張りながら】
20　T：↑つくと思ったのにつか：ない

　書き起こしに見慣れない記号が多用されていることに戸惑いを覚えた読者も多いでしょう。①「実際に生じた教師と児童のやりとりの詳細をできるだけ正確に観察する」とは、この記号群を使った転写（トランスクリプトと呼ばれる）を作成する水準の観察を意味します。07-14 行目の児童（と教師）の発話を例に、トラ

ンスクリプトの利点を説明します。この直前に教師が、児童に「つくと思ったのにつかない」とノートに記した理由を尋ね（06 行目）、07-14 行目では児童がそれに答えています。もしもこのやりとりの詳細を省いて会議の議事録のように書き起こしたなら次のようになるでしょう。

T：どういうこと？
Y：ぼくは、最初大きな釘があって、さびてても釘は釘だからつくと思っていたのに、つかなかったから、そういうふうにノートに書きました。

　ここでは教師が「質問」し、児童 1 がそれに「回答」しています。この書き起こしでもやりとりの内容は伝わりますが、じつはそれでは、児童の学びをみとる上で重要な情報が抜け落ちてしまいます。まず一つには、児童が発話の組み立てに苦労しながら、それでも頑張って教師の質問に答えようとしていることがわからなくなってしまいます。07 行目冒頭の「ん：：」は、児童が「ん」と言った後に少し音を引き伸ばして発していることを示します。つまり児童は実質的な発話に入る前に、（ほぼ）無内容な音を発して応答を引き伸ばしています。この音の引き伸ばしは、続けて「ぼくは」と主語を発した後にもみられます。こうして音を引き伸ばした後に、児童は僅かに（0.2 秒以下）間を空けます。「(.)」の記号はその位置に 0.2 秒以下の間があることを示しますが、括弧内に数値が記入されている場合にはその秒数だけ間があることになります。たとえばこの発話行中の「(0.3)」は 0.3 秒の間を表します。この 0.3 秒の間は児童が「釘」を言い直すために使われています。なお、二度目の「＜釘＞」の不等号は、「釘」が他の部分と比べてゆっくりと発されていることを示します。つまり児童は、二度目の「釘」をゆっくり発することを通じて、自分が「釘」を言い直したことを強調しています。09 行目の途中には発話の中断もみられます。「思ってたん-」の「-」がそれです。この記号は声門閉鎖により発話を中断したことを示します。これらの、発話の引き伸ばし、間、言い直し、中断といった諸要素は、児童が発話を組み立てる際の非流暢性を示しています。なお、「ん：：」（07 行目）や「う：んと：」（07 行目）、「う：：んと」（10 行目）のような、しばしば音の引き伸ばしを伴う実質的な意味内容をもたない発話は、発話の間を埋める（fill）はたらきをもつことから「フィラー」と呼ばれ、これも非流暢性の特徴です。

　児童が発話の組み立てに手間取ることはよくあることですが、それもまた（そして非流暢ではありながらも頑張って答えようとすることも）児童の学びの一部です。これをみとることには一定の意義があると思われます。しかしながら、発話の意

味内容のみに着目した書き起こしの場合、このような発話産出の非流暢性はしばしばノイズとみなされ除去されてしまいます。詳細な書き起こしに基づいた分析は、見落とされがちな、この児童の学びのありようを詳らかにしてくれます。

　さらに、発話に詰まるという事態はしばしば能力の不足と結び付けられてしまいますが、より詳しく観察してみると、児童が発話の非流暢性を積極的に利用してむしろ能力を発揮していることがわかります。詳細なトランスクリプトのほうをよく見ると、児童は一度言いかけたことを途中でとりやめて別の表現に言い直しています（10-11 行目）（言い直しについては 5 章と 5 章解説「日常会話における修復・修正」を参照。より詳しくは串田ほか（2017）の第 8 章をみてください）。これは偶然に生じた言い直しではありません。第一に、児童は自分の発話が終わる前に（「思ってたん」の箇所で）発話を中断し、続けて言い直しています。詳しくは 1 章解説「発話順番交替」で説明しますが、児童の発話が完結してしまうと、そこで教師が次に発言しはじめてしまう可能性があります。つまり、もし児童がいま産出中の発話に何かを付け足したいなら、発話を終えてからではなくその最中に産出をとりやめ、言い直した方が安全です。

　第二に、教育の文脈ではこちらの方がより重要ですが、児童が言い直したことによって加えた内容は、まさに教師が尋ねている、釘が「つくと思った」理由（「さびても釘は釘だから」）になっています。つまり児童は言い直しによって、釘が「つくと思った」理由が学習上重要であることを理解していることを、教師や他の児童に示しているのです。児童の振る舞いの詳細な観察抜きには、この児童の能力をみとることはできません。

　教師の側についてはどうでしょうか。児童が話している 07-14 行目の間に、教師の側は何もしていないわけではありません。09 行目と 12 行目で教師は二度ほど「う：ん」と言っています。このような相槌（と一般的に呼ばれるもの）は、無内容なので重要ではないとみなされて、会議等の書き起こしからは省かれるのが常です。しかし、上のように詳細に書き起こすと、二度の「う：ん」がちょうどよいタイミングで発されていることがわかります。一つ目の「う：ん」は、話し始めた児童が自分の発話の組み立てに苦労しながらも、「釘があって：」と教師の質問に答えはじめ、自分の発話を区切った時点に置かれています（09 行目）。二度目の「う：ん」は、上の段落で論じた言い直しを児童が終え、発話を区切った時点に置かれています（12 行目）。つまり二度の「う：ん」はどちらも、児童が発話の組み立てに苦労しながらも、その非流暢性を解消して質問への回答の産出を前進させ、自分で発話を区切った位置に置かれ、児童の回答の続きを促すも

のになっています。「う：ん」ということにより教師は、まだ児童の回答が終わっていないことを自分がわかっていることや、ここまでの内容が理解できたことを児童に伝え、その続きを催促しています（串田ほか 2017: 第 7 章）。それに促されて児童は続きを話しているのです。くどいようですが、実際に生じたことのありのままの観察抜きには、この、教師が発揮している能力をみとることはできません。

## 1.3．行為の連鎖を調べよう

　次に、会話分析が②相互行為を発話（あるいは身体的な振る舞い）による行為の連鎖とみて分析していく点について説明します。これは、(a) 教師と児童の相互行為のパターンを解明し、(b) 教師と児童とが互いの行為や場の性質をどのようなものとして理解しあっているかを詳らかにする、という利点があります。

　教師と児童の相互行為は「どういうこと？」と尋ねて「ぼくはこう思いました」と答えるような、発話による行為の交換から成り立っています。この、発話による行為の交換が、先ほどから連鎖と呼んでいるものです（詳しくは 2 章解説「日常会話の連鎖構造」を参照）。連鎖の観点なしには、教師と児童の相互行為は、なんとなく応酬があるものとしてしかみえないかもしれません。ところが連鎖の観点から整理してみると、たとえば断片 1 は次のような構造になっていることがわかります（01-02 行目については後で触れます）。

| 行 | 発話者 | 発話 | やっていること |
|---|---|---|---|
| 03 | 教師 | ユウサクくん | 質問するために呼びかける |
| 04 | 児童 1 | はい | 呼びかけに応じる |
| 06 | 教師 | .h ＜どういう＞こと？ | 質問する |
| 07-14 | 児童 1 | ん：：ぼくは：：～ | 質問に答える |
| 16 | 児童 2 | いいです | 回答内容を評価する |

　いかがでしょうか。ごちゃごちゃにみえていた断片 1 の相互行為が、すっきりとみえるようになったのではないでしょうか。右側の「やっていること」が表すように、連鎖の最小限の単位は呼びかけと応答（03-04 行目）、質問と回答（06-07 ～ 14 行目）のような二つの発話の組み合わせ（これを隣接対という）からなります。さらにこの二つの発話の組み合わせがさらに複数で連なることもあります。たとえば 03-04 行目の呼びかけと応答は、06-07 ～ 14 行目の質問と回答の準備としてなされています。このように、相互行為を連鎖として分析することによっ

て、相互行為のパターンをつかむことができるようになります。

　パターンがみえるということ以上に大事な連鎖の分析の利点は、相互行為に参加している当の児童や教師が、互いの振る舞いを何を行なっているものとして理解し合っているか、またその場面で何を重要なものとみなしているかを明らかにしてくれることにあります。相互行為の参与者は、質問されたから回答した、挨拶されたから挨拶し返したというように、他者の振る舞いに対する自分の理解を示しながら相互行為の連鎖を紡いでいきます。もしある児童が他の児童から質問されたけれども、授業中だからと口に指をあてて「しーっ、後でね」と返したなら、その児童は、先行する発話によりなされていることが「質問」であったことへの理解を示しているのみならず、授業中にうるさくしてはならないという、当該場面で重視されることへの理解をも示しているでしょう。言い換えれば連鎖の分析は、児童（あるいは教師）がその場面で何を理解して振舞っているかを、観察者が推測するのではなく、場面に参加している当人たちの理解に即して明らかにするのに役立つのです。

　この観点から断片1で興味深いのは、16行目の児童2の「いいです」という発話です。この発話は上で確認したように、児童1の教師の質問への回答（07-14行目）の後の位置で発されたものでした。1章でも述べますが、一斉授業においては、教師の質問に児童が答えた後に、教師がその回答を評価する連鎖（I-R-E連鎖）が観察されます。つまりこの位置で教師が「そうだね」「いい観察だね」等と言って、児童の回答に評価を与えるのがふつうです。しかしこの断片では、回答を評価しているのが教師ではなく別の児童（児童2）です。これが相互行為のパターンを抽出するための分析であれば、このケースは通常のパターン（教師がEを発するI-R-E連鎖）に対する例外や、別のパターンに属するものとして扱われ、それ以上の分析は施されないでしょう。しかし会話分析における連鎖の分析は、児童が何を理解し、何を重視しているのかに注目することによって、通常のパターン（教師がEを発するI-R-E連鎖）とこのケース（児童がEを発するI-R-E連鎖）との関係性を丹念に炙り出す作業を行います。

　このケースについて説明してみましょう。まず児童2は、児童1の回答（07-14行目）のすぐ後に「いいです」と言ったのではありません。彼女は2.5秒（15行目）の間をあけ、教師が何も言わないのをみてから自分で話し出しています。加えて児童2は、確かに教師が本来評価を行うべき位置で自分が評価を行っているけれども、教師のかわりに児童1の回答を評価しているのではありません。そのことは「いいです」が、敬体（敬語）で発され、児童1にではなく教師に向けら

れていることに表されています。つまり児童2は教師の役割を代替しているのではなく、評価を行う発話連鎖上の機会を利用して、児童として発言しています。

　この児童2の振る舞いには次の事情がかかわっているものと考えられます。じつは児童2は、教師が児童1に質問する（03行目）前に挙手しようとしていました（01行目）。それをみて教師は児童2が「想像してる」（02行目）と彼女の挙動に言及しましたが、彼女を指名して発言の機会を与えることはありませんでした[2]。つまり児童2はこの場で披露したかったけれどもその機会を得られなかった、問いへの答えを胸に秘めている可能性があるのです。もしそうだとすれば、教師がすぐには評価を与えないのをみてその発言機会に自分の評価を（教師に向けて）披露する児童2のやり方は、披露できなかった自分の答えがどんな類のものだったかを、教師と児童1のやりとりをあまり邪魔しない形で（つまり授業の進行を邪魔しない形で）伝える方法になっているといえましょう。

　もし教師が児童1を指名しているにもかかわらず児童2が答えたら、あるいは児童1が答えている最中に児童2が話し出したら、教師が思い描いていた授業の進行が実現しないに違いありません。児童2はこれを邪魔することなく自分の意見を提示できています。こうして詳しくみていくと、児童がEを発するI-R-E連鎖が、ただの別パターンや例外に属するケースではないことがわかります。児童2はこの場面で使われる主たるやり方（教師がEを発するI-R-E連鎖）が何かを理解した上で、それを利用しながら、授業の進行をあまり邪魔せずに自分の意見を述べるという工夫を行なっているのです。発話の連鎖関係を精査することによって、児童1の回答が終わったこと、そして教師がそれに評価を与えていないことを児童2が理解していること、また教師が思い描く授業の進行を妨げないことがこの場面で重要であることを児童2が理解していることがわかります。

## 1.4.「見られてはいるが気づかない」学びの実態をみとる

　児童の学習への取り組みをみとろうとするとき、教師はしばしば、すでに与えられた物差しでそれをはかろうとしてしまいます。それは必ずしも悪いことでは

---

[1]　ちなみに、教師がここで児童1の答えを評価しなかったのは、他の児童（ノートに似た観察を書いてきた児童）にも同じ質問をしようとしていたからだということがこの断片の後に明らかになります。

[2]　ここでは詳しく分析しませんが、首をかしげ挙手しようとしている様子を「想像してる」と言い表す（7章解説「定式化実践」参照）ことは、まだ児童の中で解答が確立していないものとみなすことによって、発言しようとしている児童に当座の発言の機会を与えないための手段になっているものと考えられます。

ないですが、児童と教師が互いの行いや場面の性質をどう理解し合っているか、このことに注目することでみえてくる様々な能力は、教室の中で実際に使われ、教師が仕事の中で理解してはいるものの、明確に言語化はできない類のものです。それゆえこれは、既存の物差しをあててもうまくはかることができません。会話分析は振る舞いの詳細と相互行為の連鎖を精査することを通じて、教師によって（も、児童によっても）「見られてはいるが気づかない（seen but unnoticed）」（Garfinkel 1967: 37）これらの能力のありようを炙り出し、教師がみとっていくための方法を提供することができます。

## 2. 身体的な振る舞いを分析する

### 2.1. 身振り手振りを観察しよう

　ここまで、主に教師と児童の発話の相互行為をみてきました。しかしながら、教師と児童が授業中に行っていることには、当然のことながら視線を向けたり、顔を上げたり、振り向いたりといった非言語的な事柄も含まれます。すでに前節断片 1 の観察の中でも、児童 2 が首をかしげて挙手しようとしていること（01 行目）が分析の一部になっていました。会話分析は人々が交わす相互行為を対象とする手法ですから、非言語的な事柄も観察の範囲内です（4 章解説「相互行為におけるマルチモダリティ」参照。より詳しくは串田ほか（2017）の第 12 章をみてください）。身体動作等の非言語的な事柄であっても、その実際をつぶさに、ありのままに観察し、その中で人々が備える能力をみとるという方針はかわりません。加えて前節でみた発話の連鎖とは異なるものの、身体動作もまた行為の連鎖の中で展開されます。

　行為の連鎖の中で展開される身体動作の観察の例を一つ挙げてみましょう。身体動作が授業の中で重要になるのは、一つには、教師が児童の関心をひくために身振り手振りを使う場合があります。次の断片 2 では教師が、自分の娘の「ケイコちゃん」の今朝の様子を児童に伝えています。なおこの断片については 1 章でも分析を加えます。

（断片 2）
01　　T：えーケイコちゃんは（.）［えーみんなにお話しした］ように，
02　　？：　　　　　　　　　　　［（　　　　　　　　　　）］

03    T：歯磨ききらーい (.) 顔洗いきらーい．(0.2) 今日は，髪の毛が<u>ぽっさぽっ</u>

04        <u>さ</u>

       【髪の毛が逆立っている手振り】

05    【児童が一斉に笑う】

06    S？：うちもー

図1          図2          図3          図4

　この断片で教師はケイコちゃんの髪がこの日の朝「ぽっさぽっさ」（03-04行目）だったと述べ、これに児童たちが一斉に笑っています（05行目）。どうすればこのようにうまく児童の関心を引くことができるのでしょうか。発話をみるだけでもいくつか教師の工夫を見つけることができます。まず教師はケイコちゃんのずぼらさを「歯磨ききらーい」「顔洗いきらーい」と続けざまに挙げています（03行目）。このようなリストアップは三つの項目を挙げるまで行われることが多い（Jefferson 1990）ので、「歯磨ききらーい」「顔洗いきらーい」の二つが来た時点で、児童からすれば三つ目のずぼらさが挙げられることが予想でき、またそこが教師の話のオチになることも期待できるでしょう。さらに教師は二つ目の「顔洗いきらーい」を発した後に少しだけ（0.2秒）間を空け、ためを作っています。加えて教師は最後の三つ目を「今日」の出来事と前置きすることによって、そのニュース性を、つまり情報価値を高めています。そして満を持して髪が「ぽっさぽっさ」と言い「ケイコちゃん」の三つ目のずぼらさを挙げるとき、このオノマトペは促音で強調され、また語気自体も強められています。書き起こし中の下線部（「ぽっさぽっさ」）は、下線部分が相対的に強い語気で発されている状態を表現しています。

　こうした発話上の工夫に加えて、教師は用意周到にも身振り手振りも駆使して児童の関心を集めようとしています。「ぽっさぽっさ」と言いながら教師は首を少し傾け、自分の頭頂部から側頭部にかけての部分に児童の注目を集めています。同時にこの部分の上で弧を描くように右手のひらをひらめかせ、髪の毛が逆

立っている様子を表現しています（図1）。このような語彙（「ぼっさぼっさ」）に結びつく手振り（Schegloff 1984）は、児童の関心をさらに強く引くものになります。実際、これをみて児童は一斉に笑い出しています（05行目）。

## 2.2. 身体的な振る舞いによる行為の連鎖を調べよう

　この事例では手振りを伴う教師の発言が児童の笑いを引き起こすという行為の連鎖がみられます。身振り手振りは話者の心的状態が表に現れたものとみられることも多いものですが、この事例のように、明確な相互行為上のはたらきを備えた身振り手振りもよく観察されます。

　断片2の教師による手振りが相互行為の連鎖の中で行われたものなら、これも発話の連鎖同様、教師と児童とが互いの振る舞いを何を行っているものとして理解し合っているか、またその場面で何を重要なものとみなしているかの分析の一部となります。たとえば先ほど、教師の手振りが児童の関心を強く引くものになっていると述べました。実際にこれをみて児童は一斉に笑い声を上げるのですが、児童が手振りを面白がっていることへの教師の理解は、続く教師の振る舞いの中にも表されています。一度「ぼっさぼっさ」な髪の毛の様子を手振りで表現した後、教師は正面に向き直り右腕を下ろそうとしています（図2）が、ちょうどこのタイミングで児童の笑い声が大きくなります。すると教師はいったん下ろしかけた右腕を急いでもう一度上げ、「ケイコちゃん」の髪が「ぼっさぼっさ」な様子を表現する手振りを再び、今度は口を開かずに行います（図3）。つまり教師は児童が手振りをみて大きく笑ったことを理解しているので同じ手振りを繰り返しているのです。

　さらに、手振りの行い方自体にも教師の理解が示されています。まず教師は顎を引き、首を傾ける度合いを深めることによって、一度目の手振りの時よりはっきりと自分の頭頂部から側頭部にかけての部分を児童の目に晒しています（図3）。さらに一度目の手振りは教師からみて右側の頭上で一度行われたのみでしたが、二度目の今回、教師は右側から左側へ（図4）、もう一度右側へと右手のひらを合計三度ひらめかせています。以上のように教師は、一度目のそれより大げさに、強調しながら二度目の手振りを行なっています。このように二度目の手振りには、児童が手振りを面白がっていることへの教師自身の理解が含まれています。以上の分析が示すように、授業場面の身体動作の分析は、教師と児童の相互行為の中で発揮される能力をみとる一助となるのです。

## 2.3．誰が誰と相互行為しているのかを観察しよう

　前項では児童の関心を引く身振り手振りの分析例を示しました。この分析では誰が誰と——教師が児童全体と——相互行為するのかは固定されていましたが、他方で授業を進める中で教師が直面する大きな課題の一つは、誰と誰が相互行為するのかをコントロールすることであるに違いありません。数十人の児童を前に話す教師は、クラス全体と話すのか、特定の児童あるいはそのグループと話すのか、また児童と他の児童との相互行為を許すのか等々をコントロールしなければならないのです。この作業に非言語的な事柄、とくに身体の向きは大きな役割を果たします。たとえば教師はしばしば特定の児童の方を向き、見つめることによってその児童との一対一の相互行為を行います。

　社会学者のアーヴィン・ゴフマンは、同じ場所にいる人同士の、相互行為への参与の仕方のことを参与の枠組み（participation framework）と呼びました（Goffman 1981）。断片2のように教師がクラス全体に話しかけるとき、その相互行為の参与の枠組みは話者（教師）と発話を向けられた者（児童全体）の二つの立場から構成されています。この枠組みは、断片2の続きである断片3で変化することになります。教師からみて正面奥に座っていた児童1が「ぼっさぼっさのままで（学校に：筆者注）行ったの？」（08行目）と大きな声で尋ね、教師が彼を見て「＜た＞ぶん」（10行目）と返し、頷くからです（図5）。

**（断片3）**

```
06  S？：うちもー
07    T：ただ（ 　［ 　）
08  S1：      ［ぼっさぼっさのままで行ったの？
09  S2：（・・ ［・・）みたいな
10    T：      ［＜た＞ぶん.
```

図5

　児童1の質問に対して教師が「＜た＞ぶん」（10行目）と返すとき、これはクラス内全体で聞いている公的な相互行為（1章参照）ではありますが、このとき他の児童は発話の宛て先から外れ、相互行為に参加して聞いてはいるが発話を向けられているわけではない者（Goffman 1981）になります。この参与枠組みの変化に児童1に向けて頷く教師の身体動作が寄与しています。

　興味深いことに、続けて教師は左右を見回し（図6と図7）、児童全体に発話を

向けることによって再び参与枠組みを変化させています。このとき教師が話していること（11 行目）は 10 行目の児童 1 の質問への回答の続きですが、発話の上ではほぼ同じことを行っているにもかかわらず、それに伴う顔の動きと視線変化によって参与枠組みに変化がもたらされるのです。

**（断片 4）**

| | | |
|---|---|---|
| 11 | T： | たぶん (.) ケイコちゃんは , [ほっさほっさのままで行ったんじゃない |
| 12 | | か↑なー＝　【左右を見回しながら】 |
| 13 | S ?： | 　　　　　　　　　　　[【笑い声】 |
| 14 | | ＝と思います. |
| 15 | S3： | (・[・・)【両手で髪がぼさぼさな様子を表す】 |
| 16 | S1： | 　[ん↑たぶん u ha [ha ha |
| 17 | T： | 　　　　　　　　　　[歯磨きしてきましたかー？ |
| 18 | | 【児童数人が「はーい」と言いながら挙手】 |

図6　　　　　図7

　この二つの参与枠組みの変化にはそれぞれ理由があります。一つ目の、児童 1 のみに発話を向け、それ以外の児童との扱いを差異化する参与枠組みの変化は、児童 1 が「ケイコちゃん」のずぼらさに関心を示しつつ語気を強めて質問したこととかかわりがあるでしょう。強い関心を示した児童個人に答えた、というわけです。他方で二つ目の、左右を見回すことによって再び児童全体に発話を向ける参与枠組みの変化は、教師がこれに続いて 17 行目以降で行う、児童たちが歯磨きと洗顔をきちんとしてきたかを尋ねる質問とかかわりがあるように思われます。これにつなげるために、児童 1 が個人的に示した興味を利用し、それをクラス全体で共有したうえで問いかけている、というわけです。

　以上のように非言語的な事柄の中でも身体動作、とくに顔の向きや視線の移動は、誰が、誰と、どんな立場で相互行為に参与するのかを決めるにあたって重要

な役割を果たすのです。

## 2.4. 相互行為の資源の複合的なはたらきを考えよう

　本節ではここまで手振りや顔の向き、視線移動を取り上げてきましたが、これらを分析する際に、発話等の他の相互行為の資源（相互行為を行うために利用されるもの）についても言及してきました。それは発話や身体動作等々が、他の種の資源と複合的にはたらく（Goodwin 2000）ことによって相互行為を構成することがしばしばあるからです。身体動作を視野に入れる際には、相互行為の資源の複合的なはたらきに焦点を当てて分析を進めると理解が深まります。

　たとえば断片 2 では「ケイコちゃん」の髪の毛が逆立つ様子を表現する手振りを紹介しましたが、この手振りは「ぽっさぽっさ」という発話による形容と結びついていました。断片 3 では教師が児童 1 を見て頷く様子を紹介しましたが、そもそも「教師が児童 1 を見ている・頷いている」といえること自体、その身体動作単独では分析できず、それに先立つ児童 1 の質問に教師が「＜た＞ぶん」（10行目）と答えていることとの複合的なはたらきから見出されることです。

　これは少しややこしい論点なので補足しておきましょう。この場面に限らず教師はふだんから正面を向き、そのどこかを見ることが多いといえます。正面に向けて頷くこともあるでしょう。けれども、児童らはその視線や頷きの先がいちいち、特定の児童の誰にあるとか、壁面のどこの箇所に向けているとか意識することはないでしょう。なぜなら教師はクラス全体に向けて話すときしばしば正面を向くからです。しかし断片 3 では、クラス全体に向けて話していたはずの教師が、正面を向き頷くことによってむしろ児童 1 個人へと発話の宛て先を絞る、という不思議な現象が観察されます。ですがそもそも児童 1 が「ケイコちゃん」のずぼらさに強い関心を示し質問していたことをふまえれば、教師が正面を向き頷くことが児童 1 に発話を向けたものとして理解されることはなんら不思議ではありません。また教師はこの後断片 4 で左右を見回しますが、これ（児童全体に発話を向けること）との対比によっても、最初の正面を向き頷く動作が児童 1 に宛てたものだったことが確かめられるのです。

　わたしたちは視線、身振り手振り、姿勢変化等々が、それ自体として存在しはたらくものであると考えがちです。しかし上で見たように、しばしばそれらは他の種の相互行為の資源とのかかわりにおいてはじめて同定され、そのかかわりの複合的なはたらきの中でなんらかの機能をもつものなのです。

## 3. まとめ

　ここまで述べてきたことをまとめましょう。ふだんわたしたちは、人の学習への取り組みや学んだ結果等が、話したこと・書いたこととその中身に現れると考えがちです。それは別に間違ってはいないでしょうが、教師が工夫しながら授業を行い、児童が学んでいくその具体的な過程の中に、すでにそれは豊富な形で姿を現していて、教師はその学びをみとっていくことができます。それは決して諸個人に内面化され、しまいこまれて覗き込むことができないものではありません。なぜなら教師は授業の中ですでに諸個人が何をでき、できないか、どのように学んでいるのかをあてにして振る舞い（たとえば児童の関心を引くために目立つ手振りを使い）、児童もそれにあわせて振る舞う（手振りにあわせて笑う）ことで授業が成立しているからです。授業の中で見られて、あてにして、使われているけれども、明確に言語化できるほどには気づいていない教師と児童の能力、学びのありよう。これをみとるための方法を、Lecture3 では紹介しました。

　この Lecture3 に書かれた分析の仕方にしたがって、以降の章では具体的な分析が行われます。2 章では教師の教え方を、3 章では生徒の学び方を読み解いた事例が紹介されていきます。さらに 4 章では、授業の活動を読み解いた後に、それを、活動の評価や改善に活かす方法を紹介します。

## 【文献】

Garfinkel, H., 1967, *Studies in Ethnomethodology,* Englewood Cliffs , N.J.: Prentice-Hall.

Goffman, E., 1981, *Forms of Talk,* Philadelphia: University of Pennsylvania Press.

Goodwin, C., 2000, "Action and Embodiment within Situated Human Interaction," *Journal of Pragmatics,* 32（10）: 1489-1522.

Jefferson, G., 1990, "List Construction as a Task and Resource," G. Psathas ed., *Interaction Competence,* Washington: University Press of America, 63-92.

串田秀也・平本毅・林誠，2017，『会話分析入門』勁草書房．

Schegloff, E. A., 1984, "On Some Gestures' Relation to Talk," J. M. Atkinson & J. Heritage eds., *Structures of Social Action,* Cambridge: Cambridge University Press, 266-295.

Sidnell, J. & T. Stivers eds., 2013, *The Handbook of Conversation Analysis,* West Sussex, UK ; Malden, MA, USA: John Wiley & Sons.

# *Part1*
# 教師の働きかけを読み解く

　本 Part では、一斉授業の形式における教師の実践の方法に焦点を当てながら、どのように授業が組み立てられていくのかを具体的に確認していきます。

# 1章

# 授業会話を作り出す
## ——「ガヤ」のコントロール

平本　毅・五十嵐 素子

## 1. 授業の会話が作り出されるのはどのようにしてか

　一斉授業において、授業の会話はどのようなものだと想像されるだろうか。教師が説明し、あるいは発問し、誰かが手を挙げる、または教師が指名し、当てられた児童が発言する、そんなやりとりを繰り返していく、そんなイメージだろうか。少なくとも、これまでの授業研究ではそうした描き方をされていたことが多い。しかし実際の授業では、教師に求められていないにもかかわらず、たとえば教師が発言している最中であっても、児童自らが発する声が聞こえてくる。

　**つまり教室には、教師に受け止められ、児童に共有され、公的なものとして紡がれていく授業の会話の外側に、そこに含まれなかった児童の発言が存在していたということになる。**では、それはどのように区別され、授業会話はどのように作り出されていったのだろうか。

　本章では、これまで注目されてこなかった、一見児童らがあちこちで好き勝手に声を上げているように見える授業の状態に着目し、そうした状態であっても、教師と児童らが何を授業の「公的な発言」とみなすべきかについて一定の理解をもち、互いに配慮し合うことによって、授業の秩序が保たれている／いくさまを明らかにしていく。

　ここではさしあたり、教師の「発問」に対する児童の「答え」といった教師が求めている発話と区別して、教師によって求められていないにもかかわらず児童が自発的に発する発話のことを「がやがや」という教室のノイズを形容する言葉になぞらえて「**ガヤ**」と呼んでおこう。

　こうした児童の発話は、授業の進行にとって諸刃の剣だ。それを拾うことで、よりよい方向へ授業が展開することもあれば、そうでないこともある。もちろん、ほうっておくこともできるが、収拾がつかなくなる事態につながることもあ

る。それは児童の発言数や内容といった要素にも、教師のその扱いの巧みさにも依っている。このため教師は児童の発話をできるだけ敏感に聞き取って、教育上のねらいに沿った授業の流れになるように、対処しようとしている（こうした教師の対処の実際については、本書4章、8章の事例も参考にしてほしい）。

　本章でまず示すことは、こうした「ガヤ」が児童によって無分別になされる発話ではないということである。以下の事例で見るように、児童らはそれなりに自分の発話がどのように聞かれうるか、扱われうるかを知っており、その発話を教師に取り上げられてもよいもの／取り上げる必要のないものにすることを、教師とのやりとりを通じて成し遂げている。こうした児童らの判断や配慮のありかたに着目することによって、いかに授業会話が秩序立って作り出されているのかが見えてくるのだ。

　またこうした知見を下敷きに、教師がいかに児童の発話を扱っているのかを見ていくことで、現場の教師らが児童の発言を、授業を妨害する「私語」として、あるいは授業会話に組み込める、拾いうるような、いわゆる「つぶやき」として判断する基準がどのようなものかということも見えてくる。そこでは教師らが、その都度の偶然性の中で児童の発話をいかに管理しているのかが浮かび上がるのである。

## 2．授業の会話を秩序立って進行させること

　授業中の教室には、何十人もの児童がいる。もし彼らが思い思いに、好きなことを勝手なタイミングで話したら、うるさくて授業は成立しないだろう。では教師はいかにして児童の発言機会をコントロールして、授業を成り立たせるのか。会話分析による授業研究が最初に取り上げたことの一つは、このことだった。

　会話分析の日常会話の研究では、会話参与者が発話の順番（ターン）をどう配分しているのか（Sacks, Schegloff & Jefferson 1974=2010）ということが明らかにされている。これを授業における会話に適用し、マッコール（McHoul 1978）は、授業における発話の順番の配分が、以下の点で日常会話と異なるものであることを指摘している。第一に、日常会話では今話している人が次の話者を選ぶ際に、誰でも選ぶことができるが、授業の場合、児童は別の児童を選べない。児童が選ぶことができるのは、教師だけである。第二に、日常会話であれば今話している人が次の話者を選ばなければ、聞き手の誰もが次の話者になることができるが、授業の場合、児童の次の話者になるのは教師である。また、ここで教師が話し始めな

いときにはじめて、児童が話してよい。こうして教師を中心に発話順番の配分が管理されていくことによって、教師が十分な発話順番の機会を確保することができる。

　しかし、発話の順番機会を確保するだけでは、授業を行うのには十分でない。授業が（「雑談」や「会話」でなく）授業として成立するには、教師はその発話の順番機会を活かしながらも、新しい単元の内容について説明したり、児童から考えや理解を引き出したり、児童に行わせる学習活動の指示をするなどしていく必要がある。そこには、発話の順番を配分するのとは異なった授業を進めるための方法が必要になる。

　なかでも会話分析の視点に立つと、発話を通じた「行為」をいかに組み合わせていくかという、「行為連鎖（2章コラム「授業会話の連鎖構造」参照）」に関わる方法が見出せる。授業の行為連鎖の中でとくに知られているのは、ミーハン（Mehan 1979）が見出した I-R-E 連鎖であろう。ミーハンは授業において、教師が児童に働きかけ（Initiation：発問）、児童がそれに応え（Reply：応答）、この児童の応えを教師が評価する（Evaluation：評価）という三つの発話順番からなる連鎖が、様々な形で見られることを指摘した。[1] I-R-E 連鎖を使うことによって、たとえば教師は児童に先週教えたことを覚えているかどうか確認を求め（「明治の次の元号は何ですか？」）、児童の答え（「大正です」）を評価する（「そうですね。よくできました」）などして、児童の知識状態を確認することができる。この I-R-E 連鎖が複数組み合わされて話題が形作られ、さらにこの話題のセットによって授業の各段階（たとえば「導入」「展開」「まとめ（終末）」など）が特徴付けられ、こうした段階を踏むことによって授業が授業として成立していると、ミーハンは主張した（Mehan 1979: 74）。言い換えればミーハンは、I-R-E 連鎖に、授業の相互行為秩序の最小単位としての地位を与えたのである。

　だが、実際の授業の場面では、マッコールやミーハンが観察したような、教師が児童の発言機会を管理し、児童に当てて答えさせ、その答えを教師が評価していくような、お行儀のよいやりとりがいつも行われているとは限らない。児童はしばしば教師から尋ねられる前に話し出し、口々に授業と関係のないことを呟い

---

[1]　I-R-E 連鎖の形をとって行われることには、指示 directive（たとえば「机を動かしてください」）、情報の伝達 informative（たとえば「今日の授業では～をします」）、そして学問的な質問や意見などの引き出し elicitation（たとえば「法隆寺建立は何年のことですか」）があるとされる（Mehan 1979: chap2）。今日「I-R-E 連鎖」という時にもっとも典型的に想像されるのは、最後の elicitation の中でとくに正解をもつ質問のタイプであろう。

たり、逆に教師に問いかけたりする。行為連鎖の観点からも、私たちが集めた授業データにおいて、典型的な I-R-E 連鎖は、それほど頻繁には見られない。重要なことは、だからといって授業が崩壊しているわけではなく、このような状況の中でも教師はなんとか場を管理して、秩序立った授業を成立させているということである。ではそれはどのようにしてなのだろうか。

## 3．ガヤをきっかけにした発問の働き

　以下では、小学校 3 年生を対象に撮影した授業のビデオデータを用いて考察を進めていく。事例に見られる児童の発話は、教えられたことへの確認や質問だけではなく、一聴した限りではただの冷やかしや感想、あるいは授業と関係のないノイズにも聞こえるような発話も含まれている。

　こうした発話は教師にとってはしばしば扱うのに「やっかいな」ものとみなされることもあるかもしれない。そうした発言を頻繁にする児童について規範意識がないとして注意することもあるだろう。小学校 3 年生は、いわゆる「ギャングエイジ」だから誰かの発言をきっかけに他の子の気がそがれる、いやベテラン教師なら上手に児童をおとなしくさせることができる、といった児童や教師の資質や能力に目を向けた説明は、それ自体としては間違っているわけではない。

　だがこうした説明は、教師と児童が授業の場を成立させるために行う、協同的な作業の性質について何も明らかにしてくれていない。最初に述べたように、ふつう授業の場には数十人もの児童がいる。授業の秩序形成は、その場にいる参加者すべてが、互いの振る舞いを協調させながら成立させていくものだ。こうしたことは教師には経験的には十分に理解されているが、その作業の有り様を具体的に示した研究はこれまでないと思われる。

　そこで、本章では、教師の技術や指導力や、児童の自発性や性格といった属人的な部分だけでなく会話分析を行うことによって、教師と児童の協同的な作業を観察する。そして児童の「ガヤ」が、ただ無秩序に発されるのではなく、実はそれ自体がそれなりの秩序性をもって発され、それゆえに授業の「公的な発言」として組み込まれ、I-R-E 連鎖を作っていくことができるようなものであることを明らかにしていく。

## 3.1. 授業における様々な「ガヤ」の存在

　まずは、授業において様々なタイプの「ガヤ」が生じている様子を確認していこう。以下の断片1は理科の授業の導入場面において、教師があるジェスチャーをし、それを児童に当てさせようとしているところである。

　まずその準備として教師が「ジェスチャーいち」と宣言して（01行目）黒板に何かを書こうとすると（02行目）、児童の一人が「それ書けばいい」（03行目）と提案する（おそらく「それ」とは「ジェスチャー」という語のことだと思われる）。教師はこの提案を受け入れ（04行目）、「ジェスチャーて書ける¿」と児童に問いかけている[2]（08行目）。

**（断片1）**

```
  01   T：ジェスチャーいち
  02      （3.0）【黒板の方を向く　図1】
→03  Sa：それ書けばいい
  04   T：あ：そうだねそれ書いて［いいですね
→05  Sb：                    ［マイケルジャク
  06      ソンとか人です［か
  07   T：I          ［ジェッ.
  08      Iジェスチャーて書ける¿
  09      （0.3）【児童が一斉にノートに向かう　図2】
```

図1　黒板の方を向く教師

図2　ノートに向かう児童

---

[2]　補足すると、児童がジェスチャーという文字が書けるかどうかは、この授業のねらいと直接関係がない。だが教師は児童からの提案を受け、あえてカタカナ表記のスキルを試す機会としていると考えられる。

注目したいのは、ここまでのやりとりの中ですでに、児童は二度発言している（03行目、05-06行目）ことだ。この二つの発言は、教師に尋ねられてのものではない。**児童らはしばしば、このように教師に尋ねられることなく（自発的に）話し出すのである。**

## 3.2. 様々な「ガヤ」の発話デザイン

　次に、この「ガヤ」の授業内での扱われ方を検討しよう。まずは03行目のSaの「それ書けばいい」という発言をみていこう。上で述べたように、この発言は教師に取り上げられている（04行目）。言い換えれば**この発話は、教師によって授業会話の流れの中で「公的な発言」としての地位を与えられている**ことになる。**だが、これが教師の裁量だけによるものではないことに注目したい。**

　実はSaの発話（03行目）は、教師が黒板に向かう間、他の誰も話していない時に発されている。さらにSaの発話は、教師の先行発話を「それ」で指示し、「書けばいい」と授業上の提案を行う意味において、授業内容に即した関連性をもっている。この位置と構成で発されるからこそ、教師はこれに隣接させて、「あ：そうだね」とこの発言を受け取ることができる。つまり、この児童の「ガヤ」は、元々「公的な発言」として受け取られてよいものとして組み立てられている（＝デザインされている）。そして教師はまさにこのことを認める形で発話を受け取っているのである。

　これと対照的なのが、05-06行目のSbによる「マイケルジャクソンとか人ですか」という「ガヤ」である。この発話は教師に取り上げられていない（07行目）。この違いもまた、教師の自由裁量から生じただけのものではない。Sbは教師の発話の最中に話し始めており、この位置はまだ、相手の言いたいことがわかったために早めに話し始めてよい時点（Jefferson 1984）にはまだ達していないように見える。加えて、「マイケルジャクソンとか人ですか」という発話は、現在の話題とは関係をもたず、また商業歌手の名をいきなり挙げる点において不真面目な性質を持ちうるものであることが、発話の冒頭から推察されるような性質のものである。[3] つまりSbは、元々この「ガヤ」を、公的な発言として受け取られる必然性はないものとして発しているように見える。だからこそ教師は、形式

---

[3]　最後まで聞くと、この発話はジェスチャーゲームで当てる対象がマイケルジャクソンなどの「人」なのか、と尋ねる質問である可能性にたどり着くことができる。このことと、その冒頭においてどんな推察を生じさせる発話であるかという観察とは両立するものである。

上は敬語を使ったこの発話をなかったものとして扱うことができるのだ[4]。

　次の断片2にも、様々なデザインの「ガヤ」が見られる。この断片2は小学校
1年生の朝の会の場面の一部である。教師はここで小学校2年生の自分の娘であ
る、「歯磨き」「顔洗い」の嫌いな「ケイコちゃん」が、この日の朝に「髪の毛が
ぼっさぼっさ」であったことについて語っている[5]（01-04行目）。


**（断片2）**

| 01 | T：えーケイコちゃんは（.）［えーみんなにお話しした］ように， |
|---|---|
| 02 | ？：　　　　　　　　　　［（　　　　　　　　　）］ |
| 03 | T：歯磨ききらーい（.）顔洗いきらーい.（0.2）今日は，髪の毛が<u>ぼっさ</u> |
| 04 | 　<u>ぼっさ</u>【髪の毛が逆立っている手振り　図2】 |
| 05 | 　　　　　【児童が一斉に笑う】 |
| 06 | S？：うちもー |
| 07 | T：ただ（　［　］ |
| →08 | S1：　　　　［<u>ぼっさぼっさのままで行ったの</u>？ |
| →09 | S2：　（・・［・・）みたいな |
| 10 | T：　　　　　［＜た＞ぶん. |
| 11 | 　たぶん（.）ケイコちゃんは，［ぼっさぼっさのままで行ったんじゃな |
| 12 | 　いか↑なー＝　　【左右を見回しながら】 |
| 13 | S？：　　　　　　　　　　［【笑い声】 |
| 14 | 　＝と思います. |
| 15 | S3：（・［・・）【両手で髪がぼさぼさな様子を表す】 |
| 16 | S1：　　［ん↑<u>たぶん</u> u ha ［ha ha |
| 17 | T：　　　　　　　　　　　［歯磨きしてきましたかー？ |
| 18 | 　【児童数人が「はーい」と言いながら挙手】 |
| 19 | T：はい（.）顔洗いは？どうですかー |
| 20 | 　【児童数人が「はーい」と言いながら挙手】 |

---

[4]　この教師の振る舞いを、「無視」と呼ぶのは適切ではないと考えている。誰かの行いを「無視」
するためには、まずその対象となる発話や振る舞いが、取り上げるべき効力をもったものでな
ければならないはずである。だがここでのSbの発話は、その組み立てにおいて、そもそも受け
取る必要性のないものとしてデザインされていた。だからここで教師が行っていることを、「無
視」と呼ぶことには違和感があるように思う。

[5]　この朝の会における、教師の語り方の効果については、3章においてより詳しく分析されてい
る。

図3　手振りを行う教師

　教師は「髪の毛がぼっさぼっさ」と言うと同時に手振りで髪の毛が逆立っている様子を表現し、こうして表現を細かくする（Schegloff 2000）ことによって、語りのクライマックスが訪れたことを示している。このような語りの終了は、それに対する聞き手の反応があることを適切なもの（あってしかるべきもの）とする（Sacks 1978）ため、その後の児童の笑い（05行目）は、教師が導き出したものであるといえるだろう。06行目の「うちもー」という児童の発言も、そうした反応の一つと見られる。

　これに対し、S1による08行目の「ぼっさぼっさのままで行ったの？」という発言は、教師が求めた反応の範囲を超えた、児童からの自発的な発言である。この発言は、児童の反応を受けて教師が何か話そうとしている間（07行目）に発される。教師が話している最中に発したにもかかわらず、S1の発言は教師に取り上げられ、授業の公的な発言として位置付けられる。この理由の一つは、S1が、相対的に大きな声でこの発話を行っていることであると考えられる。大きな声を上げることは発話の重なりがあった際に相手に打ち勝つための方法の一つであり、この方法を用いているということは、授業の公的な場で発言したいことがあるという意思を相手に伝えることになるだろう。これに対し、S2によるその次の09行目の「（・・・・）みたいな」という発話は、通常の声の大きさで発されており、公的な発言として受け取られる必要のないものとして発されているということができるだろう。実際、S2の発話の途中に教師が「＜た＞ぶん」とS1の質問に答え始め、S2の「ガヤ」は教師には取り上げられない。

　ここまでの観察を簡単にまとめよう。筆者らが調査を行った小学校の一斉授業の場面では、教師に指名されることなく教室のあちこちで児童が話し出す場面が頻繁に見られた。しかし個々の「ガヤ」を詳細に検討すると、そもそも「ガヤ」自体が、授業の公的な発言として取り上げられてよいものとしてデザインされて

いる場合（内容的に関連性がある、誰も話していないときに発せられる、声が大きく十分に聞こえる、など）もあれば、そうでなく、公的に扱われなくてよいものとして発されている場合もあった。

　こうした観察を踏まえると、「ガヤ」がただ児童の無分別な発話であり、「ノイズ」であると片付けるよりも、**授業秩序を生み出していく教師と児童のやりとりの中で、その発話のデザインによって、その「ガヤ」がどのような位置取りをもつものとして発せられているのかに注目することが大事**であることがわかるだろう。

## 3.3. 「ガヤ」を利用した I-R-E 連鎖の開始

　さて、教師は授業の会話を進めていくにあたって、こうした「ガヤ」を「公的な発言」として取り上げるのかどうか、といった判断をその都度即時に行っていくことになる。先に見たように、そのガヤのデザインによって、取り上げやすいものとそうでないものがあるが、取り上げたならばその後、授業の会話の流れに組み込んでいくことが必要になる。[6]

　では断片1と2ではどうだろうか。ここでは、授業の公的な発言として取り上げられてよいものとしてデザインされた「ガヤ」が発されていた。しばしばこうした「ガヤ」は、教師たちの間で「つぶやき」と呼ばれることがある。

　この二つの断片をもう一度見てみると、そこでは、ただ児童の発言が取り上げられただけではなく、この発言が I-R-E 連鎖のきっかけとして使われていくことがわかる。次にこの点を詳しく見てみよう。

### 3.3.1. 教師による児童の「ガヤ」の受け止め
　授業の公的な発言として取り上げられてよいものとしてデザインされた「ガヤ」が発されたとき、その発話はしばしば、教師によっていったん受け止められている。断片1の事例を確認してみよう。

---

[6]　その発言が取り上げやすいデザインでなくても、教師があえて取り上げようとすることはしばしばある。例えば、8章の齊藤・鈴木・五十嵐による考察例では、とても小さい声の児童のガヤに対して、教師があえて取り上げようとし、「ん？」等と聞き返すことで、言い直させようとする様子がみられる。

（断片1　再掲）

01　　T：ジェスチャーいち
02　　　（3.0）【黒板の方を向く】
→03　Sa：それ書けばいい
→04　　T：あ:そうだねそれ書いていいですね

　先述のように、この断片ではまず、03行目で児童Saによって「それ書けばい
い」という「ガヤ」が発されていた。この発言を取り上げ、教師は04行目でSa
を見ながら「あ:そうだねそれ書いていいですね」と言う。この発話は、児童の
発言を授業への貢献として認めるものである。断片2のほうでも、似たことが起
きている。

（断片2　再掲）

01　　T：えーケイコちゃんは（.）［えーみんなにお話しした］ように,
02　　?：　　　　　　　　　　　　［（　　　　　　　　）］
03　　T：歯磨ききらーい（.）顔洗いきらーい．（0.2）今日は,髪の毛がぽっさ
04　　　　ぽっさ【髪の毛が逆立っているジェスチャー】
05　　　　　　【児童が一斉に笑う】
06　S?：うちもー
07　　T：ただ（　［　）
→08　S1：　　　　［ぽっさぽっさのままで行ったの？
09　S2：　（・・［・・）みたいな
→10　　T：　　　　　［<た>ぶん.
11　　T：たぶん（.）ケイコちゃんは,［ぽっさぽっさのままで行ったんじゃな
12　　　　いか↑なー=【左右を見回しながら】
13　S?：　　　　　　　　　　　　　［【笑い声】
14　　　　=と思います.

　この断片では08行目の児童S1の「ぽっさぽっさのままで行ったの？」とい
う発話が取り上げられるが、その際に教師は11-14行目で「たぶん（.）ケイコ
ちゃんは、ぽっさぽっさのままで行ったんじゃないか↑なー」「と思います」と
言い、いったん児童の発話を受け止めている。加えてこの断片では、教師はこの
発話の際に左右を大きく見回しており、たんにS1に応じるだけではなく、クラ

ス全体にケイコちゃんの状況を共有させようとしているようだ。

### 3.3.2.　教師による児童の「ガヤ」を利用した I-R-E 連鎖の開始

　児童のガヤをいったん受け止めた後、教師はそれを利用して何らかの連鎖を開始することができる。上記の断片では I-R-E 連鎖が開始されていた。まずは断片1の続きをみてみよう。

**（断片1　再掲）**

```
01    T：ジェスチャーいち
02       (3.0)【黒板の方を向く】
03   Sa：それ書けばいい
04    T：あ：そうだねそれ書いて［いいですね
05   Sb：                        ［マイケルジャク
06       ソンとか人です［か
→07   T：I            ［ジェッ.
→08   T：I ジェスチャーて書ける¿
09       (0.3)【児童が一斉にノートに向かう】
```

　教師が児童の発話を受け止め（04行目）、続けて「マイケルジャクソンとか人ですか」という別の「ガヤ」がはさまった（3.2節）後に、教師は「ジェスチャーて書ける？」と児童に尋ねる。これを聞いて児童達はすぐに鉛筆をとってノートに向かう（09行目）が、これは教師の問いかけがただの質問ではなく、ジェスチャーという字を書いて示すことが求められるような、児童を「試す」性質をもつものであることを児童が理解していることを示す。つまり教師は08行目の「ジェスチャーて書ける¿」を、児童の知識を試すような質問（I-R-E連鎖の「I」）として聞くことができるように発している。

　断片2でも、教師がガヤを受け止めた後に続いて別の児童のガヤが挟まりつつ、I-R-E 連鎖が開始されている。

**（断片2　再掲）**

```
01     T：えーケイコちゃんは (.)［えーみんなにお話しした］ように,
02     ？：                      ［(                  )］
03     T：歯磨ききらーい (.) 顔洗いきらーい (0.2) 今日は,髪の毛がほっさ
```

04　　　　ぼっさ【髪の毛が逆立っているジェスチャー】

05　　　　　　　　【児童が一斉に笑う】

06　S？：うちもー

07　　T：ただ（　［　）

08　S1：　　　　［ぼっさぼっさのままで行ったの？

09　S2：　（・・［・・）みたいな

10　　T：　　　　［＜た＞ぶん.

11　　T：たぶん(.)ケイコちゃんは,［ぼっさぼっさのままで行ったんじゃな

12　　　　いか↑なー＝【左右を見回しながら】

13　S？：　　　　　　　　　　　　　　［笑い声］

14　　　：＝と思います.

15　S3：（・［・・）【両手で髪がぼさぼさな様子を表す】

16　S1：　　　［ん↑たぶん u ha [ha ha

→17　　T：　　　　　　　　　　　　　［歯磨きしてきましたかー？

18　　　　【児童数人が「はーい」と言いながら挙手】


　S1のガヤを教師が答えることで受け止め（10-12行目）ると、別の「ガヤ」が
S3（15行目）とS1（16行目）によって発されている。15行目の「ガヤ」は、発
話としては何を言っているのか聞き取れないものの、S3は両手で髪がぼさぼさ
な様子を表しており、「ケイコちゃん」の髪の毛が「ぼっさぼっさ」であること
に言及しているものと考えられる。他方16行目ではS1が「ん↑たぶん」と言っ
てから笑い、教師の答えを面白がっている。[7]

　この二つの、教師の「たぶん(.)ケイコちゃんは、ぼっさぼっさのままで行っ
たんじゃないか↑なー」（11-12行目）「と思います」（14行目）という発話への反
応の性質をもっている「ガヤ」が終わる位置で、教師は「歯磨きしてきました
かー？」と児童全体に問いかけている。

　この発話のもつ性質を考えてみよう。まずこの発話は、クラス全体を対象にし
た質問である。次にこの質問は、「ケイコちゃん」（01行目）という、「歯磨き」

---

[7]　そもそもS1自身が「ぼっさぼっさのままで行ったの？」（08行目）と教師に尋ねたのだから、
　　教師がそれに答えた後にS1が応じたなら、これは「ガヤ」ではなく元々公的な発言なのではな
　　いかと思うかもしれない。しかし、先に述べたように、教師はS1だけに答えるのではなく、左
　　右を見回しながら、自分の答えがクラス全体で共有できるように11-12行目を発していた。その
　　意味で、S1の16行目の発話は教師との一対一のやりとりの中で発されたものではなく、やはり
　　「ガヤ」としての性質をもっている。

の嫌いな子の話をした後でなされている。そしてこの場は、朝の会である。これらのことにより、教師の発話は、児童らが（「ケイコちゃん」とは違って）ちゃんとその日の朝に歯を磨いてきたかどうかを確かめる質問（I-R-E連鎖の「I」）として理解できるだろう。

この教師の質問は、S1の「ぼっさぼっさのままで行ったの？」（08行目）という発言を利用してなされたものであるようにみえる。大きな驚いたような声で発された「ぼっさぼっさのままで行ったの？」という質問は、「ケイコちゃん」の身支度のだらしなさが「信じられない」類のものであるという、S1の態度表明を含んでいる。そこで教師は、この態度表明をクラス全体で共有可能なモラルの問題と位置付け、児童らが「ケイコちゃん」とは違ってちゃんと身支度してきたことを確認する質問を投げかけている。このことは、教師が17行目の質問を行う際に左右を見回していることにも表れている。

### 3.3.3. 児童の「ガヤ」を利用したI-R-E連鎖の開始の教育的意義

以上の二つの断片の分析により、児童の発言を利用して教師がI-R-E連鎖を開始していることが確認できた。[8]ここまでの分析を、次のように整理してみよう。

(1) 児童による公的な発言として受け取られてよいものとしてデザインされた「ガヤ」
(2) 教師による（1）の受け取り
(3) （1）の内容を利用した、教師によるI-R-E連鎖の開始（発問）

この（1）−（3）のやりとりにより、教師は児童の自発的発話を処理しながら、それをI-R-E連鎖に取り入れて、授業や朝の会における教育的活動を遂行することが可能になっている。

繰り返し強調しておきたいのは、これがたんに教師の裁量により児童の自発的発話が処理されているということではなく、教師と児童の協同的な活動だということである。**そもそも、児童の「ガヤ」が公的な発言として受け取られてよいものとしてデザインされているからこそ、教師はそれを自然に取り上げることができる**のである。[9]

さらに強調したいのは、児童の「ガヤ」を利用したI-R-E連鎖の開始によって、

---

[8] なお、本稿では紙幅の都合上、I-R-E連鎖のうちE（評価）の要素に関しての分析は行わない。

児童の興味に基づいて何らかの情報を与えたり、モラルを教えたりすることが可能になる、という点である。そもそも公的な発言として受け取られてよいものとしてデザインされた「ガヤ」とは、授業で進行していることや語られていることに向けられた児童のコメント（「それ書けばいい」「ぼっさぼっさのままで行ったの？」）でもあった。つまりこれらの「ガヤ」は、その児童が授業の中の何に意識を向けているかを明確に表すものである。このため、**教師はこの「ガヤ」の内容を利用することでI-R-E連鎖を開始し、児童自身が示した興味に基づいてものを教えることができる**のである。

## 4．I-R-E連鎖が進行している間の発話をどう扱うか？

さて、I-R-E連鎖が一見スムーズに展開されているように見える、一斉授業のデータでも、よくデータを観察すると背後から教室の色々なところで声が聞こえてくる。とくに教師の発問（I）が行われると、多くの場合児童らはどんな形であれそれに答えようとする。[10]

発問の後は、児童の回答のための間があえて取られる場合も多く、まずは、教師に求められている公的な発言としての「答え」（R）や発問への確認などが生じる。他方で、公的な発言として受け取られる必要のない「ガヤ」も起こりうる。ここでは、教師によって求められている応答である「公的な発言」と必ずしも求められていない「ガヤ」が混在しやすい状況であるといえるだろう。

いずれにせよ教師からすれば、I-R-E連鎖の進行中の児童の発言の扱いは、授業の展開を左右するという点で非常に重要だ。その発話デザインがどんなものであれ、教師はあくまで教育上のねらいに照らして、**意図的に無視する場合もあれば、I-R-E連鎖に組み込む場合もある**。しかしその仕方は、**公的な発言と受け取れる発言であるかどうかといった、発話のデザインに応じて巧みに調整されている**のである。こうした教師の巧みな技術にも注目しながら以下では見ていこう。

---

[9]　この（1）-（3）の流れと、Markee（1995）の「逆質問」の類似点に言及しておこう。「逆質問」とは、たとえば非母語話者の児童が言語学習の授業で「貿易ってどういう意味の言葉ですか？」と尋ねると、教師はそれに直接答えず、他の児童に「知っている人いますか？」と投げ返すやり方である。本章の分析で見出した（1）-（3）の流れは、児童の自発的発話を教師が取り上げ、I-R-E連鎖を開始するという点でこの「逆質問」とよく似ている。

[10]　こうした児童の発話をすべて「自発的発話」とみなすのには慎重であったほうがよいと考える。というのも、教師が児童に質問したなら、児童がそれに答えることが期待されるので、その意味では児童の発話は「自発的」ではない可能性があるからだ。

## 4.1. 「ガヤ」や「公的な発言」を無視するやり方

　教師が発問をした後の位置で、公的な発言として受け取られる必要のない「ガヤ」を発するならば——それはしばしばやっかいなガヤなのだが——そのようなものとして聞こえるようなデザインで発されなければならない。まずはそのガヤのデザインとそれに対する教師の対応を見てみよう。

**（断片1　再掲）**

```
01    T：ジェスチャーいち
02       （3.0）【黒板の方を向く】
03　Sa：それ書けばいい
04    T：あ：そうだねそれ書いて［いいですね
05　Sb：                        ［マイケルジャク
06       ソンとか人です［か
07    T：I          ［ジェッ.
08    T：I ジェスチャーて書けるこ
09       （0.3）【児童が一斉にノートに向かう】
→10  Sc：ジ↑ェ［スチャー     ［（・・）
→11  Sd：    ［ジェスチャー ［ゲーム（・［・）
12    T：        ［どういう字 ［書くかな
```

　断片1では、08行目の教師の質問の次に発された Sc（10行目）と Sd（11行目）の発話が、公的な発言として受け取られる必要のない「ガヤ」としてデザインされている。まず10行目の「ジ↑ェスチャー」は、声のピッチを高めることによって、ある種不真面目な響きをもつものになっている。加えてこの発話の語尾の音調は平板であり、教師に確認を求めたものにも聞かれない。だから「ジェスチャー」は、自分が今何をすべきかわかっていることを示してみせるだけの発話に聞こえる。同様の理由で11行目の「ジェスチャーゲーム」も、公的な発言として受け取られる必要のないものとして発されている。

　これらはたわいもないガヤであるが、この時点での児童らは教師の口頭での発問に対してノートに書くことで回答しており、その間にこうしたガヤが挟まれてしまうと、そもそもの教師の発問がなんであったかを見失ってしまう可能性があ

る。こうした事態に対して、12 行目の**教師はガヤに直接応答せずに、すばやく**
**それを利用することで対処している。**教師は 11 行目 Sd の「ジェスチャーゲー
ム」の発話を最後まで待たずに「ジェスチャー」の語が聞こえるやいなや、すか
さず「どういう字書くかな」とそれに連接して発問し直している。

　さて、次に生じる Se による 14 行目の「カタカナですか？」は、これらと比べ
ると、I-R-E 連鎖の中の挿入連鎖（Schegloff 2007）（2 章解説「日常会話の連鎖構造」
参照）を開始するような、元々公的な発言として受け取られるようデザインされ
ている発言である。なぜそう聞こえるかを説明しよう。

**（断片 1 の続き）**
```
13          (0.9)
→14  Se：カ［タカ］ナです［か？
15  Sf：   ［え？］
16  T：  ［ジェ］      ［ジェ
17          (0.2)
18  T：＜ジェ＞［スチャーだよ
```

　まずこの 14 行目の Se の発話は教師の質問に対してまだ答えが与えられていな
い（教師は「ジェスチャー」をどう書くかを説明していないし、黒板に書いてもいな
い）位置で発されており、かつ敬語が使われており、また語尾の音調も上がって
いる。そしてもちろん、「カタカナですか？」は「ジェスチャー」という字を書
けという教師の指示に対して児童が聞き返すことができる、適切な確認事項であ
る。
　しかしここでの教師は、Se の確認に応じていない（16-18 行目）。**なぜ Se は自**
**分の発話を公的なものとして発しているのに、教師はそれに応じないのだろう**
**か。**
　一つの理由としては、Se の「カタカナですか？」という確認の求めが、「そう」
と答えても「違う」と答えても、「ジェスチャーの字を書く」という課題を解く
ための「ヒント」を引き出してしまうものであるからだと考えられる。つまり教
師は、**この質問に答えないことで、児童に「ヒント」を与えなかったとみなせ**
**る。**
　こう言うと児童の発話デザインに関わりなく、教師がそれをなきものとして扱
うことができるように聞こえるが、そうではない。教師の対応はもう少し複雑

だ。

　Se の発話はその冒頭で、教師の「ジェ」という発話と重なっている（14-16 行目）。教師はいったん発話を中断するが、すぐに「ジェ」ともう一度言い、これが再び Se の発話と重複したとみるや、今度は「ジェ」の部分を相対的にゆっくり、強調するように発しながら「＜ジェ＞スチャーだよ」（18 行目）と言い直す。**つまり教師はここで、Se の発話を確認という公的な発言として認めつつ、この発話との重なりに打ち勝つために自らの発話を繰り返している。**

　このように、**教師は自分の発言を調整して児童の発話に重ねて、その発言の聞こえ方を弱めることで、児童の公的な発言を「無視」したという事態を際立たせないような効果を得ているといえるだろう。**

## 4.2. 児童の発話を「答え」として連鎖に組み込む

　さて連鎖の進行中に発された「ガヤ」や「公的発言」がいつも無視されるわけではない。**ここではそれが「発問」の「答え」として組み込まれた事例を見てみよう。**先の児童は、自分の確認の発話が教師に無視されたとわかるやいなや、発問の「答え」とみなされる発話をし始めた。

　**（断片 1 の続き）**

```
  18   T：＜ジェ＞［スチャーだよ
→19  Se：R      ［ジャに，【空書しながら】
  20      (.)
→21  Se：R ジに，ちっちゃい［エ
  22   T：E          ［そ［う
→23  Sg：              ［ジャに
  24   T：ちっ［ちゃいエだよ
  25  Sh：    ［えーっと：［：：
  26  Si：              ［わかった．
```

　この教師の発話の最中に，さきほど「カタカナですか？」と確認を求めた Se は、「ジャに，」（19 行目）「ジに，ちっちゃいエ」（21 行目）と空書（空間に字を書く真似をすること）しながら、答え（I-R-E 連鎖でいう「R」）の候補となりうる発話をする。これが答えになりうるものであることは、まず Se が空書しているこ

と、次に Se が、19 行目で教師の発話と「ジャに.」が重複した後に、教師の発話順番が終わってから「ジに」と言って冒頭からそれをやり直している（cf. Schegloff 1987）ことなどからわかる。つまりここで Se は、自分の発話をただの「ガヤ」ではなく教師の質問（I）に対する答え（R）（の一部）に聞こえるものとしてデザインしている。そして、教師がこれに短く「そう」と応じる（22 行目）ことによって I-R-E 連鎖が構成されたのだった。

　ここで注目したいのは、この I-R-E 連鎖の軌跡が、Se の答え方によって決められた可能性があるということである。「ジェスチャーって書ける¿」という教師の問いかけは、いくつかの答え方を許容するものであり、最初児童の多くは、ノートに書き付けることによってこれに答えようとしていた（09 行目）。

　このため、教師がそれを見て回って「回答」を得ることも、本来はできたはずである。だがここではそれに先んじた Se の発話と空書が、他の児童とは異なったやり方で公的な「回答」（の一部）を提出したがゆえに、教師がそれを「そう」と短くも認める必要が出てきていたのである。[11] こうして教師の質問（I）－ Se の返答（R）－教師の評価（E）という I-R-E 連鎖が、当初からこの形で組織されることが計画されていたかどうかはともかくとして、いくつかの「ガヤ」が飛び交う中に作り上げられていったのである。

　以上の分析から例証したことは、第一には、いったん始まった I-R-E 連鎖の途中でも、当たり前のように「ガヤ」が見られるということである。児童は、不真面目な声を発したりすることによって、自分の発話が答え（R）あるいは答えにつながるものとして聞かれないように「ガヤ」を発していた。第二に、この場で発された児童の「ガヤ」も「公的な発言」も、教師の教育上の判断を伴って、発話上の工夫を伴って、「無視」されたり、あるいは I-R-E 連鎖に組み込まれたりして、連鎖の進行が定まっていったということである。

　つまり、いったん I-R-E 連鎖が始まると、それによって定められた連鎖上の位置に自動的に児童の発言が配置されていくというものではない。児童の「ガヤ」や「公的な発言」が飛び交う中で、教師のその場の教育的な判断のもと、児童の

---

[11]　ここで教師が本当に Se の空書を正しく読み取り正答のお墨付きを与えているのか、そのことはわからない。だが Se はすでに 14 行目で「カタカナですか？」と確認を求めていて、その応えを待たずに回答し始めているのだから、とりあえず「ジ」がカタカナで表されているであろうことがわかり、これが空書で、教師に確認しやすい形で（そして他の児童からは検証しにくい形で）表されているので、この答えは、事実として正答かどうかではなく、教室内の他の者にとっていかにももっともらしい。だから逆にいえば、これをとりあえず「そう」と認めておくこともまたもっともらしいものになる。

発言が、その都度そのデザインに応じた形で管理され、I-R-E 連鎖の軌道が決まっていくのである。

## 5. 授業の会話を作り上げていく児童の能力を組み込む

　最後にここまでの考察をまとめよう。本章では、小学校児童の一斉授業のデータを会話分析し、教師が児童の「ガヤ」をどうコントロールしながら I-R-E 連鎖を形作っていっているのかを考察してきた。

　二つの事例の分析の結果、次のことがわかった。第一に、授業は教師と児童の様々な発話と振る舞いによって成り立つ。それは典型的な I-R-E 連鎖とは限らない。第二に、児童の発話はしばしば「ガヤ」、すなわちそれ自体では公的な発言にならない発話を構成する。第三に、何が公的な発言として取り上げられるかは教師の一存のみによって決まるものではない。教師が授業の進行にとって都合がよい発言だけを切り取ればいいのではなく、そもそも多くの「ガヤ」は、それを発する児童自身によって、公的に取り上げる必要のないものとしてデザインされていた。第四に、教師は児童の「ガヤ」の内容を利用して、それを受け止めた後に、I-R-E を開始することができる。第五に、いったん開始された I-R-E 連鎖の内部でも、「ガヤ」が見られる。第六に、I-R-E 連鎖がどう展開するかは、あらかじめ「I」によって設けられた枠に中身をはめ込んでいくようなものではなく、教師と児童の相互行為の中で決まっていく事柄でありうる。

　以上見てきたことは、いわば児童の相互行為の「能力」（Lecture3 参照）の一端である。つまり児童たちは、少なくとも部分的には、教師が授業の発言をどう配置しているかを知っており、かつ、その配置に自分たちが参入していく仕方も知っている。これはある意味では、児童が自発的に、教師とともに授業を作り上げていく能力でもある。他方で教師たちは、それほど自覚的ではないだろうけれども、児童たちのそうした能力を理解しつつ、それに（も）頼って授業の発言を組み立てている。

　このように、教師と生徒の行為の連鎖を細かに見ていくことを通じて、教師と児童が互いの振る舞いをどのようなものとして理解し合い、授業を組み立てているかを明らかにすることができた。それは、これまでの授業会話の連鎖の捉え方では描かれてこなかった、授業の協同的なダイナミクスであり、教師と生徒が日常的に経験しているリアリティなのである。

## 【文献】

Jefferson, G., 1984, "Notes on Some Orderliness of Overlap Onset," D'Urso & P. Leonardi eds., *Discourse Analysis and Natural Rhetorics*, Cleup Editore, 11-38.

Markee, N. P., 1995, "Teachers' Answers to Students' Questions: Problematizing the Issue of Making Meaning," *Issues in Applied Linguistics*, 6(2), 63-92.

McHoul, A., 1978, "The Organization of Turns at Formal Talk in the Classroom," *Language in Society*, 7, 183-213.

Mehan, H., 1979, *Learning Lessons: Social Organization in the Classroom*, Cambridge, Mass. : Harvard University Press.

Sacks, H., 1978, "Some technical considerations of a dirty joke," J. Schenkein ed., *Studies in the Organization of Conversational Interaction*, Academic Press, 249-270.

Sacks, H., E. Schegloff & G. Jefferson, 1974, "A Simplest Systematics for the Organization of Turn-taking for Conversation," *Language,* 50(4): 696-735.（＝ 2010 西阪仰訳「会話のための順番交替の組織——最も単純な体系的記述」『会話分析基本論集——順番交替と修復の組織』世界思想社 , 7-153．）

Schegloff, E. A., 1987, "Recycled Turn-Beginnings," Button, G. and J. R. E. Lee eds., *Talk and Social Organisation*, Clevedon: Multilingual Matters, 70-85.

Schegloff, E., 2000, "On Granularity," *Annual Review of Sociology*, 26: 715-720.

Schegloff, E. A., 2007, *Sequence Organization in Interaction: A Primer in Conversation Analysis*, Cambridge: Cambridge University Press.

# 発話順番交替

平本　毅

　日常会話は言葉のキャッチボールであるとよく言われる。誰かが何かを話す
と、それに相手が応じ、それを受け取った人がまた返して、という具合である。
だが一方で、頭に血が上って口喧嘩している人々の様子に目を転じると、誰かが
何か言おうとすると、相手がそれを遮ってまくし立て、さらにその相手が遮っ
て、という応酬をみることになる。会話のキャッチボールをうまく行うには、誰
かが投げ終わる（＝話し終わる）のを待ち、ボールが手元に渡ったところで、次
に投げる（＝話す）人にならなければならない。前者は①発話の順番（以下「発
話順番（turn）」）の完了に関する問題であり、後者は②次の発話順番の割り当て
（allocation）の問題である。この①と②の問題の処理を担う相互行為の仕組みを、
発話順番交替（turn-taking）組織（Sacks et al. 1974=2010）という。この解説では、
①と②をそれぞれ簡単にみていく。

## 1.　発話順番の完了

　開始された発話がどこで終わるかは、少なくとも文法規則、韻律、その発話で
行おうとしている行為の三つの水準で示される。たとえばある家族の父が子に
「宿題は終わった？」と言ったとする。この発話は「文」の単位で構成されてお
り、また文末の上昇調の音調により、そこで終わりうることが示されており、そ
してここまでで「質問」という行為を行っていることが、明らかである。こうし
て「宿題は終わった？」という発話の聞き手には、ここで発話順番が完了しうる
ことが伝わる。このような、発話順番を構成しうる単位のことを、発話順番構成
単位（Turn-Constructional Unit：以下 TCU）という。TCU の末尾（これを完了可能点
（possible completion point）という）は、ふつう発話順番が移行してよい場所
（Transition-Relevant Place：以下 TRP）になる。つまり、「宿題は終わった？」で
TRP が訪れ、ここで「終わったよ」と、次の発話順番を使って返事を返す（2 章
解説「日常会話の連鎖構造」参照）機会が訪れる。

　重要なことは、聞き手はどこが TCU の完了可能点になるか（そして TRP が訪

れるか）を、相手の発話の進行を一語一語聞きながら、予想しているということである。つまり、「宿題は終わった？」という TCU が完了する前に、すでに聞き手はそろそろ TCU が完了可能点を迎えそうだ（そしてそこが TRP になりそうだ）ということを予測でき、その予測に基づいて、「宿題は終わった？」という発話順番の後すぐに「終わったよ」と返事することができるのである。

## 2．次の発話順番の割り当て

　「宿題は終わった？」と聞かれたのが一人だけなら、次に誰が話すかは問題にならない。聞かれた者が答えるだけである。しかし、これに答えうる人が二人以上である場合、次の発話順番を誰に割り当てるかという問題が生じる。これをはっきりさせないと、複数の話者が同時に話し始めて発話が重複してしまう危険性がある。

　この、発話順番割り当ての問題は、第一に、宛先を誰か特定の者に向けることにより解決される。たとえば「田中くん、宿題は終わった？」と名前を挙げたり、「宿題は終わった？」と言いながら田中くんに向けて指さしを行ったりすることによって、その場の複数の聞き手の中から、田中くんが次話者に選択される。このように、「質問」「依頼」などの隣接ペア第一部分（2 章解説「日常会話の連鎖構造」参照）を発する際に、特定の聞き手に発話を宛てるやり方のことを、次話者選択技法という。この次話者選択技法が発話中に含まれているかなどによって、次話者の割り当てはつぎの（1-a）－（1-c）の三種類に分岐する。まず、次話者選択技法を使って次の話し手が選ばれているかが、聞き手が TRP において最初にチェックすることである。もし（1-a）次話者選択技法が使われて次の話し手が選ばれていたならその者が話し始めるが、（1-b）次話者選択技法が使われていない場合、聞き手の誰かが自己選択を行う。この時、ふつう最初に話し始めた者が発話順番を取得する。たとえば、誰かが「お腹空いたなあ」と言った時に、この発話が特定の次話者を選んでいないなら、聞き手のうち「そうだね」などと最初に話し始めた者が発話順番を取得する。最後に、（1-c）次話者選択技法が使われておらず、かつ聞き手の誰も自己選択を行わなければ、現行の（いま TCU を完結させた）話者が、もう一度話す機会を得る。たとえば「お腹空いたなあ」の後に、聞き手が誰も自己選択せず間が生じたなら、現行話者が「お昼食べに行く？」などと話し続けることができる。そして、（2）（1-c）により現行話者がもう一度話したなら、その発話順番の TRP において、再び（1-a）－（1-c）が

適用される。この（1-a － 1-c）（2）の規則により、TRP が訪れるたびにその都度、聞き手の誰かと現行話者の間で発話順番が配分されていく。

　（1-a）－（1-c）は、（1-a：現行話者による次話者選択）でなければ（1-b：聞き手による自己選択）、（1-b）でなければ（1-c：現行話者による自己選択）というように、まずは聞き手に優先的に発話順番が割り当てられ、その機会がパスされた際に現行話者に発話順番が渡るという優先順位を備えている。この優先順位が存在することにより、現行話者がいつまでも話したいだけ話し続けることが防がれるのである。

　①（発話順番の完了に関わる規則）②（発話順番の割り当てに関わる規則）からなる発話順番交替組織は、一度に一人の人が話し、あまり切れ目なくスムーズに順番交替が続いていく、キャッチボールのような状態を（少なくとも部分的には）作り出す。ここで心に留めておきたいことは、冒頭で挙げた口喧嘩のように、発話同士が重なり合い、順番交替がうまくいっていないようにみえる例でも、それは発話順番交替組織が存在しなかったりうまくはたらいていなかったりすることを意味するのではないということである。むしろ、発話順番交替組織が存在するからこそ、ある人がある人の発話順番に「割り込んだ」（＝ TCU が完結していないのに、正当な理由なく次の発話が始まった）ことや、ある人が「まくし立てている」（たとえば、ふつうは TRP においてまずは聞き手に発話順番取得の機会が与えられるはずなのに、その人がずっと自己選択している）ことなどが、その場の人々にわかるようになるのである。言い換えれば、あるやりとりを「口喧嘩」としてみることの理解可能性を、発話順番交替組織が支えている。

　日常会話の発話順番交替組織は、相互行為の参与者がみな対等な立場から、その都度発話順番を配分していくものである。だが、じつは日常会話以外にも様々な言葉のやりとりに発話順番交替組織が存在し、それらは日常会話のそれとは異なった特徴をもっている。たとえば公的な会議の場合、議長が発話順番の指名権をもっているので、議長と他の者との間に発話順番の割り当てについて非対称性がある（Boden 1994）。一斉授業の場合にも教師と児童生徒の間に非対称性が存在するが、この点についてはコラムで紹介する。

## 【文献】

Boden, D., 1994, *The Business of Talk: Organizations in Action*, Cambridge: Polity Press.

Sacks, H., E. Schegloff & G. Jefferson, 1974, "A Simplest Systematics for the Organization of Turn-taking for Conversation," *Language*, 50(4): 696-735.（＝ 2010 西阪仰訳「会話のための順番交替の組織——最も単純な体系的記述」『会話分析基本論集——順番交替と修復の組織』世界思想社 , 7-153．）

# 授業における生徒の「自発的発話」

平本　毅・五十嵐 素子

　授業における生徒の自発的な発話についてかなり早い段階で取り上げているのは、Mehan（1979）の研究だ。たとえば Mehan は、教師による指名を無視して話し始めた生徒の発言を教師がどう扱うかを分析している（Mehan 1979; chap3）。Mehan がここで観察したことは、教師がそうした生徒の発言を無視したり、その発言が自分の質問に対する正解だった場合には取り上げたりといったやり方で対処するということだった。また、Macbeth（1990）は、教師が話しているときに生徒が授業の内容と関係なく話し始める場面を分析している。そこでは教師が話している間は、生徒が黙って聞いていることが求められているため、生徒は注意されたあとに「謝る」のではなく、「黙る」ことが求められていることを指摘している。こうした Mehan や Macbeth の考察は、生徒の一見無秩序にみえる自発的発言を、教室内の発話順番配分における「違反」と捉えて、それへの教師の対処の仕方を分析する研究だといえる。しかし、多くの授業の会話の研究では、そのような自発的発話の存在をそれとしてみとめつつも、分析上では、そうした発言に注目しない立場に立って、それ以外の教師と生徒のやりとりを分析する方針を採っている。

　他方、近年では、生徒が開始する発話を、たんに逸脱行動やノイズとみなすのではなく、学習への参加行動の一つとして考える研究が増えてきている（本山 1999; Garton 2012）。たとえば、藤江（2000）は、生徒が発した、授業の流れに沿った公的な発話としても、私語としても理解できるような、両義的な発話に教師が応じることによって、授業のコミュニケーションが豊かなものになりうることを指摘している。また岸野・無藤（2005）は、生徒が開始する発話へ教師が対応することが、教師と生徒間の人間関係を調整する働きをもたらすことを述べている。また文野（2005）は、教師が生徒の自発的発話に個別に対応しながらそれを処理していくことによって、教師は生徒による学習への自発的な参加を認めながらも、授業の流れをコントロールしていることを明らかにした。

　加えて、教えられたことへの確認や質問などを行うような生徒の自発

的発話は、教師がクラス全体に与えた知識を生徒個々人に「個人化」（Allwright 1984; 161）する役割をもつといわれている。また、第二言語教育の授業を調べた Markee（1995）は、確認や質問を行う生徒の自発的発話に対し教師が直接は答えず、他の生徒を含めたクラス全体に逆に質問を行うことによって、I-R-E 連鎖を使った教師主導の授業の流れを取り戻す技法を報告している。

　このように生徒の自発的発話は、どんなものであれ、生徒の授業の参加行動の一つであり、それを教師は教育的なねらいに即してしばしば利用できることが指摘されてきた。なかでも生徒が確認や質問を開始する発話は、ただのコメントや冷やかし等々の発話と比べて授業の公的な流れに関係づけられており、それを個人の考え等に結びつけたり、クラス全体の議論に結びつけたりすることができるといえる。

　だが、生徒のどのような自発的な発話がどのようにして生じ、それを教師がどのように利用して、授業の会話の流れを作り出していくのだろうか。実はこのメカニズムについてはこれまであまり明らかにされていない。このことについて本書では、1章の平本・五十嵐論文において、また教師が生徒の自発的発言を積極的に利用していく様相については、4章の齊藤論文において詳しく分析がなされている。

## 【文献】

Allwright, R. L., 1984, "The Importance of Interaction in Classroom Language Learning," *Applied Linguistics*, 5,156-171.

文野峯子，2005,「学習者の自発的発話が開始する発話連鎖の終了に関する質的研究──初級日本語クラスの一斉授業の場合」『世界の日本語教育』15, 59-74.

藤江康彦，2000,「一斉授業の話し合い場面における子どもの両義的な発話の機能──小学5年の社会科授業における教室談話の分析」『教育心理学研究』48(1): 21-31.

Garton, S. 2012, "Speaking out of Turn? Taking the Initiative in Teacher-Fronted Classroom Interaction," *Classroom Discourse*, 3, 29-45.

岸野麻衣・無藤隆，2005,「授業進行から外れた子どもの発話への教師の対応──小学校2年生の算数と国語の一斉授業における教室談話の分析」『教育心理学研究』53(1): 86-97.

Macbeth, D., 1990, "Classroom Order as Practical Action: The Making and Un-making of a Quiet Reproach," *British Journal of Sociology of Education*, 11(2), 189-214.

Markee, N. P., 1995. "Teachers' Answers to Students' Questions: Problematizing the Issue of Making Meaning," *Issues in Applied Linguistics*, 6(2), 63-92.

Mehan, H., 1979, *Learning Lessons: Social Organization in the Classroom*, Harvard University Press.

本山方子 , 1999,「社会的環境との相互作用による『学習』の生成——総合学習における子どもの参加過程の解釈的分析」、『カリキュラム研究』 8 , 101-116.

# 2章

# 子どもたちの主体的な発言を引き出す
## ——教師の発問構築技法と児童たちの発言機会

森 一平

## 1. 順番の細断技法

　本章では、教師が自身の発言の進行を途中で停止しそれを質問に加工することで、その発言の一部を補完する児童たちの応答を呼び込むという発問構築技法を紹介する。こうした技法には「順番の不完全構築」と「順番の細断」の2種類があるが、本章がおもに取り上げるのは後者である。その特徴を以下に列挙する。

　第1に、教師は自身の発言のかなり手前の——児童たちの補完すべき内容が一意に決まらないような——位置からその進行を停止しはじめるが、このことによりその教師のひとまとまりの発言に複数の区切り位置が設けられることになる。

　第2に、その複数用意された区切り位置はすべて児童たちの発言機会として提供されることになるが、それは発言をするか否かが（そしてその発言の内容も）児童たちの意思や意欲にもとづく選択にゆだねられた「可能な発言機会」である。

　第3に、教師はこの可能な発言機会で発せられた児童の発言内容を利用するかたちでその後の発言を進行させていくが、このことは「順番の細断」技法の使用により教師と児童たちの間で1つの表現が共同構築されることを意味する。

　児童たちの意欲にもとづく発言機会を複数用意することのできる「順番の細断」技法は、多くの児童たちから主体的な発言を引き出すための道具として用いることができ、「全員参加の授業」実現に一歩踏み出すための助力となりうる。

## 2. 「全員参加の授業」という理念

　子どもたち全員が参加する授業。これはすべての教師が願う授業の姿ではないだろうか。あさっての方向をむいている子、手遊びをはじめてしまう子、関係のないおしゃべりをはじめてしまう子……。どんなかたちであれ、授業から心が離

れてしまっているように見える子どもを前にしたとき、なんとかしてこの子らを授業に巻き込んでいきたい。大学教員の端くれである私を含め、およそ教師と呼ばれる仕事に従事している者なら誰もがきっとそう願うのではないだろうか。本章で論じるのは、この願いの実現に近づくための数ある方法のうちの1つである。

　折出健二（1982）によれば「全員参加の授業」をめざす動きは、国の教育課程が系統主義へと舵を切り、受験競争が激化しはじめた「60年代前半あたりから目立ってきた」。そしてそれは、教育が正解知をめぐる排他的競争の色合いを帯びていくなかで、競争の上位を走る者のみに意味ある学習を提供するような「授業の自己点検に教師たちがのり出していった」からだという（折出 1982: 88）。

　きっかけはそうした時代状況にあったとしても、そこで再認識された理念は現代でもなお意識され続けているように見える。たとえば筆者のゼミに所属していた学生の1人は、教育実習日誌のなかで自身の授業について次のように振り返っていた。「学習ができている児童中心の授業づくりになってしまったため、発言をあまりしていない児童にも発言を求め、聞くことなど、全体で参加できる授業づくりを考えていく工夫が必要であると感じる」——2015年のことである。

　これはすなわち、「全員参加の授業」という理念が半世紀以上も授業実践（およびその反省）の指針の1つたりえてきたことを示唆している。あるいは日本国憲法および教育基本法に示された「教育の機会均等」という国の最重要理念とのつながりを考えれば（それを実現しようとすれば「全員参加の授業」に行き当たるはずだ）その重要性はわざわざ証拠を挙げて論じるまでもないのかもしれない。

　しかしかくも重要な全員参加の理念であるが、その意味するところが1つではなく、同じ理念を掲げながらも異なる実践を導くことがあるという点には注意しておかねばならない。たとえば先に引用した学生の振り返りを手がかりとすれば、全員参加の授業とは「全員が発言する授業」ということになりそうだが、しかし「全員発言」というとらえかたはしばしば不十分なものとされる（早田 1982; 堀・研究集団ことのは 2001; 石川 1982; 豊田 1982 など）。すなわち全員発言というのはあくまで表層面・形式面に過ぎず、むしろそうした「うわべ」にばかりとらわれてしまうと発言競争や発言ノルマ制などといった強制性をともなう「負」の実践に帰結しかねないというのである。では、そこには何が不足しているのか。

　この点について多くの論者が指摘しているのは、「主体性（能動性）」である（堀・研究集団ことのは 2001; 石川 1982; 野口 2018; 師岡 1982; 寺尾 1982 など）。そうで

あるなら全員参加の授業とはすなわち、学級全体による授業への「主体的参加」を意味することになりそうだ。つまり、先の学生のように子どもたち全員から発言を引きだそうとすることも誤りではないが（早田 1982）、それは子ども自身の意思や意欲にもとづいてなされなければならない、というわけである。

　問題は、どうすれば子どもたちから「主体的発言」を引きだせるのか、である。発問、指示、説明、評価、教師の所作、子どもの活動などさまざまな側面へのアプローチが考えられるし実際提案もされてきたが（今泉 1994; 岩下 1989; 野口 2018; 堀・研究集団ことのは 2001 など）、本章ではその中心的位置を占めるだろう「発問」の技法、しかもすでに一般の教師たちにも使われているが、しかしそれと気づかれずに用いられている技法（Garfinkel 1967）に焦点を当ててみたい。

　一般に使われているということは言ってしまえばありふれた方法だということである。したがってそれをわざわざ取り上げる意義に疑問を持たれるかもしれない。しかし、述べたようにそれは気づかれずに用いられている方法だ。そうであるならその詳細を可視化し、意識的に利用可能な道具へと仕立てあげておくことには一定の意義がある。誰かはその道具をより洗練させるかもしれないし、別の誰かはその道具の思いもよらない使用法を発見するかもしれないのである。

## 3．不完全に組み立てられた発問と、そのバリエーション

### 3.1．順番の不完全構築

　前節で述べた通り本章で取り上げるのは、子どもたちから「主体的発言」を引きだし、「全員参加の授業」実現への助力となるような「発問」技法であるが、その検討に入る前にまず、小学校授業における児童たちの発言機会のありよう──いつ・誰が・どのように発言の機会を得るのか──について確認しておこう。一般に児童たちが授業のなかで発言する機会は（日常会話などとくらべて）非常に限られている。児童たちが「いつ」発言できるかというと、多くの場合それは教師による発問のあと、その発問に対する答えを述べるときである。

　そのうえで、教師が発問をおこなったあとに「誰が」「どのように」発言の機会を得るのかに着目すると、そのやりかたには少なくとも 2 つのバリエーションがあることが分かる。1 つは、1 人の児童が「挙手」（→「指名」）を経たうえで発言をおこなう場合。もう 1 つは、複数の児童たちが挙手を経ずに直接、かつ一

斉に発言をおこなう場合である[1]。要するに児童たちは挙手か一斉発話のいずれか
で発言の機会を得るわけだが、しかし自由にどちらかを選択してよいわけではな
い。児童たちは教師が発問をおこなうその都度、どちらが正しいやりかたかを見
極め、正しいほうを選択せねばならない。そのさい、挙手と一斉発話のどちらが
正しい選択肢かを見極める手がかりは教師による発問の組み立てかたにある。

　本章にとってより重要なのは一斉発話が正しいものとして要求される場合だ。
挙手−指名型の発言機会では１人の児童の発言に相対的に長い時間をかけること
になる。もちろんそのこと自体は望ましいが、それだけでは限られた授業時間の
なかで多くの児童に発言の機会を与えるのは難しい。他方、一斉発話型の発言機
会では、たくさんの児童たちに対し相対的に短い時間で発言の機会を与えること
ができる。ゆえに「全員参加」をめざす授業においては挙手−指名型以外の、こ
こでは一斉発話型の発言機会をどう組み込むかが重要になってくるのである。

　では、一斉発話を求める教師の発問はどのように組み立てられるのだろうか。
結論だけ先に述べてしまえば、①児童たちみんなが知っていること・分かること
を応答として求め、かつ②文法上は１単語や１文節で句切られる程度の長さのご
く短い発言を応答として求めるような発問が、児童たちに一斉発話を求める発問
である（森 2014）[2]。たとえば以下の事例１はその１つのタイプを示している[3]。

**（事例１：ことばあそび［国語］）**

01　T　：いわの場合はいわ＜が＞？

02　S　：ある. ＝

03　Ss ：＝ある.

04　T　：ある.

　　　　　　　　（森 2014：160）

---

[1]　挙手を経ずに教師が直接一人の児童を指名し、その児童が発言の機会を得る場合もある。これ
　　はとくに（生徒の挙手が著しく減る）中学校や高校などで見られる手続きであるが、本章が対象
　　としている小学校の授業ではごく限られた場合——たとえば話を聴いていない児童をあえて指名
　　するなど明確な理由がある場合——にしか観察されない。授業会話における発言の順番交替につ
　　いて最初期に重要な研究をおこなった McHoul（1978）はこの直接指名の手続きをモデルとして
　　議論を組み立てているが、彼の研究も高校の授業を対象になされたものである。

[2]　厳密には、たとえば「Ａさん、1+3 は？」のような人物指示言（＝宛名）が当該発話に含まれ
　　ていないことも一斉発話を求める発問の条件に含まれるが、注1の事情も踏まえつつ議論をシン
　　プルにするため本文には示していない。

この事例1を含む授業において児童たちには、「言葉のなかに隠れた別の言葉を探す」という課題がかされている。そのうえでこの場面では「いわし（鰯）」という単語が取り上げられ、そのなかに「いわ（岩）」と「わし（鷲）」の2つの言葉が隠れていることが話題となっている。問題なのは児童たちがそのことを述べるさいの表現のしかたである。たとえば「いわ」の場合には「ある」、「わし」の場合には「いる」という述語を付加して表現すべきであるし、またこの「ある」「いる」という述語の適切な使い分けは前時ですでに学んでいるのだが、この事例の会話がはじまる直前に児童たちは「いわがいる」と間違った組み合わせで表現してしまっていた。事例1は児童たちのその誤りを踏まえ、「いわ」に付加されるべき正しい述語が改めて確認されようとしている場面である。

さて、この事例1に示されているのは以前別の箇所で「順番の不完全構築」と呼んだ技法である（森 2014）。01 行目で教師は発言の進行を、「岩の場合は岩が…」と述語を欠いた不完全な位置で止めている。しかし教師はその末尾に位置する「が」をゆっくりと強く発声し、さらに語尾の音を上げることで自身の発言が質問であることを示すとともに、同時に（それゆえに）その発言がそこで終わりであることをマークしている。そうすることでこの教師の発言は、児童たちにそれが欠いている適切な要素のみを——すなわちここでは「ある」のただ一語のみを——応答として求めるものになっているのである。そして先述したように児童たちは、「ある」「いる」という述語の適切な使いかたをすでに学んでいる。[6]

したがって事例1で教師が用いている、あえて文法的には不完全な位置で止めるという発問の組み立てかたは、児童たちみんなが知っていて、かつ非常に短く表現されるような内容を応答として求めており、ゆえに上述した2つの要素をともに満たしていると言える。みんながすでに知っていることであれば、とりたて

---

[3]　一斉発話を求めるさいのその他の発問デザインについては Lerner（1993, 1995）や森（2014）などを、日常会話において一斉発話（同時発話）が生じるさいの連鎖的環境については Lerner（2002）を、それぞれ参照のこと。

[4]　ここでいう「不完全」さには、（後述するように）その続きを児童たちが補「完」し完全な順番を構築するさいの「完全」さとの対比を含意させている。なお、Lerner（1995）や Koshik（2002）なども同様の技法について論じているが、Lerner はこれを「未完の順番構成要素」や「不完全な順番構成単位」などと、Koshik は「あえての（designedly）不完全な発話」と表現している。

[5]　もちろん私たちが普段そうしているように、その意味さえ分かれば発言が文法的に完全である必要はない。しかしこの発言は意味的にも完結していない。

[6]　ここで問題となっている知識が事実として既習であるということも重要だが、「順番の不完全構築」においてはさらに、児童たちの応答すべき内容をごく短いものにまで切りつづめるというその発問デザイン自体がまた、児童たちの知識状態を「みんなが分かる」ものへと引き上げることに貢献していると考えられる。

て誰か1人を指名して発言してもらう必要はないだろう。児童たちの授業参加という観点からすればむしろ、なるべく多くの児童に発言してもらったほうがよいはずだ。そしてごくごく短い言葉なら、それを児童たちは足並みを揃えて発することができるだろう。「順番の不完全構築」という技法はこの教師の志向を発問のデザインとして具体化するものになっており、それゆえその直後、02-03行目において児童たちは、若干のタイミングのズレはありながらも挙手を経ない直接的な一斉発話によってこの発問に対する応答をおこなっているのである。

　次に、ここまでの内容を踏まえたうえで以下の事例を見てほしい。

**（事例2：時計の読みかた［算数］）**

01　T ：あと5分で5時ってことは：：，4時よりも？
02　　　（0.4）5時のほうに：，
03　　　（1.0）ちかいとおい
04　Ss：ちか：：い．＝
05　T ：＝ちかいそう

　　　　　　　　　（森2014：161）

　この事例2は、教師がアナログ時計を模した教材（かなり大きめである）の針を手動で操作しながら、児童たちに時計の読みかたを教えている授業から切りとられたものである。この事例を含む一連の場面では4時55分という時刻が提示され、その時刻においては短針がかなり5時に近い位置にあるものの正確にはまだ4時台であることが確認されたあと、他方でしかしおおまかな時刻（だいたい5時）を把握することもまた重要であることが児童たちに教えられている。

　この事例2における01行目の教師の発問も事例1で見た発問と同様、「4時よりも5時のほうにちかい」という一文を完全な状態とするような発言をあえて不完全な位置で言いとどめたものになっている。しかしこの発問は事例1のものとは異なり、児童たちの一斉発話を導くための2つの条件をともに満たしていな

い。なぜなら、「あと5分で5時ってことは::,4時よりも?」という発問はその進行を止める位置があまりに手前過ぎるがゆえに、応答として補完すべき内容が明確でなく、したがってそれが①児童たちみんなの知っている・分かるものなのかどうかも、②ごく短い表現におさまるものかどうかも不明確だからである[8]。

　実際児童たちは、教師の発問が02行目において「5時のほうに:」と先へと進められ、さらに03行目で「ちかいとおい」と二者択一形式に落とし込まれるまで一斉発話による応答を返せないでいる。つまりこの事例における01行目の教師の発問は一見、自身の発言順番を不完全に構築したものの、それを不完全にとどめる位置の設定を誤り、ゆえに児童たちの一斉発話の誘出に失敗してしまった事例に見えるのである（そしてまた02、03行目において教師が自身の発問に「次」の要素を順次付加していく過程は、この失敗を埋め合わせていく過程に見える）。

　しかしたくさんの事例をひも解いてみると、このように児童たちの補完すべき内容が明確になるはるか手前で（つまり上記①②の条件をともに満たさないようなしかたで）、その進行を一時的に停止し区切りを設けるような発問が散見される。このことは一見失敗しているかのように見える「順番の不完全構築」が、実は1つの独立した技法であることを暗示してはいないだろうか。言い換えれば「順番の不完全構築」技法と同じに見えるものが、実は異なる課題を果たすための別の技法をなしているのではないか。結論を先取りすればこの予測はおそらく正しい。以下ではこの予測の正しさを、データの分析を通して例証していく。

　なお、本章で新たに分析される事例はいずれも、首都圏に立地する某公立小学校の低学年クラスにおいて記録された授業映像を、文字に転写したものである。

## 3.2. 順番の細断技法の特徴

　事例2に見られた教師の発問の特徴を改めて確認しておこう。それは、事例1の「順番の不完全構築」と同様、教師が自身の発言の進行を途中で停止すること

---

[8]　発言の進行を止める位置が「手前過ぎる」というのは統語規則などに照らした客観的な基準があるというよりも、その都度の状況に応じて決まることがらである。たとえばこの事例2において教師は02行目で、「5時のほうに:」と残り1単語で補完できるところまで発問を先に進めており、その点で文法上は事例1と等しい条件に置かれているにもかかわらず、依然児童たちは応答することができていない。これは、事例1における「無生物主語＋ある」という組み合わせが既習事項であり、また授業全体を通しても繰り返し登場してきている知識であるのに対し、この事例2における「○時○○分は○のほうに近い」という知識のほうは、この場面においてはじめて登場したものであることに起因していると考えられる。

で成り立っていた。しかし事例2の場合には、その停止位置がかなり手前の——児童たちの補完すべき応答内容がいまだ不明確であるような——位置におかれていた。それゆえその直後には児童たちの応答を得ることができず、教師はさらに発言を先へと進行させたうえで第2の停止位置を設けるに至っていた。つまり事例2の教師の発問においては、それを構成する発言の進行が複数の位置で区切られ、その都度児童たちが応答を提示しうるような場所が用意されていた。

こうした特徴をもつ発問構築技法を本章では「順番の細断」と呼ぶ。ここからはそのより詳細な特徴を、複数の事例の検討を通して確認していこう。

次の事例3の授業では、教科書掲載の「ずうっとずっと大すきだよ」という物語（ある男の子「ぼく」が飼い犬エルフとの思い出を一人称でかたる物語）が教材として用いられている。児童たちにはこの物語を読んで印象に残った場面を探すという課題がかせられており、そのために教師は物語を音読したあと、黒板に拡大した教科書の挿絵を掲示し、児童たちにその挿絵に対応する物語のそれぞれの場面を思い起こさせていく。事例3は「僕は、エルフの暖かいお腹をいつも枕にするのが好きだった」という一節が、まさに「ぼく」がエルフの腹部に頭をのせ寝転んでいる挿絵の掲示をきっかけに確認されようとしている場面である。

**（事例3：エルフのおなか ［国語］）**

```
01  T：ぼくは：：：？
02      (1.0) エルフの：：：？
03  S：(1.0) おなか
04  T：[おなかを：：？
05  Ss：[おなか（を）：：
06  S：まくらにした.
07  T：[まくらにし（た）.
08  S：[まくらにして寝てた.
```

この事例3はさきほど検討した事例2とは別の学級の事例であるが、しかしそこには事例2で確認されたものと同様の特徴を見てとることができる。すなわちこの事例においてもやはり教師は、自身の発言を複数の位置で停止し区切りを設け、その都度語尾を伸ばしたり音調を上げたりすることでそこまでの内容を発問

として提示している。発言の区切りは合わせて3回生じているが（01・02・04行目）、そのうち最初のものはまだ「主語＋格助詞」しか述べられていないあまりに手前過ぎる位置で生じており（01行目：「ぼくは｜……」）、それゆえにか児童たちは誰も・何の応答も返していない。2番目の区切りも依然かなり手前の位置に置かれており、その結果1人の児童しか応答を返しておらず、またその応答は教師の発言内容を補完するものとしては不十分である（02→03行目：「ぼくはエルフの｜……」→「おなか」）。その後3番目の区切りが訪れてようやく、児童たちは教師の発言内容を完結させうるような応答を返すに至っているが、しかし2人の児童が提示したこれらの応答はその表現にばらつきが見られる（04→06・08行目：「ぼくはエルフのおなかを｜……」→「まくらにした．／まくらにして寝てた．」）。

　そのうえでこの事例3からは以下の3点を指摘できる。第1に、自身の発言の停止位置において教師は、児童たちの応答をあまり期待しているようには見えないということである。01行目における最初の区切り位置において教師は1秒程度の間を置いて発言を先へと進行させてしまっているが、これは児童たちの応答を待つ時間としては決して長いものではない。[9]　また、02行目において第2の区切り位置に至ってもなお1人の児童しか応答を返していないが（03行目：「おなか」）、教師はそのことを気に留める様子もなく発言を先に進めている（04行目）。これらのことは、みずからの発言の停止位置がその後の内容を児童たちに——少なくとも多くの児童たちに足並みを揃えるかたちで——補完してもらうにはあまりに手前過ぎるという理解を教師自身も踏まえていることを示唆する。

　第2に、07行目で最終的にたどりついた「ぼくはエルフのおなかをまくらにした」という発言の完成形が、06行目でなされた児童の応答の表現に依存しているということである。この場面で問われている内容の典拠は前述したように、教科書のなかの「僕は、エルフの暖かいお腹をいつも枕にするのが好きだった」という一節である。そうであるなら、04行目で「ぼくはエルフのおなかを｜……」という区切りが訪れたときにその残りの部分を埋める表現は、08行目において別の児童が遅れながら発した「まくらにして寝てた．」でも、もっと正確に「まくらにするのが好きだった」でもよかったはずである。従ってここで教師が他でもなく「まくらにした」という表現を採用し、それによって自身の発言を完成させているのは、そう発した児童の先に訪れた応答を選択的に取り込んでい

---

[9]　この点についてはのちに検討する事例4や事例5のほうがより明確かもしれない。そこで教師は児童たちの応答を0.2秒にも満たない時間しか待たずに発言を先へと進めてしまっている（事例4の04-06行目、事例5の05-06行目）。

るからにちがいない。

　このことを踏まえれば04行目における教師の発言も（「おなかを：：？」）、その直前になされた03行目の「おなか」という児童の応答を取り込むかたちで発せられたものと考えることができるだろう。そうであるならこの教師の発言はそれを通して、自身の発言を補完しきるにはあまりに不十分な児童の「おなか」という応答を、この場においては適切なものとして承認していることになる。

　そうなると第3に、03行目における児童の応答の「不十分さ」は、この場面では適切な不十分さだったと言うことができる。つまりこういうことだ。児童たちはここで、教師が発言を区切るその細やかさに応じて自身の発言もあえて短くとどめ、教師の発言を補完する要素というよりはそれを一歩先に進める「次」の要素を提示することが求められており、また実際にそうしている。03行目で応答した児童も「ぼくは｜エルフの｜……」という教師の細かな区切りに合わせ、次の区切りまでの位置に当てはまりうる短い要素をあえて産出しているのである。

　まとめよう。この事例3において教師が発言を一時停止することによって設けられた区切り位置では、児童たちの応答は規範的には（つまりそれがないことが問題となるようには）求められていない。ただしそこにおいて児童たちが何らかの応答をおこなった場合には、かつそれが「次」の要素として適切でありうる場合には、教師はその児童の応答を利用するかたちで発言を先へと進行させている。

　ところでこの特徴は西阪仰が明らかにした「反応機会場」（西阪 2004, 2008）のそれと部分的に重なる。反応機会場とは、話し手がみずからの発言のところどころに区切りを入れることにより設けられた聞き手の反応を許容する場のことである。その場所はしばしば語尾における強意や音の引き伸ばしなどの韻律的特徴によってマークされ、そこで聞き手が反応を示すか否かは基本的には任意である。

　韻律的特徴によって区切り位置がマークされ、そこでの聞き手の反応が任意であるということ、これらの特徴は目下検討中の「順番の細断」技法も共有している。しかし両者は次の点で異なっている。すなわち、反応機会場における「反応」があくまで進行中の発言に対する文字通りの反応であって、次の／別の発言を構成するものではない一方、「順番の細断」における児童たちの応答は、それが発せられた場合にはれっきとした1つの「発言」を構成しているように（その意味で文字通り発問に対する「応答」に）見えるということだ。これは前述の通り教師が児童の応答を利用するかたちで発言の残り部分を進行させているからであり、ゆえに児童たちの応答は形成途上の1つの表現をともに形づくる役割を担っているように見えるからである。この点は次の事例4においてより見やすい。

## 3.3. 可能な発言機会

**（事例4：ミリリットル［算数］）**

```
01   T：ミリリットルは：：：，デシリットルよりも？
02       (1.2) なんて言える？
03   S：ちいさい．
04   T：ちいさい？ (1.8)［みずの？
05   S：              ［(かず：.)
06   T：かさ［を？
07   S：      ［かさ．
08   Ss：あらわす．
09   T：(0.6) ことが？
10   Ss：できる．
11   T：できる．すっご：：：：：いそのとおり．
```

　この事例4は、1dL が 100mL に等しい水の量であることを学んだあとでさらに、mL という単位が dL よりも細かい単位であり、したがって dL の尺度では測りきれないさまざまな水の量をより正確に測ることができるということを——挙手－指名を通した何人かの児童の発言にもとづきながら——学んだ直後の場面である。この場面において教師は、黒板に「デシリットル」と書きはじめながら、まさにその直前に学んだ知識を児童たちとともに定式化[10]しようとしている。

　事例4のやりとりでは最終的に、「mL は dL よりも小さい水のかさをあらわすことができる」という文が形成されている。教師の発言の停止位置は 01 行目、04 行目（2箇所）、06 行目、09 行目の計5箇所に訪れているが（「ミリリットルはデシリットルよりも｜ちいさい｜みずの｜かさを｜あらわすことが｜できる」）、最後の区切り以外はやはり最終的な補完パーツを児童たちが埋め切るには手前過ぎる位置に置かれている。

　ここでは3つのことに着目したい。第1に、02 行目の「なんて言える？」と

---

[10]「定式化」実践については7章とその解説「定式化実践」およびコラム「授業における定式化実践」を参照のこと。

いう教師の発言である。直前の 01 行目では第 1 の区切りが訪れているが、そこにおいて児童たちは応答を返していない。02 行目の教師の発言はこのことを受けてなされた応答の促しである。[11] このように応答の促しがおこなわれるということは、ところどころで停止された教師の発言がその位置までで発問として成立していることを示すと同時に、その位置において児童たちが（単なる反応ではなく）1 つの発言たる資格をもつ応答をさしはさむこと、このことを許容しまた――あくまで任意ではあるが――求めていることを示しているだろう。

　児童の応答を 1 つの発言として承認していることは、以下の点にも見てとることができる。第 2 に、09 行目の教師の発言（「ことが？」）が直前の児童たちの応答（08 行目：「あらわす」）に反復もなくじかに連結するかたちで発せられていること、第 3 に 11 行目で教師が児童たちに「評価」を与えていることである（「すっご::::いそのとおり」）。前者は形成されつつある表現の一部を――れっきとした 1 つの発言として――埋める権利を児童たちに認めていることを明白に示しているし、後者は最終的に完成された文のオーサーシップ（発言者性）を教師だけでなく児童たちにも（むしろ児童たちにこそ）帰属しているように見えるからである。

　つまりこういうことだ。「順番の細断」技法を用いることで教師がおこなっているのは、自身の発言のさなかに発言未満の「反応」を許容する場を設けることではなく、可能な「発言」の機会を設け、そこにおいて児童たちの任意ではあるが積極的な発言を許容することで、1 つの表現を共同構築することなのである。[12]

　「可能な」発言の機会ということで述べようとしているのは次の 3 点である。第 1 に、児童たちは教師の発問に対して必ずしも応答を返す必要はない（たとえ

---

[11]　ただしこの応答の促しは、01 行目から生じはじめた教師の発言の停止位置において児童たちも発言が「可能」であることを伝えるためのものであって、そのおのおのの位置で「必ず」応答しなければならないことを伝えるものではない（実際、たとえば 04 行目で教師は第 3 の区切り位置で児童の応答を得られないまま発言を先に進めている）。こうした促しがおこなわれたことには次のような背景があると考えられる。すなわち、ここで定式化されようとしている知識がまさにさきほど児童たちの発言を媒介に学んだばかりのものであるがゆえに、01 行目の段階ではそれを教師が自分 1 人で定式化しようとしているようにも見えるものであった（教師が黒板を書きながら、すなわち児童たちに背を向けながら発言を開始していたことも、この理解を補強しているように思う）。そのうえで、最初の区切り位置で 1.2 秒待っても応答がなかったことから児童たちがそのように理解していることをくみ取ったであろう教師が、「そうではなく児童たちにも定式化の作業に参加してほしい」旨を伝えるために、この応答の促しはおこなわれたように思われるのだ。

[12]　事例 4 が I-R-I-R……-E という特殊な「I-R-E 連鎖」（Mehan 1979）を形成していることに留意されたい。そこでは個々の応答ではなく 1 つの表現を形づくるうえで児童たちがなした貢献全体が評価の対象となっている。このこともまた「順番の細断」が表現の共同構築を志向していることを示している。なお I-R-E 連鎖については本章に付属するコラム「授業会話の連鎖構造」も参照。

92

ば事例3の01-02行目）。その必然的な帰結として第2に、児童たちは応答をおこなうときでも、それを足並みを揃えて一斉におこなう必要はない。つまり、1人の児童のみが応答してもよいし（事例4の03行目）、複数の児童たちが応答してもよい（同08、10行目）。さらにこの点に関連して第3に、複数の児童たちが応答をおこなうさい、その内容は（少なくとも表現レベルでは）ばらばらなものであってもよく、その意味でも足並みを揃える必要はない（事例3の06、08行目）。

　すなわち、「順番の細断」が切り開く可能な発言機会において児童たちは、発言できるときに・発言できる者が・発言できる内容を発言すればよいのである。

## 3.4．表現の共同構築

　教師は自身の発言を細断することにより児童たちに可能な発言の機会を用意し、そこにおいてなされた発言によって1つの表現を共同構築するように促す。この共同構築への志向は次の（やや例外的な）事例5でも確認することができる。

**（事例5：正三角形の特徴［算数］）**
```
01  T：いままで見たさんかくは，1個1個が：，
02    （1.8：黒板に直角三角形を書く）
03  S：［つながってた．
04  S：［(          )
05  T：こんなかたちだったんですよね：，だけどちょっと？
06    （.）こん［かいのさんかくはちがいますよね：．
07  S：      ［ちがう
08  T：［そうです．
09  S：［いつもさんかくになってる．
10  T：そう-そう>いつもさ-<    >いつもさんかくって意味分かる？<
11    これひっくりかえしても？くき，くきってまわしても？
12  S：いつもさんかくになる＝
13  T：＝いつもおんなじかたちだよね．
```

　この事例は「かたちづくり」という単元の授業である。黒板に貼られた模造紙には「家」や「風車」、「ロケット」などさまざまな種類の「かたち」を模した枠線が描かれていて、それらがどんな図形のピース（主には三角形と四角形）の組み合わせで構成できるかを児童たちが考える授業である。児童たちは同様の課題

をこれまでもかされてきていたが、今回の課題ではこれまでピースとして用いられてきた「直角三角形」とは異なる三角形（＝「正三角形」）が用いられている。この場面はその2つの三角形のちがいに注意を促し、既習事項である直角三角形との対比のもとで正三角形の特徴を学んでいこうとしている場面である。

　この事例ではとくに、09行目の1人の児童による発言と、それを受けての教師の対応に着目したい。06行目で教師は「こんかいのさんかくはちがいますよね：」と、（おそらくは07行目で発せられた児童の「ちがう」という発言を自身の表現に即座に取り込みながら）これまで用いられてきた直角三角形と今回用いている正三角形ではかたちが異なる点に注意を促している。その直後の09行目で、ある1人の児童がそのちがいの特徴について述べる発言をすると（「いつもさんかくになってる」）、それを受けて教師は10行目においてこの発言をなかば驚きを示しながら取り上げ参照し、（おそらくあらかじめ想定していたその後の説明の軌道に変更を加えながら）正三角形の特徴についての説明を述べはじめているのである。

　この事例において「順番の細断」技法が用いられているのは01行目、05行目、11行目であるが、実は09行目の児童の発言はそれにより開かれた可能な発言機会において発せられたものではない（そうではなく、06行目における教師の発言の完了可能な場所を狙ってなされた「つぶやき」である[13]）。しかし、そこにおいて「順番の細断」技法が用いられる一連のやりとりのなかで発せられた児童の発言が、教師のその後の説明の展開に強く影響を与えうること、このことを（まさに教師の「驚き」によって）事例5は示しているように思われるのである。

　改めてまとめよう。発言の進行のさなかにところどころ区切りを設け発問に加工する「順番の細断」技法を教師が用いるとき、そのおのおのの区切り位置において児童たちには発言の機会が与えられる。しかしその発言機会は、発言してもしなくてもよいし、発言するとしても複数の児童が・ただ1つの決まりきった内容を・足並みを揃えて発言をする必要がないような「可能な発言機会」である。そしてこの可能な発言機会において発せられた児童たちの応答は、それぞれ教師に取り上げられることで1つの表現や説明を共同構築する指し手となる。

---

[13]　発言の「完了可能な場所」については1章解説「発話順番交替」参照。

# 4．応用——児童たちの活発な発言を促す技法と、その派生的用法

## 4.1．順番の細断技法と「全員参加の授業」

　児童たちの「可能な発言機会」を切り開く「順番の細断」技法。それは、「全員参加の授業」の理念から見たときにいかなる特徴をもつ道具でありうるだろうか。この点は、事例1で確認しておいた「順番の不完全構築」技法と比較してみることで見えやすくなる。改めて確認しておけば「順番の不完全構築」とは、児童たちみんなが知っているだろうことがらについて、教師がその大部分をあらかじめ埋めてしまいながら問いかけることにより、複数の児童たちが・1つの決まりきった内容を・足並みを揃えて発言することを求める発問構築技法だった。

　みんながすでに知っていて、かつその表現も一意に決まっているようなことがらが問われるのだから、児童たちには「順番の不完全構築」技法によってつくられた発問に対しきちんと応答する強い義務がかされるはずだ。つまり、それに対して児童たちが応答を返すことができなかった場合には、発問の組みたての修復がおこなわれたり、応答の促しがおこなわれたり、あるいは答えられなかった理由が問われたりするだろう。その意味で「順番の不完全構築」が切り開くのは、——可能な発言機会ではなく——「規範的な発言機会」なのである。

　それに対し「順番の細断」が切り開くのは、規範的な発言機会に比してかなり自由度の高い「可能な発言機会」である[14]。そこにおいて児童たちは、発言できるときに発言できることを発言すればよいからだ。従って可能な発言機会における児童たちの発言は、みずからの選択のもと・みずからの表現でつむがれることになる。他方、この高い自由度は教師にとっての自由度でもある。教師は「順番の細断」技法を用いるさい、仮に児童たちからなんの応答を返されないとしてもそのまま自身の発言によって表現を組み立てていけばよい。だからこそ教師はこれから形づくられようとしている表現のかなり序盤から区切り位置を設け、自身の

---

[14]　そもそも可能性を含意する「機会」の語に対し「可能な」や「規範的な」という接頭語を付すことに違和感が生じる可能性があるので、2点ほど注釈しておきたい。第1に、発言すべきときに発言がなされないことはしばしばある。その意味で「規範的な発言機会」も1つの「機会」に他ならない。第2に本章ではあくまで、この発言「すべき」という規範性に対し発言「してもよい」という含意を対比させるかたちで「可能な」という語を用いている。

（一連の）発言のさなかに複数の可能な発言機会を設けることができるのである。

「全員参加の授業」という観点から見れば、「順番の不完全構築」も「順番の細断」も重要な意義をもつ技法でありうる。いずれも限られた授業時間のなかで——「挙手」を通した手続きよりもはるかに——短時間で多くの児童たちに発言の機会を提供することにつながるからだ。他方でしかし2節で確認したように、全員参加の授業に「主体性」という要素が不可欠なものとして含まれているならば、「順番の細断」のほうがより効果的な技法でありうる。「順番の不完全構築」が児童たちの発言を規範的に要請する発問デザインであるのに対し、「順番の細断」は発言するか否かやそのありようを児童たちの選択にゆだねており、それゆえ彼／彼女らの意思や意欲をうちに組み入れた発問デザインだからである。

たくさんの児童たちから主体的な発言を引き出す。「順番の細断」技法はそのようにして、「全員参加の授業」という理想への第一歩目を踏み出すための道具として用いることができる。ただし次の点には留意しておく必要がある。

「主体的発言」とは言っても「順番の細断」において児童たちの主体的選択にゆだねられているのは、それによりもたらされた機会に発言をおこなうか否かと、いざ発言したさいの「表現」のしかたのみにとどまっており、そうして表現される「内容」そのものはかなりの程度固定されてしまっている（正解の範囲が狭く定まっている）[15]。このことは子どもの「主体性」を求めるにあたって大きな制約であると言わざるをえないだろう。ただしある程度正解の決まったことがらを自分なりの表現でひとこと——しかも匿名で——発言しさえすればよいというのは、ふだんあまり発言しない児童にとってもハードルが低いため、入り口としての利点は大いにある。上で「第一歩目」と述べたのにはこのような理由がある。

子どもは相互行為参加者として見るならばもとより驚くほど有能である。3節で見てきたのは、教師の発言の微妙な切れ目をみずからの発言機会と察し、そこで教師の発言の区切りかたに合わせあえて短い言葉を発するという（まさに驚くべき！）子どもたちの姿だった。この相互行為上の有能さは本章で垣間見てきたように、教師のやりかた1つで「主体性」をはじめとしたさまざまな態度や能力へと変換されうる貴重な資源である。そうした貴重な資源の取り扱いには適切な道具が、しかも数多く用いられるべきだろう。本章で紹介したのはその数あるはずの道具のなかでも、文字通り初歩的な道具の1つに過ぎないのである。

---

[15]　このことはたとえば、事例5において03行目のような「正解範囲外」の発言がやり過ごされている一方、07、09行目のような「正解範囲内」の発言が共同構築されつつある表現の要素として取り込まれている様子に見て取れる。

## 4.2. 終わりに——「全員参加の授業」にもう一歩踏み込むために

本章では 3.1. において下記事例 2 を取り上げ、これをその後明らかにされていく「順番の細断」技法の一事例として位置づけていた。しかし一通りの分析を終えた現在の地点から見れば、その位置づけにはいささか誤りがあったことが分かる。結論から言えばこの事例は「順番の細断」のみを含んだ事例なのではなく、「順番の細断」と「順番の不完全構築」の双方が運用された混合事例なのである。

**（事例 2：時計の読みかた［算数］　再掲）**
```
01   T：あと 5 分で 5 時ってことは：：，4 時よりも？
02      （0.4）5 時のほうに：，
03      （1.0）ちかいとおい
04   Ss：ちか：：：い．＝
05   T：＝ちかいそう
```

（森 2014：161）

この事例では区切りの位置が 2 回訪れている（「あと 5 分で 5 時ってことは、4 時よりも｜5 時のほうに｜ちかい」）。このうち 01 行目の末尾に設けられた最初の区切り位置は、「順番の細断」によって切り開かれた「可能な発言機会」であると考えるべきだろう。そこにおいて児童たちの応答が返されなくても（02 行目冒頭）、かまわず教師はみずから自身の発言を進行させているからである。

他方、02 行目の末尾に現れている 2 つ目の区切り位置は反対に、「順番の不完全構築」によって開かれた「規範的な発言機会」であると考えられる。そこで児童たちから応答をえられなかった直後の 03 行目で教師は、みずから「ちかい」と残りのパーツを述べきってしまうのではなく、質問を「ちかい／とおい」という二者択一形式へと変形させることによって、「ちかい」という部分があくまで児童たちの応答すべきことがらであるという規範的な志向を示しているからだ。

つまりこの事例 2 において「4 時よりも 5 時のほうにちかい」という表現を形成していくプロセスは、途中までは「順番の細断」を用いることでその過程への参加を児童たち自身の意思にゆだねながら、しかし最終的には「順番の不完全構築」を用いた発問に切り替えることにより、応答の難易度を下げながら（そのことを通して）当の表現の完成を児童たちに規範的に要請するというやや複雑な実

践を切りとったものになっているのである。そして重要な点は、この複雑さが複数の実践的課題を果たそうとするがゆえに生じたものであるということだ。

　2節を振り返るまでもなく、すべての子どもたちが主体的に発言するというのは望ましい授業の姿である。しかしそれだけで充分だと誰が言えるだろうか。少なくともそこに、すべての子どもたちが目下の知識・技能を着実に習得するという要素が別途付け加えられねばならないはずだ。それがあってようやく「全員参加」の授業はできあがる（堀・研究集団ことのは 2001; 小野 1982）。

　「順番の細断」が子どもたちの意思や意欲を組み込みうる発問デザインであることはすでに述べた。他方、すでに知っているはずの一意に定まったことがらをたくさんの子どもたちから一斉に引きだすことのできる「順番の不完全構築」は、その授業において「学ばれ（てい）るべき」ことがらに対する学級全体の知識状態をモニターしたり、また（そのことを通して）その知識状態をより確かなものにしたりするのに適したデザインであると言えるだろう。

　子どもたち全員から主体的な発言を引きだすこと。子どもたち全員に知識の習得を保証すること。「全員参加の授業」を願う教師たちにとって重要な2つの課題に、2つの技法は対応している。事例2の複雑さは、1つのやりとりのなかでこの2つの課題を同時に果たそうとしたがゆえに生じた複雑さだったのである。

　「全員参加の授業」という理想へと向けて、一歩目を踏み出すだけでなくもう一歩踏み込むための道すじが、この事例には示されていると言えないだろうか。

## 【文献】

Garfinkel, H., 1967, *Studies in Ethnomethodology*, Englewood Cliffs, N.J.: Prentice Hall.

早田修三, 1982,「学習主体を育て導くことの問題」『現代教育科学』25(1): 53-58.

堀裕嗣・研究集団ことのは, 2001, 『全員参加を保障する授業技術（21世紀型授業づくり29）』明治図書.

今泉博, 1994,『どの子も発言したくなる授業』学陽書房.

石川正和, 1982,「学習主体形成の視点を明確に」『現代教育科学』25(1): 17-22.

岩下修, 1988,『Aさせたいなら Bと言え——心を動かす言葉の原則』明治図書出版.

Koshik, I., 2002, "Designedly Incomplete Utterances: A Pedagogical Practice for Eliciting Knowledge Displays in Error Correction Sequences," *Research on Language and Social Interaction*, 35(3): 277-309.

Lerner, G. H., 1993, "Collectivities in Action: Establishing the Relevance of Conjoined Participation in Conversation," *Text*, 13(2): 213-245.

―――, 1995, "Turn Design and the Organization of Participation in Instructional Activities,"

*Discourse Processes*, 19: 111-131.

―――, 2002, "Turn-Sharing: The Choral Co-Production of Talk In Interaction," C. A. Ford, B. A. Fox & S. A. Thompson eds., *The Language of Turn and Sequence*, Oxford: Oxford University Press, 225-256.

McHoul, A., 1978, "The Organization of Turns at Formal Talk in Classroom," *Language in Society*, 7: 183-213.

Mehan, H., 1979, *Learning Lessons: Social Organization in the Classroom*, Cambridge: Harvard University Press.

森一平，2014,「授業会話における発言順番の配分と取得――『一斉発話』と『挙手』を含んだ会話の検討」『教育社会学研究』89: 153-172.

諸岡康哉，1982,「全員出席の論理から全員参加の論理へ」『現代教育科学』25(1): 11-6.

西阪仰，2004,「反応機会場と連続子――文のなかの行為連鎖」明治学院大学社会学部附属研究所編『研究所年報』36: 57-71.

―――, 2008,「発言順番内において分散する文――相互行為の焦点としての反応機会場」『社会言語科学』10(2): 83-95.

野口芳宏，2018,『野口流　どんな子どもの力も伸ばす 全員参加の授業作法』学陽書房.

小野拡男，1982,「『全員参加の授業』と学習集団の研究課題」『現代教育科学』25(1): 82-87.

折出健二，1982,「『全員参加の授業』と学級集団づくり」『現代教育科学』25(1): 88-93.

寺尾慎一，1982,「『全員参加』の思想と技術の吟味を」『現代教育科学』25(1): 23-28.

豊田久亀，1982,「『全員参加の授業』がなぜ問われるか――授業の成立をめぐって」『現代教育科学』25(1): 5-10.

# 日常会話の連鎖構造

平　本　　毅

　人びとが日常生活の中で会話するとき、その中で行われる挨拶、質問、依頼、非難等々の行為は、ふつう発話を通じてなされる。またそのような発話を通じてなされる行為の多くは、「おはよう」と挨拶したら「おはよう」と返ってきて、「調子はどう？」と質問したら「まあまあだね」と答えてというふうに、複数の発話が組み合わされることにより成立する。こうした、発話を通じてなされる行為の組み合わせを「行為連鎖」（Schegloff 2007）という。会話分析研究において行為連鎖はもっとも蓄積の厚い領域の一つであるため、すべての論点を網羅的に説明するわけにはいかないが、基本的な行為連鎖の形式と種類を以下に述べていこう。

## 1．隣接ペア

　行為連鎖のもっとも基本的なものは「隣接ペア adjacency pair」（Schegloff 1968）と呼ばれる二つの発話の組み合わせである。冒頭で挙げた「挨拶－挨拶」「質問－返答」にはじまり、「依頼－受諾／拒否」「勧誘－受諾／拒否」「申し出－受諾／拒否」「呼びかけ－反応」等々が隣接ペアの範疇に入る。この二つの組み合わせが行為を遂行する際に重要なことは二点ある。第一に、一つ目の発話（これを「隣接ペア第一部分」という）は二つ目の発話が何らかの行為を行うための「位置 position」を作り出す。たとえば「5時だよ」という発話を考えてみよう。この発話が「返答」という行為を行うためには、それが「質問」という隣接ペア第一部分の次の「位置」に置かれている必要がある。言い換えれば、「質問」という隣接ペア第一部分の次に生じたことは、その「位置」で「返答」を行うべきであるという期待に関連づけられて理解されることになる。聞き手が「今何時？」という「質問」の次の「位置」で「うーんと」と言ったら、これは「返答」を行うための準備として聞かれるだろうし、「今日時計持ってない」と返したなら、これは時計を借りるための「依頼」やただの「主張」などではなく、時間を伝えられないという「返答」であると理解されるだろう。このような、隣接ペア第一部分

が隣接ペア第二部分（隣接ペア第一部分に適合的な行為を遂行する二つ目の発話）の生起に対して条件づける、規範的な期待に基づく関係のことを「条件を与えられた下での関連性 conditional relevance」という。第二に、隣接ペア第一部分によって作り出された「位置」に、隣接ペア第二部分を発すると、隣接ペアという行為連鎖はいったんそこで閉じることができるようになる。たとえば「今何時？」という「質問」に対して「5時だよ」と「返答」が行われたら、そのやりとりはいったんそこで閉じてよい。

## 2．隣接ペアの拡張（1）：後方拡張

　隣接ペアが完成するとその連鎖はいったんそこで閉じてよいものとなるが、時に行為連鎖は拡張される。たとえば「今何時？」に対して「5時だよ」と返されたとき、質問した者が「ありがとう」と礼を述べたり、「わかった」と情報を受け取ることがあるだろう。この場合隣接ペアは、本来の形の「後方」に拡張されている。「ありがとう」や「わかった」のような、隣接ペア第二部分で生じた事柄を受け取るものを、「連鎖を閉じる第三部分 sequence closing third」（Schegloff 2007）という。連鎖を閉じる第三部分は、その名の通り、連鎖を閉じる役割を担う。他方、「今何時？」「5時だよ」に続いて「え？嘘ついてない？」と質問した者が返したら、連鎖はそこで閉じないだろう。つまり後方拡張には、連鎖を閉じるようにはたらくものと、そうでないものがある。

## 3．隣接ペアの拡張（2）：前方拡張

　隣接ペアは「後方」だけでなく「前方」にも拡張されうる。「前方」に拡張されるという言い回しは多少理解が難しいが、簡単にいえば隣接ペアが生じる前に、それを準備するやりとりがなされるということである。たとえば「明日映画を観に行かない？」「いいよ／明日は無理」という「勧誘−受諾／拒否」の隣接ペアを考えてみよう。相手を映画に誘うとき、いきなり「明日映画を観に行かない？」と言う前に「明日暇？」と探りを入れることはないだろうか。「明日暇？」と聞いて「暇」と返ってくれば、安心して「明日映画を観に行かない？」と誘うことができるだろう。「明日暇？」「暇」のような、本題（勧誘）の前に置かれる、本題に進むかどうか、あるいは進むとしてどう進むかを決めるやりとりのことを「前置き連鎖 pre-sequence」（Schegloff 1988）という。前置き連鎖はそれ自体隣接

ペアを形作る。この前置き連鎖の隣接ペア第二部分で生じることが、本題に進むかどうかを決める。聞き手が「暇」と答えれば（これを「続きの促し go-ahead」という）問題なく本題に進めるが、「明日は予定が入ってる」と答えれば（これを「ブロック blocking」という）、「勧誘」自体生じることがなくなるだろう。他方、聞き手は「なんで？」と聞き返して、「即答の回避 hedging」を行うこともできる。この場合、「明日暇？」と聞いた側が、「いや、映画に誘おうと思って」と、判断材料を提供することになるだろう。聞き手が「なんで？」と聞き返して「即答を回避」できるということは、「明日暇？」という発話がただの「質問」ではなく本題に進むための「前置き」であることを、聞き手が理解していることを示している。

　また、アルバイト中に休憩に入る許しを店長に乞う前に「店長」と呼びかけ、「何？」と反応を得るような「呼びかけ－反応」連鎖も、前置き連鎖の一種である。「呼びかけ－反応」連鎖は、本題に進むために聞き手の注意を得ることに用いられる。

## 4. 隣接ペアの拡張 (3)：挿入拡張

　隣接ペアが拡張される三つ目の仕方は、隣接ペアの第一部分と第二部分の間に別の連鎖が「挿入」されるというものである。「今何時？」「5時だよ」という「質問－返答」の隣接ペアに戻って考えてみよう。「今何時？」と尋ねられた際に、聞き手が「え？」と聞き返し、もう一度「今何時？」と「質問」が行われることがあるだろう。これは「修復」（5章参照）の例である。このやりとりを経て「5時だよ」と「返答」が返ってきたなら、「質問」と「返答」の間に「え？」「今何時？」という別の連鎖（これも隣接ペアである）が挿入されていることになる。このような挿入連鎖（Schegloff 1972）は、元の隣接ペア第一部分で行われていることの確認に関わるものであるから、隣接ペア第一部分と強く関連している。他方、「今何時？」と尋ねられた際に聞き手が「大雑把な時間でいい？」と確認を求め、「うん」と言われた後に「5時だよ」と「返答」したなら、この場合も「質問」と「返答」の間に「大雑把な時間でいい？」「うん」という別の連鎖が挿入されていることになる。こちらの挿入連鎖は、隣接ペアの第二部分でどんな応じ方をすればよいかを確認することと関わっているから、隣接ペア第二部分と強く関連している。

## 5. 他の種の行為連鎖

　ここまで、隣接ペアとその拡張の諸相を説明してきた。しかし行為連鎖の中には、隣接ペアとその拡張の形をとらないものもある。たとえば3章でも説明する物語は、前置きがあって、本体が語られて、オチが語られると聞き手がそれに反応して、というように連鎖の形で語られる（Sacks 1974）。また、「このケーキ美味しいね」と「評価」すると相手も「美味しいね」と「評価」するような「第一評価－第二評価」（Pomerantz 1984）、「決めた、今日から禁煙する」と「宣言」すると「へえ」と応じるような「宣言－情報の受け取り」などは、隣接ペアほど一つ目の発話が二つ目の発話の生起を強く求めない（二つ目の発話が生じなくとも不自然ではない）ような行為連鎖である可能性がある（Stivers & Rossano 2010）。加えて、会話以外の会議、裁判、診察といった制度的 institutional な場面においては、行為連鎖が会話のそれとは異なる仕方で形作られ、その行為連鎖が各場面の中心的な活動（たとえば会議の「意思決定」）を遂行するのに用いられている場合がある（Heritage 1997）。もちろん、授業場面においても特定の行為連鎖が観察される。この点については2章を参照のこと。

## 【文献】

Heritage, J., 1997, "Conversation Analysis and Institutional Talk: Analyszing Data," D. Silverman ed., *Qualitative Research: Theory, Method and Practice*, London: Sage, 161-182.

Pomeranz, A., 1984, "Agreeing and Disagreeing with Assessments: Some Features of Preferred Dispreferred Turn Shapes," J. M. Atkinson & J. Heritage eds., *Structures of Social Action: Studies in Conversation Analysis*, Cambridge: Cambridge University Press, 57-101.

Sacks, H., 1974, "An Analysis of the Course of a Joke's Telling in Conversation," R. Bauman & J. F. Sherzer eds., *Explorations in the Ethnography of Speaking*, Cambridge, UK: Cambridge University Press, 337-353.

Schegloff, E. A., 1968, "Sequencing in Conversational Openings,"1. *American Anthropologist*, 70(6), 1075-1095.

————, 1972, "Notes on a Conversational Practice: Formulating Place," D. Sudnow ed., *Studies in Social Interaction*, New York: The Free Press, 75-119.

————, 1988, "Presequences and Indirection: Applying Speech Act Theory to Ordinary Conversation," *Journal of Pragmatics*, 12(1): 55-62.

————, 2007, *Sequence Organization in Interaction: Volume 1: A Primer in*

*Conversation Analysis*, Cambridge: Cambridge University Press.

Stivers, T. & F. Rossano, 2010, "Mobilizing Rresponse," *Research on Language and Social Interaction*, 43(1): 3-31.

# 授業会話の連鎖構造

森　一平

　2章解説「日常会話の連鎖構造」では、人びとの会話の大部分が発話を通じてなされる行為を複数組み合わせた「行為連鎖」により成り立っていること、そしてそのもっとも基本的な組み合わせが「隣接ペア」であることが述べられていた。そこで説明されていたように隣接ペアとは2つの発話の組み合わせからなり、1番目の発話が2番目の発話の生起のありかたを条件づけるような行為連鎖のタイプである。すなわち隣接ペアでは最初の発話が生じると、それのなす行為が次の位置に特定の行為をなすような発話が生じることを規範的に条件づける。たとえばある人が「質問」を発したら、その受け手は次に「返答」をしなければならないというようにである。授業の会話もその主たる部分は隣接ペアのようなタイプの行為連鎖によってかたちづくられるが、ただしその「かたち」が日常会話とは少し異なる。

　Lecture で最初に述べられていたように、授業会話は教師の「働きかけ（Initiation）」－児童生徒の「応答（Reply）」－教師の「評価（Evaluation）」からなる I-R-E 連鎖という行為連鎖を基軸にかたちづくられるが（Mehan 1979）、見ての通りこれは（2つではなく）3つの発話から成り立っている。日常会話で隣接ペアが用いられる場合、「質問」のあとに「返答」がなされれば原則としてそのやりとりは閉じてよいが、授業会話では教師の質問に児童生徒が答えればそれで終わりというわけにはいかない。質問に対する児童生徒の答えを、教師がその次の位置でさらに「評価」することが求められるのである。このように I-R-E 連鎖は3つの発話が規範的に結びついているので、「隣接トリプル」などと呼ばれることもある（Griffin & Humphrey 1978; Heap 1985）。

　このことを具体例にそくして確認しながら、さらに話を進めていこう（ここでは I-R-E 連鎖のなかでも一番典型的なタイプである「発問」－「応答」－「評価」の形式に絞って話を進める）。たとえば「1足す1は？」という質問が発せられた場合、その次には「2です」などといった返答がなされるだろう。ふつうの隣接ペアであればここでやりとりを閉じることが

可能である。しかし授業会話では、教師が「1足す1は？」と問い、児童生徒が「2です」と答えたなら、さらに教師が「そうだね」などと何らかの評価を返すまでやりとりが閉じられることはない。

さて、ここで述べておきたいことが2点ある。第1に、「質問」−「返答」の隣接ペアとI-R-E連鎖とでは、話者間の知識の配分が異なる（逆転している）という点である。「今何時？」「5時だよ」という通常の質問−返答のやりとりがなされる場合、質問者は現在の時刻を知らず回答者は知っているという状況にあり、ゆえにそこでは「知らない者が知っている者に尋ねる」ということがおこなわれている。

他方、授業において「1足す1は？」「2です」「そうだね」というやりとりがなされるとき、質問者＝教師は明らかにその答えを知っている（さもなければ「2です」という応答の正しさを「評価」できるはずがない）。ゆえにI-R-E連鎖では、「知っている者が知らないかもしれない者に尋ねる」ことがおこなわれているのである。ところで、教師が知っていることを児童生徒に問い、その答えの正誤を評価するというI-R-E連鎖がしばしば実現しがちな知識をめぐるこうした関係性のありかたは、教室における望ましくない権力関係の象徴として批判されることがある。ことはそう単純ではないのだが、この点についてはあとで立ち返ることにする。

第2に「拡張」についてである。I-R-E連鎖も隣接ペアと同じく、基本となる3つの発話構成からやりとりが「拡張」されることがある。授業会話でとくに重要なのは、児童生徒の「応答」が不十分だった場合の「後方拡張」だ。たとえば「1足す1は？」という教師の発問に対して「3です」と児童生徒が誤って答えてしまった場合、それに対する否定的な評価をもってやりとりが閉じることはほとんどない。そうした場合には「ちょっと違うなぁ。よく考えてみて。1と1を合わせるの。いくつ？」といった具合に、評価のあとに（しばしばヒントを伴いながら）再度発問がおこなわれたりする。その後は児童生徒が応答をしなおし、それが十分なものであれば肯定的な評価でやりとりが閉じ、不十分なものであれば十分な応答に至るまで同様のプロセスが繰り返されるという流れになる。

児童生徒が不十分な応答をおこなうということは、問われていることについて彼らが十分には知らなかった（分からなかった）ということを

意味している。そうした場合に I-R-E 連鎖は拡張されるわけだが、逆に言えば I-R-E 連鎖が 3 つの発話で閉じるのは児童生徒がすでに知っていることを問うた場合のみということになる。児童生徒があらかじめ知っていることを問い続けても彼らは何も学ぶことはできないから、必然、授業会話においては拡張型の I-R-E 連鎖の数が多くなる。なお、I-R-E 連鎖の後方拡張はそれが児童生徒の不十分な応答に対処するものであるがゆえに、その多くは「修正」の過程として組織される。「修復・修正」については 5 章解説「日常会話における修復・修正」およびコラム「授業会話の修復・修正」を参照してほしい。

　第 1 の点に立ち返ることにしよう。I-R-E 連鎖が教室における権力装置として批判されるとき、そこで扱われる知識が完全に教師のコントロール下におかれているということが前提となっているように思う。しかし I-R-E 連鎖は必ずしもそのようなしかたで用いられているわけではない。このことは本書の知見からも容易に見て取ることができる。1 章で明らかにされたことの 1 つは、児童生徒たちの様々な「ガヤ」（教師に求められていない児童生徒の自発的発言）のなかから、I-R-E 連鎖が秩序だったしかたで立ち上がってくる様子だった。そこでは、児童生徒によって「公的な発言」として受け取られうるようにデザインされた「ガヤ」に応接するようなしかたで、またそうすることによりその「ガヤ」に込められた児童生徒の興味関心を取り込むようなかたちで I-R-E 連鎖は組織されていた。2 章で明らかにされたのは、教師が自身の発言をそのさなかに複数の区切り位置を設けながら逐次発問として提示し、そこにおいて児童生徒たちの任意かつ自由度の高い応答を呼び込む I-R-E 連鎖の特殊な組織化方法だった。そこではある 1 つの知識が、児童生徒たちの自発的な発言（において提示された任意の表現）に依存するかたちで言わば「共同」構築されていたのだった。

　これらの知見に示されているのは、知識をめぐる権利——知識の選択権や構成権——が少なくともその一部分、児童生徒たちの手にゆだねられているという事実である。だから I-R-E 連鎖は、それ自身が権力装置であるというわけではない。I-R-E 連鎖はその用いかたによって教師と児童生徒たちを多様なしかたで関係づけ、様々な課題への対処を手助けしてくれる、可能性に満ちた「道具」なのである。

## 【文献】

Griffin, M., & F. Humphrey, 1978, "Task and Talk," R. Shuy & M. Griffin eds., *The Study of Children's Functional Language and Education in the Early Years*, Final Report to the Carnegie Corporation of New York. Arlington, Virginia: Centre for Applied Linguistics.

Heap, J. L., 1985, "Discourse in the Production of Classroom Knowledge: Reading Lessons," *Curriculum Inquiry*, 15(3): 245-279.

Mehan, H., 1979, *Learning Lessons: Social Organization in the Classroom*, Cambridge, Massachusetts: Harvard University Press.

# 3章

# エピソードでひきつける
## ——物語の語りによる規範の理解の促し

下村　渉・五十嵐 素子

## 1. 児童生徒に興味・関心を持たせ、規範を理解させる物語の語り

　近年、児童生徒の規範意識の低下や教師の指導力低下が各方面から指摘されており、規範意識を向上させるための指導が模索されている。その一つとして、物語を語るという行為が児童生徒の規範意識を向上させる指導手段として有効視されている。本研究は、こうした指導手段がどのような教師の働きかけによってなされており、またどのように有効であるのかということを具体的に示すものである。

　本論で取り上げるのは、小学校1年生の4月の朝の会の教師の語りの事例である。1年生の4月は児童が学校に慣れておらず、教師がその不安な気持ちに配慮をしつつも、さまざまなルールを教えなければならない時期である。このような状況で、教師が物語を語ることを通じて、どのように児童の興味を引き出しながら、規範を理解させているのかを考察していく。そこで明らかになったのは以下である。

　私たちは日常の会話で物語を語るときには、そこにオチや山場といった「ドラマ性」が見えるように展開している（西阪 2008: 353）。同様に、**教師はオチの期待値を高めるように話を開始することで、児童が興味を持って話を聞こうとする場を作ることを行っていた。また、語りの最中も、児童が物語の登場人物の心情や出来事をより理解できるように、彼らの経験や知識を確認し、想起させることを行っていた。**

　また、私たちが普段物語を語る場合と異なり、特徴的であるのは、物語の終了後である。**教師は、規範を伝えるために、物語を踏まえて、指導的事項を児童に問題提起していた。そこで児童らは、規範に関する自分の考えを深め、その物語からどんな規範を学んだかを表明する機会が与えられる。そして教師は、そこで**

述べられたことから、児童たちがどのようにその規範を理解したかを知ることができ、場合によってはさらに児童へ指導をすることができるのである。

このように教師は、児童の規範の理解を促すために、ただ児童にお説教や注意をするということではなく、児童の関心や主体性を喚起するよう働きかけ、応答を引き出すなどの様々な工夫をしている。そうした教師の関わり方の積み重ねによって児童の規範理解が得られていく可能性が見えてきたのである。

## 2．教師と生徒が規範意識を共有するための語りの有用性

学校教育は、単に教科の勉強をするだけでなく、社会的な振る舞いの規範を身に付けていく場でもある。しかし近年では、子どもが授業中に座っていることができずに勝手に歩き回る、教師の言うことを聞けないなどといった、入学後の児童が学校の規範に適応できない「小1プロブレム」と呼ばれる現象の増加が問題となってきた。その背景としては、家庭教育や教師の指導力の低下等が要因として挙げられているが、まずは、幼稚園や保育園といった遊び主体の生活環境から規律・規範を守ることを要請される学校生活の環境に変化したということを1年生に理解させ、どのように行動したらいいのかを教えることが求められている。

こうした生徒指導は、生徒指導提要で「教育課程の内外において一人一人の児童生徒の健全な成長を促し、児童生徒自ら現在及び将来における自己実現を計っていくための自己指導能力の育成を目指す」とされているように、自己指導能力の育成を目指すものであり、その基盤としては、教師は児童生徒理解に基づいた信頼関係を築くことが重要になる。なかでも北（2011）は教師による子ども理解だけではなく、児童らによる教師理解の双方により人間関係が深められるとし、**教師と児童生徒の相互的な理解を達成するためにも、教師の価値観・規範意識を伝え共有していくことが学級経営・生徒指導においても重要である**という。

こうした児童らの規範意識は学校教育全体を通じて育まれていくものであるが、教師が規範意識を伝える主要な機会としては、問題行動に対する指導がある。教師は児童の問題行動に対して適切に指導する必要があるが、**その方法の一つに「体験・エピソードを話す」ことや「様子のわかる具体的な話」をすること、が挙げられおり、その有用性が指摘されている。**

例えば山中（2012）は、叱るときもほめるときも直接叱ったり、ほめたりするのではなく、「体験・エピソードを話す」ことが有用だと述べている。

具体的には、過ちをなかなか認めない児童に対し、

先生が、中学二年生の時でした。毎週木曜日の六時間目にクラブの時間があ
りました。毎週やっているのでちょっと飽きてきて、友達と一緒に、先生に断
らずに別のクラブに行ったことがあったんですね。終わってから、先生がずっ
と探していたという話を聞いてまずいと思いました。それで、ドキドキしなが
ら自分から謝りに行ったんです。そうしたら、意外にも先生にあまり叱られな
かったんですね。自分から過ちを認めて謝りに行ったのが良かったのだと思い
ます。謝るなら自分から早めに行くといいですね。

というエピソードが有用であった例として挙げられている。
　このように「体験・エピソードを話す」ことは児童らにとって具体的で自分の姿
を重ね、自分と比較することができ、印象に残りやすいために有用であるという。
　また香川（1990）は小学校第1学年では発達段階的に自己中心的で周りが見え
ていないことが多く、叱っても何に叱られているが理解できないことがあるた
め、叱る代わりに「話」をすることが望ましいと述べている。そして教師が子ど
もに話をするときには「形や色、様子のわかる具体的言葉」「その言葉にあった
速さや表情で話すこと」が重要であるとしている。
　このように教師は「体験・エピソード」「様子のわかる具体的な話」を題材と
して児童らに学校のルールや規範を理解させることができるのだという。
　では、それはどのようにしてなのだろうか。これまでの研究では、児童に規範
意識を伝えるために、「エピソード」や「話」などが有用であるとの指摘はある
が、具体的に教師がいかに語りを行っており、それがいかに教育上の効果を持ち
うるのかということは明らかにされていない。そこで以下で、これを明らかに
し、今後の児童生徒への指導に生かしていければと考えている。

## 3．物語を語ることなく、重要な指導事項を語る方法

　さて学校現場では、物語が用いられることなく教師から指導事項が語られるこ
とが多々あり、そのほうがずっと日常的な光景であるように思われる。そこでま
ず、以下では、物語を用いずに教師が指導事項を語ることがいかになされている
のかを確認しておくことにしよう。もちろん、そうしたすべてのケースを網羅的
に概観することは本稿の射程を超えている。そのため、代表的な事例の一つとし
て、児童たちに既に理解され共有されている出来事をもとにして、教師が重要な
指導事項について語っている場面を取り上げることにしたい。

以下で紹介するのは、小学校1年生の朝の会の場面である。この日の朝の会の前に、一人の児童が、気分が悪くなって嘔吐し早退をしてしまった。その後教師は児童らに、体調が悪く嘔吐したり失禁などしたりしたときには、教師が片付けるので、その場を離れて、けして自分たちで片付けないこと、そうした場に居合わせたときには、教師を呼ぶようにと指導したのだった。

以下の断片1は、教師が話そうとした指導事項に関連する出来事（=ある児童が吐いてしまったこと）が、すでに児童たちに共有されていることが分かる部分である。

T：教師の発話
S：不特定の児童の発話
Ss：不特定の数人の児童の発話
B（1）：B1に座っている児童
※特定児童の発話は右図の教室の席の配置より表す。丸のついている席に座っている児童が発話した場合はB（1）と表す。

**教室の見取り図**

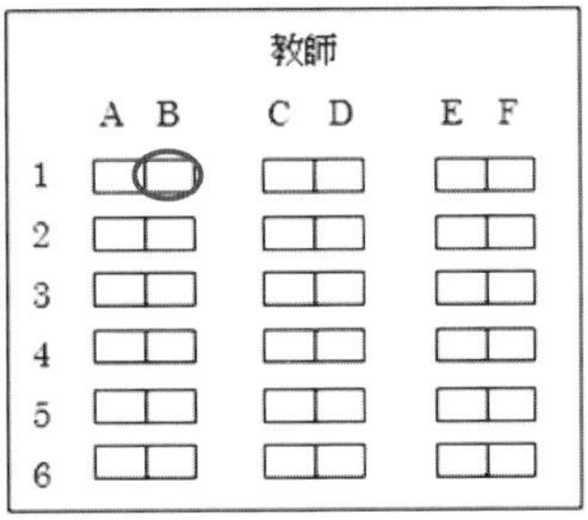


**図1　発話者の記載方法**

**（断片1　［教師が指導事項を話している一部より抜粋］）**

79　T：で：今先生ね：あの：：(　) 吐いちゃった人がいたので：：
80　T：窓をぜ：：：んぶ開けました（1.0）°ね°
81　T：みんなもこっち来て本読んでくれたよね【A（1）側に手を向けながら】

79-80行目で教師は、吐いた人がいたから窓を全部開けたということを児童たちに報告している。そして81行目で「みんなもこっち来て本読んでくれたよね」と述べた。この「よね」という文末表現は、話し手が聞き手に同一の知識状態を持つことを想定している文末表現である（早野 2018）。このため、ある児童が嘔吐したために、その他の児童が場所を移動して読書をしていたことについて、すでに知っていることとして確認しており、多くの児童が、ある児童が嘔吐したという出来事を経験していることがわかる。

こうした状況において、教師は指導事項をいかに語り始めたのだろうか。以下

**図2　姿勢を正して話を聞く児童たち（右端が教師）**

の断片2は、教師が語りの前置きをしている部分にあたる。

**（断片2）**

| | | |
|---|---|---|
| 16 | T： | 今日はそこで：【左手を伸ばす】ちょっと吐いちゃったん |
| 17 | | だけど：ここでみんなにだ：：：いじなお話をしておきます。 |
| 18 | S： | ［はい |
| 19 | D（3）： | ［【うなずいて前に体を乗り出す】 |
| 20 | T： | アキノリくんありがとう聞いてくれて（1.0）あなたのお |
| 21 | | 顔が真剣な顔なので |
| 22 | | 先生　［（0.8）ちゃんとお話ししたいと思います。 |
| 23 | B（3）： | 　　　［【椅子を机に近づけ背筋を伸ばす】 |
| 24 | B（4）・A（4）： | 【椅子を机に近づけ背筋を伸ばす】図2 |

　教師は16-17行目で、ある児童がある場所で吐いたことに触れながら、「だ：：：いじなお話をしておきます」と、これから話すことが「大事な話」であると定式化をしている。これに対して、18行目である児童が「はい」と返事をすると、教師はその返事に対し20-22行目で「アキノリくんありがとう聞いてくれて」と聞いてくれたことへの感謝の意を表し、「あなたのお顔が真剣な顔なので先生（0.8）ちゃんとお話ししたいと思います。」と聞き手の態度（表情）を受けた自分（語り手）の態度を明示している。これは「お話」を語ることの前置きになっている。

　通常、語りの前置きとなるような発話に対する「はい」という返事は、その次の話をするように促す働きがある。しかし、語りの促しともなる反応のあとでも、**教師は児童の「真剣な表情で聞く」という行為に感謝の意を表明すること**

で、これから話そうとする話がそれほどに「大事な話」であるものとして特徴づ
けていたのである。この20-21行目の教師の発話により、23-24行目の児童は背
筋を伸ばすというように自ら聞く態度を変えるに至った（図2）。このように、教
師は「大事な指導事項である」ことを児童に理解させるように語りの前置きを組
織したのである。

　次に、教師が指導事項を語っていくその展開についてみていこう。以下の断片
3は断片2の後に指導事項を語っている場面である。


**（断片3）**

33　T：°で°もし：（0.6）そうゆう　お友達がいたら（0.4）ね（.）

34　　　お友達がいたら：（0.2）そ：っとしておいてあげるのが：本当のお友達

35　　　です（0.6）もしここで：先生が吐いちゃったとしたら：

36　　　みんなはどうしたらいいかな：（2.0）

37　　　先生のところにわ：って寄ってきま：せん【腕を胸の前で交差する】

38　Ss：＝せん

39　T：なるべく：と：：くへ【手を左右に押すように広げる】離れてください

40　S：はい

41　T：°ね°（.）お友達が：吐いちゃったりしてもそうだよ：ねっ

42　　　優しい人は「大丈夫：：」【C（1）のところへ駆け寄る】って寄ってきて

43　　　片付けようとする人もいるんだけれど（0.4）

44　　　そうすると片付けた人が：（1.0）また具合悪くなって：

45　　　気持ち悪くなってしまうので（0.2）そうゆうときにはなるべく離れて

46　　　すぐ先生を呼んでください（0.4）で（.）先生は：いいですか：

47　　　ここから大事ですよ：（0.4）み：：んなが例えば吐いちゃっても：

48　　　先生がぜ：：んぶお世話します（0.2）↑い：い

49　S：はい

50　T：ねっ（0.4）先生の子どもみたいですから：：

51　　　先生がぜ：：：んぶ綺麗にしてあげますから：：

52　　　心配しないでください【手を振る】

53　Ss：はい


　33-34行目で教師は「そうゆうお友達」と、嘔吐してしまった時の児童を言い
換え、「そ：っとしておいてあげるのが：本当のお友達」と、嘔吐した児童に関
わらないことが良いことであることを述べている。続いて、35-36行目で、「も

114

しここで：先生が吐いちゃったとしたら：みんなはどうしたらいいかな：」と教師が吐いた場合を例に出して問い、2秒の間が空いたあと「寄ってきま：」と伸ばすことで、38行目の児童たちの「せん」を産出させている（第2章参照）。

　そして、39行目で「なるべく：と：：くへ離れてください」と出来る限り遠くに離れるように伝えると、それに対し児童は40行目で「はい」と返事をした。続いて教師は41行目で「お友達が：吐いちゃったりしてもそうだよ：ねっ」と、今度は他の児童が嘔吐した例を出し、42-46行目で吐瀉物を片付けようとした児童が具合悪くなることがあるため、できる限り遠くへ離れ、教師を呼ぶようにと伝えた。さらに教師は47-48行目で「ここから大事ですよ」とこれから語ることが大事であると定式化したあと、児童が嘔吐しても教師が処理を全て担うことを伝えた。伝えたあとに48行目の最後に「↑い：い」と確認し、児童は49行目で「はい」と返事をした。そして教師は50-52行目で「先生の子どもみたいですから」と児童たちを我が子のように思っていることを述べた上で、「先生がぜ：：：：んぶ綺麗にしてあげますから：：心配しないでください」と再度教師が吐瀉物を処理するので心配しないようにと注意を呼びかけた。児童たちはそれに対し53行目で「はい」と返事をしている。

　このように、断片3では、教師が嘔吐した例や、児童が嘔吐した例を何度か出しながら、そこで児童らが「とるべき行動」（37寄らない、39離れる）や「どう解決するのか」（48先生がお世話します、52心配しない）を伝え、ときには教師の促しによって（37、48行目）、児童がそのことを理解していることを示すやりとりが繰り返されている。

　まとめると、指導事項に関わる出来事が共有されており、かつ大事な指導事項を伝える場合には、教師はその出来事を参照しながら、児童に大事な話であることを伝え、聞く姿勢を整えた後、具体例を出しながら児童のとるべき行動を直接提示し、その理解を児童に何度も確認することで児童に規範的行動の理解を促していたといえるだろう。

## 4．物語を用いて指導事項を語る方法

　ここからは、本稿の本題である「物語を用いて指導事項を語る方法」について見ていきたい。

　ここまでの教師と児童のやりとりを見ていただいて、すでにお分かりかと思うが、実際に教室でなされている教師の語りは、読み聞かせのように台本を読み上

げるような語りとは異なって、即興的に話されているものである。そして聞き手である児童生徒の応答などを通じて、相互的につくりあげられているものである。

　物語の内容を知ることが規範意識の向上に寄与するのであれば、児童生徒が教訓等が書かれた物語を読んだり聞いたりすることだけで事足りてしまう。だが、**教師が児童の前で語ることが大事であるとするならば、物語の内容自体とは関係ないように一見思われる、聞き手である児童の応答等の行為と、語り手である教師の行為とのつながりにこそ、指導上有用と言われる要因が見出せると考えられる。**

　そこで以下では、物語の語りも教師と生徒とのやりとりとして捉え、そのような行為の連鎖の分析に適した会話分析の知見と手法を用いて、事例を分析していくことにしたい。

　検討する教師の語りは、小学校第1学年の4月の朝の会でなされたものである。その内容は「娘のケイコちゃん（仮名）が、今朝プールに連れて行って欲しいと親である教師に頼むが、連れて行ってもらえず大泣きをした」というものである。

## 4.1. 聞き手の関心を惹くオチの予示のデザインと展開を期待させる語り

　「物語を語る」という行為は、語り手が複数の文を語る必要がある（3章解説「日常会話において物語を語ること」を参照してほしい）。だが、語り手が物語の終了地点やあらすじを聞き手に理解させず、長々と語ってしまうと、聞き手は「いつこの話は終わるのか」と不安になったり、飽きたりしてしまうだろう。教師は物語を語り始めるときに、聞き手の興味・関心を惹くよう物語のオチを示唆し、語りの終了点が理解しやすいように段階的に組織しているのである。このことを示すために、以下では教師の物語のオチの予示の組織化を見ていこう。

（断片1）

01　　　T：今日も一日よろしくお願いしま：す (0.8)
→02　F (1)：ケイコちゃん［(0.4) 情報］
03　　　T：　　　　　　　　［°おねがいしま：す°］
→04　E (1)：　　　　　　　　［ケイコ］ちゃん情報
05　　　T：ケイコちゃん hh ですか【F (1)、E (1) を見る】。
06　　　　　じゃあ十秒［ぐらいで］
07　　　S：　　　　　　［(　　) ]
08　　　S：ケイコちゃん情報
09　　　T：き［ょう (　　　)]
→10　　　S：　 [きょうさ：　] 泣いたんでしょ：？朝。
→11　　　T：そ：。ケイコちゃんは (.) 今日は (.) 朝は (.) お：泣きでした。
12　　　Ss：なんで：？
→13　　　T：なぜかというと (0.2) ケイコちゃんは：自分の：思う通りにいか
→14　　　　　ない°と°↑わhhhhh ってすっ (.) ごい
15　S (1)：あっそ：なん (だ)
→16　　　T：＝しくしく泣くんじゃないんですよ .hh【目に手の甲をあて鼻
→17　　　　　をすする】じゃなくて (0.2) わ：：：：【顔をしかめ左右に振る】
18　　　Ss：hhh【笑う】＝
19　　　S：＝あ：

　01で教師が朝の会を終えようとしたところで、02 と 04 行目で児童らは「ケイ
コちゃん情報」（この学級でしばしば話題に出ている、教師の小学 2 年生の娘の話）
をするように要求しており、教師は 06 行目で「じゃあ十秒ぐらいで」とひとま
ず話をすることを承諾している。

　10 行目である児童は「きょうさ：泣いたんでしょ：？朝」と、ケイコちゃんが
今朝泣いた、ということを事前に知っており、そのことを教師に確認している。

　この児童のように自分が知っている相手の情報を部分的に出すことによって、
相手からそれについての語りを引き出す方法を「釣り出し装置」（Pomerantz 1980）
という。この児童はこの方法を用いて「ケイコちゃんが泣いた」話へと方向付け
ながら、教師から語りを引きだそうとしている。

　教師はその確認に対し 11 行目で「そ：。」と泣いたことを肯定する回答をする
が、「朝は (.) お：泣きでした」と、ただ泣いただけではなく、大泣きしたと泣
き方の程度を説明する形で強調して答え、「物語の前置き」（3 章解説「日常会話に

おいて物語を語ること」参照）をしたのだった。

　この教師による「前置き」のデザインは非常に巧みである。「泣く」という行為は日常において事件性のある出来事であるため、既にそのことを知っている児童が、興味を持ち、教師に話すように促していたわけだが（10 行目）、教師はさらにその話をただ泣いたのではなく「大泣きした」と特徴づけることで、事件性を強めて前置きを組織することで児童の興味・関心をさらに惹きつけているからだ。

　そして「泣く」という行為は感情あるいは痛みの表出であり、いずれにしてもその理由や原因などが求められる。このためこの前置きは聞き手に「なんで大泣きしたのか」ということを疑問に持たせ、聞き手に「教師の娘が今朝大泣きした」原因が語られた地点がこの話の「オチ」となることを期待させている。

　実際にこの前置きの後の 12 行目で複数の児童が「なんで：？」と即座に理由を問うている。このことからも児童の興味・関心を惹きつけその理由を聞くことを期待していることが見ることができる。

　しかし、この後の教師は、娘が泣いた原因をすぐに語るのではなく、13-17 行目にあるように「自分の：思う通りにいかない°と°↑わ hhhhhh って」と、どのような時に、どのように大泣きするか、を娘の真似をしながら答えている。ここでは「娘が思う通りにいかない出来事があり、『わー』と大泣きをした」と物語の前置きをより詳しい形で再提示している。**この発話の展開により、教師は物語のオチの地点を再度特徴づけ、「思うようにいかなかった出来事ってなんだろう」「『わー』と泣くようなことってどんなことだろう」といったような、児童の興味・関心を惹くように組織したのである。**

　物語の内容的な展開を考えると、10 行目の児童の「きょうさ：泣いたんでしょ：？朝」という質問に対して、教師が 11 行目の「そ：」と答えた後に、次節の断片 2 の 20 行目以降にあるような、「教師の娘が大泣きした理由」に対応する内容がすぐに語られても違和感のない展開であろう。しかし、ここでの教師はそうはしなかった。

　1 年生は、発達段階的に話に飽きやすく、自己中心的であることから、より具体的にイメージを作る言葉を使用することが重要とされている（香川ほか 1990）。またエピソードや体験談を話すことは、具体的に自分の姿を重ね、自分と比較することができ、印象に残りやすい（山中 2012）とも指摘されている。

　いきなり説明するのではなく、聞き手よりも少しだけ年上の娘（ケイコ）の振る舞いを「大泣き」と前置きしながら、段階的にその振る舞いを具体的に表現して、オチを特徴づけたことは、小学校 1 年生の発達段階に照らして、身近に感じ

やすく、印象に残りやすく、聞きたい気持ちを高める効果をもたらすと考えられる。

## 4.2. 聞き手に確認をし、登場人物の気持ちに入り込ませる語り

前節で述べたように、物語を語る際、多くは「物語の前置き」がなされる。以下では、物語の語り手である教師が、あえて聞き手に発話の機会を設けることで児童に登場人物の心情に入り込ませ、物語を自分のこととして捉えるようデザインする語り方が行われていた。

### (断片2)

【「ネイバーランド」（仮名）とは、この地域にある児童の遊園施設である。】
→20 T：その理由は？(0.2)ケイコちゃんこの間ネイバーランドいきましたよね
21 Ss：うん。
→22 T：で：ネイバーにプールありますよね
23 Ss：°うん°
24 T：ケイコちゃんね：°（そこが）だ：：いすきなの°。

断片2は断片1の続きにあたる部分である。断片1では、教師の娘が自分の思い通りにいかなかったために、大泣きしたと述べられていた。20行目の教師の「その理由は」という発話は、断片1で語られていた「教師の娘がわーと大泣きした」理由として聞くことができる。教師は続いて「ケイコちゃんこの間ネイバーランドいきましたよね」と知識の確認を行い、21行目で児童たちは「うん」と答えている。さらに、22行目で「で：」と20行目に接続する標識を用いて、「ネイバーにプールありますよね」とさらに、場所に関する詳細な知識を確認する発話をし、21行目児童たちは再度「うん」と答えている。

改めて教師の20、22行目の確認となる発話を見ると、20、22行目では、話し手が聞き手に同一の知識状態を持つことを想定している文末表現である「よね」が使われている（Hayano 2017）。

20行目の「ケイコちゃんこの間ネイバーランドいきましたよね」という確認の内容からは、最近教師の娘がネイバーランドに行ったことが、児童らがすでに知っているものだと推測される。さらに、22行目の「ネイバーにプールありますよね」という発話で、ネイバーランドを「ネイバー」という略式で伝えている

ことや、ネイバーランドにプールがあることを確認していることから、ネイバーランドのプールもまた、児童たちの既有知であることが推測される。

　このように教師はこの一連の確認の発話によって、児童たちの経験や知識を想起させ、状況をより理解しやすいように物語の展開を組織している。そして児童らの知識状態を整えた上で、24行目の「ケイコちゃんね：°（そこが）だ：：いすきなの°」と発話することで、ケイコちゃん（教師の娘）の「そこが大好き」という感情をより実感しやすい語りを産出している。

　**教師は「ケイコちゃんは、ネイバーランドのプールが大好きなの」といきなり語るのではなく、児童に確認をすることで、ネイバーランドの経験・知識を想起させ、教師の次の発話内容を、児童がよりよく理解できるようにしたのである。**

### 4.3. 教訓を理解させ、規範の理解を促す物語の利用

　物語の内容的な終了によって、その語りが必ず終了するとは限らない。ここでは、児童たちが教師の物語の終了をいかに理解し、それをもとに、教師が物語をいかに利用して、児童に規範を理解させていったのかをみていくことにしよう。

　以下の断片3は断片2の続きである。25-33行目まで教師の娘がなぜ大泣きするに至ったか、その経緯が物語として話されている。

**（断片3）**

```
25   T：(0.4) で (.) プ：ルにいきたいプ：ルにプ：ルにいきたい
26       (0.2) って毎日言われるようになったの.
27       (0.2) じゃプ：ルに行くならお父さんと行ってね：って言ったんですけど
28       パパはちょっと都合悪くて：や：hちょっと行けない (.) 花見行こうよ
29       って言ったんですけど：↑プ：ルに行きたいプ：ルに行きたい
30       ＝プ：ルに行きたいプ：ルに行きたい【声を震わせながら】って言って
→31      朝［に　　　］わ：：：：：：：【顔をしかめて左右ふる】
32   S：　［あぁん］
→33  T：わ：：：：：：：【顔をしかめて左右ふる】
34   Ss：hhhhhh【笑う】
35   S：［(　　　　　　　　)］
36   T：［　　　　　先生も］朝ちょっと怒っちゃいけないんですけれど↑も
37       ちょっと°怒ってしまいました：：°
```

38　T：(0.4) そしたらケイコちゃんは泣くのやめましﾟた：゜
39　Ss：hhh
→40　S：（　　　　　）僕が叱った.（　　　　）［しゃっ］しゃって

　断片1の14-17行目では、教師が物語の前置きとして、娘のケイコの大泣きを再現していたが、この断片3の31、33行目でそれがより大げさになされたことで、物語がオチを迎えていることがわかる。児童も34行目で笑っているように、そのことを理解しているようだ。その後の児童の反応に注目しよう。

　38の教師の発話の前に間が空いているにもかかわらず、児童は発話をしていない。これは児童が、物語が語られているときには、聞き手は順番を取得できず、自由に自分の発話を組み立てることができない（3章解説「日常会話において物語を語ること」参照）ということを理解していることのあらわれといえる。つまり、37行目の教師の発話が終わった段階では、教師の物語の語りがいまだ進行していると理解しているのである。児童が発話するのは、39行目の笑いの後であり、40行目の児童の「僕が叱った」という発話は、自身の経験を語る形である。これは、語りが終わったあとに、通常の順番交替システムを再度適用した[1]発話のデザインとなっており、教師の38行目の「(大泣きした娘を教師が怒って)娘は泣き止んだ」という発話の内容で、語りが終了したと理解したと考えられる。

　しかし、以下の断片4の教師は、「え：っと」と、これから発話がさらになされる標識を用い、さらに話を展開していく（41-44行目）。

---

[1]　この児童の発言は、「第二の物語を語る」ことに近い発話だといえるだろう。

（断片4）

41　　　T：え：っと（0.2）自分のやりたいことがあるっていいな：↑って思
42　　　　　うんですけど：
43　　　　　でもね：それがぜ：んぶかな：うときもあるし：（　　　）ね：
44　　　　　いけないときもあるしね：。みんなはどうです↑か：（0.2）
45　　　　　［おうちで：（0.2）］
46　　　S：［ °いけない° ］
47　　　T：［（　　　　　）］
48　　　S：［叶うときもある：］
49　　　S：　　　　　［ある：］
50　　　T：（.）おうちの人が言うこと聞いてくれないとわ：：【顔を左右に振
51　　　　　る】って泣きます↑か：
52　　　Ss：泣きませ［ん
53　C（1）：　　　　　［がまんする：
54　　　T：【C（1）に手を伸ばし】 °あっ° （.）いいこといった↑ね：：：：
55　C（1）：いった：だよ
56　　　T：幼稚園の（ねんちょう）さんと1年生の違いって（0.2）
57　　　　　【黒板に向きチョークを取る】
58　　　　　［が：　　　　　　　　］ま：ん【黒板に「がまん」と書く】図3
59　　　S：［小学校（なんだって）］
60　　　　　【児童の方に体を向け、黒板のがまんの字をさす】
61　　　　　大人になると：我慢できるようになってくるよね：（0.2）ね：（0.4）
62　　　　　み：んなはちゃ：んと我慢できるよね
63　　　　　でもね（.）我慢しすぎると：（0.2）心が苦しくなるので：
64　　　　　【両手で胸を押さえる】
65　　　　　ときどき我慢して：（.）ときどき我慢しないのが先生は良いと思い
66　　　　　ます。【頭下げ】意味わかりますか：？
67　　　Ss：はい
68　　　T：ずっと我慢して我慢してがまんがまんがま：んしてると：
69　　　　　【少し前かがみになり胸元で手を握る】
70　　　　　心の病気になっちゃうかもhしれないから
71　　　　　【胸のあたりで円状に腕を回す】
72　　　　　ときどき我慢【黒板の「がまん」の字を指さす】
73　　　　　：（0.2）今日はちょっと我慢してみよ：でも今日はいいっていうとき

74 　　　　もあると思う：先生もそうだから（.）ねっ（.）だらかみんなもあん
75 　　　　まりがんばりすぎないように：がんばらなきゃ：って思うと苦しく
76 　　　　なるから【前かがみになる】ときどきま：いいや【首かしげる】っ
77 　　　　て思えるようにすればどうかな：：では今日の予定です

図3　黒板に「がまん」と書いてみせる教師

　教師は「自分のやりたいことがあるのは良いが、叶うときと叶わないときがある」という内容の発話をし（41-44行目）、そして「みんなはどうです↑か：（0.2）おうちで：（0.2）］」と児童の経験を問いながら発話を続けている（44-45行目）。児童らは、教師の発話とオーヴァーラップ（発話の重なり）しながら「いけない」、「叶うときもある」とその問いかけに答えている（46-49行目）。教師はこうした46-49行目の児童の応答を受け、50行目で「おうちの人が言うこと聞いてくれないとわ：：って泣きます↑か：」と44行目で問いかけた内容を踏まえ、さらにその後の児童の行動について問いかけている。

　この50-51行目の質問は、「わ：：って泣きます↑か：」と断片1の14行目の自身の娘の泣き方を引用しており、この質問とこれまで語られた物語が関連していることが明確になるよう組織している。**教師は直前に述べたケイコちゃんの物語を引用することで、質問で問われている児童の自身の状況が、より理解しやすくなるようにしている。**またそれだけでなく、ケイコちゃんが泣いたことは、その後、お母さん（教師）から怒られてしまったことを想起させる。**それは、こうした状況で泣くという行為が良くないことであるという、物語内の道徳的な規範を児童に思い出させ、児童の判断を一定程度方向づけるものとなっている。**

　そして、「わ：：って泣きます↑か：」という教師の問い（50-51行目）に、児

童が「泣きません」、「がまんする：」と答えると（52-53 行目）、教師は「いいこ
といった↑ね：：：」と語尾を伸ばして強調しながら肯定的に評価し、児童が
「泣かない」「がまんする」ことが望ましい行動であることを価値づけたのだった
（54 行目）。

　その後、教師は「がまん」と黒板に書き、適度にがまんすることが良いと述
べ、今言ったことが理解出来たか児童全体に確認をする（56-66 行目）。児童たち
はその確認に「はい」と返事をする（67 行目）。その後、62-66 行目と類似する内
容を再度繰り返し（68-77 行目）、学校（学級）の予定の確認に移って語りが終了
した。

　興味深いのは、ここでの教師が、物語を語った後にそのまま続けて、教訓的事
項を話したわけではないということである。もし、物語を語った後に続けて教訓
的事項を語ったとしたら、物語の内容を児童がどのように理解したのかを確かめ
ることもできないし、児童の理解に合わせる形で、教訓的な事項を説明すること
もできなかっただろう。教師が物語の後に「泣きますか」と児童に問いかけ（51
行目）、児童自身に答えさせたことで、自分の要求が家族に通らなかったとして
も泣くべきではないという規範（「がまんする」）が児童らに理解されたことが確
認できたのだ。

　**さらに興味深いのは、ここでの教師が、「がまんする」を黒板に書いたあと、
児童らに一年生としてがまんができることを確認することで、学級全体で規範を
共有したうえで、がまんをがんばりすぎないことを規範的に明示して伝えている
点である。**教師は、すでに児童が持っている能力として「がまんすること」を帰
属することで、児童の主体性を尊重しつつ、がまんをがんばりすぎないことを伝
えることで、入学直後で様々なことをがまんしているであろう、児童の状況に寄
り添った指導をしていると考えられる。

### 4.4.「自分のこと」として理解させ、指導につなげる物語の有効性

　さて、物語を用いた場合では、物語を用いない場合と比べて、どのような特長
があっただろうか。前述の 2 事例を振り返ることで考察の手がかりとしてみた
い。

　物語を用いない事例では、児童らが指導事項に関連する事柄を直接経験してい
たため、教師はその事柄を参照するのみで、その事柄の理解を深める働きかけは
なされず、今から語られる指導事項が大事であることを強調して児童の関心を喚

起し、指導事項の語りのなかで児童の規範理解を確かめていた。他方、物語を用いた事例では、様々な技法で児童の関心を物語に引きつけ、その物語に依拠しながら児童の規範理解を確認し、指導事項を伝えていた。

　こうしたことから、物語を用いた場合の特長としては、物語を話す前に起きていたこととに直接関わらないことについても、指導事項を語ることができること、また、物語に児童の関心を引き込むことができれば、児童らの関心を保ったまま指導事項を語ることができること、さらには、教師は受け手に合わせた物語のデザインをすることで、その物語理解を利用して、指導につなげることができること、などが指摘できるかもしれない。

　特に本事例の特筆すべき点は、聞き手が入学したばかりの1年生であったこともあり、教師が、児童に登場人物のおかれた状況や心情を理解させ、これに依拠して教訓や規範を「自分のこと」として理解させる工夫をしていた点である。

　ではここで4.3.までの、一連の教師の働きかけを振り返り、児童に物語を「自分のこと」として理解させ、そこからルールや規範を理解させる、という観点から整理してみよう。まず4.1.では、教師は物語の前置きとして、ケイコちゃんが大泣きしたことがオチであることを明確にすると同時に、大げさに泣いていたことを再現してその事件性をさらに特徴づけ、児童の関心を引き込んでいた。4.2.では、教師は語りを展開する中で、児童になじみのあるプールのある場所の確認をすることで、ケイコちゃんがプールに行きたがっていた気持ちを児童に理解しやすくしていた。そして、4.3.では、ケイコちゃんの泣き方を再現しながら児童に質問する（「泣きますか？」）ことで、質問で問われている児童の自身の状況が、より理解しやすくなるようにしており、その状況で泣くという行為が良くないことであるという、物語内の道徳的な規範を児童に思い出させ、児童が正しく判断するよう（「がまんする」）一定程度方向づけていた。そのうえで、適度にがまんするのがよいという指導をしたのであった。

　教育的課題を達成するのに適切な内容とはいえ、上記の事例で出てきたような「適度にがまんする」という教訓事項を教師がいきなり語ると、児童たちはその具体的な内容（「がまん」）や、それがどのような状況におけるものであるのかを理解することは難しい。本事例でみたように、教室で教師が物語を語ることで、聞き手の目の前に生じていない事象を、児童の経験等に結び付けながら「自分のこと」として捉えさせ、そうした児童の物語理解を利用することで、指導事項をより理解させることができる。これは、指導における物語の有効性の一つだといえるだろう。[2]

## 5．物語を利用した婉曲的な指導の可能性

　これまで、使用した事例は、小学校1年生を対象としたものであった。物語を語りながら、そこで起こることを児童に「自分のこと」として捉えやすくするやり方は、まだ教師の話をしっかりと聞くことが難しい学年にとって、まさにぴったりのやり方であるように思われた。しかし、本事例で考察したような効果を考えれば、物語を語ることは、学年や学校種を問わず指導において十分利用可能なものであると考える。最後にそうした可能性について述べておきたい。

　中学校・高等学校における発達段階の生徒は、小学校で扱うような規範自体は理解していることが多いと考えられる。しかし、例えば、「タバコは吸ってはいけない」とか「人を助けることは良いこと」といった規範は、善悪という判断基準で理解はしていても、その基準を支える理由や規範の社会的位置づけをしっかり理解していなかったり、腑に落ちていなかったりすることは多々あるだろう。その場合、児童生徒が規範を逸脱した行動の先にある様々な結果にまで想像が及んでいないのかもしれない。

　こうしたときに、児童生徒にこうした規範について納得してもらうには、生徒自身が身をもって経験することや、エピソードにより、その後の結果を想像させることが役に立つかもしれない。

　筆者が知っている体験談を一つ挙げよう。中学3年のある生徒が、野球部で好成績を収め、野球部が強くて有名な高校からスカウトがきたことで、高校推薦を獲得した。だがその生徒は、友達が喫煙している場面に居合わせており、住民の目撃情報から、教師が現場に駆けつけたことによって、推薦取消となってしまった。

　彼はそのことをとても悔み、教師にも強く訴えたが、推薦は取消になり、別の高校へ行くことになったのである。こうした経験が本人にとって自分を省みるよ

---

[2]　上記の事例では、教師は事前に語る予定のなかった物語を、児童に求められて語った後であったにもかかわらず、指導の語りを展開していた。なぜ教師は物語をわざわざ教訓的事項に繋げて終了したのだろうか。例えば、算数の授業が始まり、いきなり教師が話し始めたとしよう。そのとき、多くの人はその話が現在行われている算数の授業に関わるのではないかと思うのではないだろうか。もし、その話が全く現在行われている算数に関わらない話であった場合、「なぜ今この話をしたのか」と疑問や不安を抱くだろう。それはまさに教師という役割が「教育的な課題を達成するために何らかの活動をする者」という共通理解があるからであろう。この教師も、児童からねだられた娘のエピソードを、児童を楽しませるためだけに語るのではなく、この4月の状況に合わせた指導として提示しようとしたのだと思われる。

い機会となり、将来の糧となる可能性もあるが、野球一筋で生きてきた彼にとっては、この出来事は大きな人生の分かれ道となったであろう。

　もし、その生徒の教師が、自身の似たような失敗談を語ることで、その生徒が、喫煙する場にいたことが発覚した後の結果を、その場で想像することができていたとしたら、喫煙している生徒に注意したり、そのような場所に居合わせたりしないように努めていたかもしれない。このように、物語を通じた指導は、聞き手に実感を与え、問題行動を未然に防ぐ効果もあるといえる。

　また、特別な支援を必要とする児童生徒の場合、周りの理解が乏しいと「○○をしてはならない」など禁止事項を直接言われることが増えてしまう。そのような子どもたちは自己肯定感が低くなったり、叱責を伴う指導に敏感になってしまったりすることも多いだろう。こうした児童生徒に指導しなければいけない場面が生じた際にも、物語を利用した指導が有効である。

　物語はオチや山場を内包するという特性上、事件性がある指導事項と繋げやすい。そのため、指導したい事項に関わる物語を語ることで、直接的に対象となる児童生徒を叱ることなく、指導できるという配慮が可能である。本人を目の前にした直接的・懲罰的な指導はときに反抗心を生むことがある。だが本論の冒頭で述べたように、教師と児童生徒の信頼関係が築けていることが、指導関係においては重要になる。物語やエピソードを用いて「自分のこと」として指導事項を理解させることで、教師と児童の信頼関係を維持しながら、対象者の自尊感情や自己肯定感を低減することなく指導することができるのではないかと考える。

## 【文献】

Hayano, K., 2017. "When (not) to Claim Epistemic Independence: The Use of Ne and Yone in Japanese Conversation," *East Asian Pragmatics*, 22(2): 163-193.

早野薫, 2018, 「認識的テリトリー——知識・経験の区分と会話の組織」平本毅ほか『会話分析の広がり』ひつじ書房.

香川英雄ほか, 1990, 『先生のお話は楽しい——話の集め方・作り方・話し方』東洋館出版.

北俊夫, 2011, 「重視したい子どもの教師理解」『内外教育』（2011 年 4 月 8 日　第 6072 号）時事通信社, 1.

文部科学省, 2010, 『生徒指導提要』教育図書, 1-2.

西阪仰, 2008, 『分散する身体——エスノメソドロジー的相互行為分析の展開』勁草書房.

Pomerantz, A., 1980, "Telling My Side: "Limited Access' as a "Fishing" Device," *Sociological Inquiry*, 50: 186-198.

山中伸之, 2012, 『できる教師の叱り方・ほめ方の極意』学陽書房.

◆❖ 解　説 ❖◆

# 日常会話において物語を語ること

平 本　毅

　昨日どこで誰と会って、何をしてというふうに、人はよく物語を語る。人が語る物語の内容や構造を調べる研究は、主に言語や談話の領域で行われてきた（Labov & Waletzky 1967）。これに対し、会話分析の創始者サックスが問題にしたことは、その場の人びとにとってある語りが物語として理解される仕組みはどんなものか、ということであった（Sacks 1992）。この仕組みは、その場の人びとがうまく物語を語っていくために重要である。というのも、1 章で述べたように、ふつう会話は発話の順番を交替していくことによりなされる（Sacks et al. 1974=2010）。しかし、物語はたいてい一つの発話で語り終えることができず、お爺さんとお婆さんがおりました、お爺さんは山へ芝刈りに、お婆さんは川へ洗濯に、すると……というふうに、いくつかの発話を組み合わせて語るものである。だから、語り手はいま自分が物語を語り始めることを聞き手に知らせて、しばらく自分が語り続けること（＝通常の順番交替システムをいったん停止すること）を理解させなければならない。つまり、話者は物語を語ろうとする際に、ある経験を物語として理解されるように語るという課題に直面することになる。

## 物語の開始

　上の課題を解くための方法の一つは、語り始める前に「昨日面白いことがあったんだけど」等の「物語の前置き」（Sacks 1974）を置くというものである。この前置きがあることによって、続けて物語が語られることが聞き手にわかるようになる。この「物語の前置き」はまた、実際にその物語が語られるかどうかを語り手が聞き手と交渉する役割も担っている。もし「昨日面白いことがあったんだけど」と言われた聞き手が「その話はもう聞いたよ」「今は面白い話を聞きたい気分じゃない」等の応じ方をしたなら、「面白いこと」は語られないだろう。これを、聞き手による「語りのブロック blocking」という。他方、聞き手が「何？」「うんうん」等の乗り気な反応をしたなら、「面白いこと」が語られることになる。これを、聞き手による「続きの促し go-ahead」という。

「物語の前置き」は、語られようとしている経験を語り手だけが知っている場合と、他の人も知っている場合とで、異なる形をとることがある（Lerner 1992）。たとえば桃太郎が家に来てからの顛末をお爺さんとお婆さんが誰か第三者に語り始めるとする。この場合、桃太郎の物語はお爺さんとお婆さんの二人が知っている。お爺さんはこのとき、お婆さんに向けて「婆さんや、川で洗濯していた時のことを話しておくれ」と促すかもしれない。これは「語りの促し story-prompt」という（Lerner 1992）。また、お婆さんがお爺さんに向けて「あの子が家に来たのは、いつじゃったかな」と、「思い出すことを促す reminiscence solicit」（Lerner 1992）かもしれない。「物語の前置き」がこのような形をとるとき、物語の語り手は一人だけではなく二人以上（お爺さんとお婆さん etc.）になる可能性がある。

　物語は上記のような「前置き」なしに急に始まることもある。その場合にも、語りの最初の方で「いつ」（昔々、昨日 etc.）「どこで」（山で、川で etc.）「誰が」（お爺さんが、お婆さんが etc.）といった舞台設定が行われ（Goodwin 1984）、これが物語であることが聞き手に示されることが多い。

## 物語の展開と聞き手の参与

　語られ始めた物語は、いくつかの順番構成単位（1 章参照）を使って語られていくことになる。その際にはだいたい出来事が順に並べられるが、ふつう物語は話の「オチ」をもっており、その「オチ」に向けて話が盛り上げられていく。たとえば物語が佳境に入ってくると、身振りを使って出来事が再演（Sidnell 2006）されたり、出来事の中での人の話が直接引用の形で語られたり（Stivers 2008）といった手段が使われて語りの詳細度（Schegloff 2000）が細かくなり、話に盛り上がりがもたらされる。

　こうして物語が展開する間、発話順番は語り手に与えられているので、聞き手ができることには限りがある。ただし、限られているといっても聞き手が物語に参与できないわけではない。たとえば、聞き手は順番構成単位の切れ目で「うん」と言って続きを促すことや、「すごーい」「本当に？」と語られた内容への態度を示すこと（Stivers 2008）、語られた内容のわからない点を質問することなどを通じて、物語の展開を方向付ける。また、語られる経験を複数の者が知っている（ことが物語の開始部で明らかになった）場合、主要な語り手以外の者も、共同の語り手の候補（Lerner 1992）として物語に参与することになる。共同の語り手は、語りの内容が間違っていた場合にそれを訂正したり内容を補足したりすることを

通じて、物語を協働的に作り上げる。

## 物語の終了

　語りが「オチ」に到達し、聞き手がそれに適切に応じると物語は終了してよい段階に入る。「適切に応じる」というのは次のような意味である。「オチ」に対して、聞き手がそれに噛み合わない応じ方をしたなら、物語をそこで終えることはできないだろう。たとえば「オチ」に対して「うん、それでそれで？」と聞き手が返したなら、物語は語り終えられない。興味深いのは、「昨日面白いことがあったんだけど」に類する形で「物語の前置き」が置かれていた場合、この前置きが、いつ、どんな形で物語が終わりうるかを聞き手に知らせていることということである。「昨日面白いことがあったんだけど」で始まった物語は、「面白いこと」が語られた時点が「オチ」であることがわかるし、またそれに「笑う」「面白がる」といった応じ方をすることが適切であることも聞き手にわかる。

## 物語終了後の展開と物語のはたらき

　物語が終了すると、まずは通常の順番交替システムへの復帰が行われ、誰でも話せる状態になる。もう一つの可能性は、一つの物語に続いてもう一人が別の物語を語るというものである。これを「第二の物語」（Sacks 1992）という。この「第二の物語」は、最初の物語への聞き手の理解を示すという特徴をもっている。すなわち、自分の側の似た経験を話すことは、相手の最初の物語をどう聞いたかを必然的に示すことになる。人はしばしば、「私にもこんなことがあった」と、自分の側の物語を前の物語に接続し、経験を語り合う（串田 2001）。物語を語ることは、自分がどんな経験をもった社会のメンバーであるかを示すことにほかならない。だから経験を語り合うことは、互いが社会のメンバーとしてどのような存在であるかを示し合う作業になるのである（平本 2013）。

## 【文献】

Goodwin, C., 1984, "Notes on Story Structure and the Organization of Participation," M. Atkinson & J. Heritage eds., *Structures of Social Action*, Cambridge: Cambridge University Press, 225-246.
平本毅, 2013,「複数の語り手が経験の語りを組み合わせることについて——会話分析によ

る検討」『現代社会学理論研究』7: 94-108.

串田秀也，2001,「私は - 私は連鎖——経験の「分かちあい」と共 - 成員性の可視化」『社会学評論』52(2): 36-54.

Labov, W. & J. Waletzky, 1967, "Narrative Analysis," J. Helm ed., *Essays on the Verbal and Visual Arts*, Seattle: University of Washington Press, 12-44.

Lerner, G. H., 1992, "Assisted Storytelling: Deploying Shared Knowledge as a Practical Matter," *Qualitative Sociology*, 15(3): 247-271.

Sacks, H., 1974, "An Analysis of the Course of a Joke's Telling in Conversation," R. Bauman & J. F. Sherzer eds., *Explorations in the Ethnography of Speaking,* Cambridge, UK: Cambridge University Press, 337-353.

————, 1992, *Lectures on Conversation, Volume I and II*（edit by G. Jefferson; with an Introduction by E. A. Schegloff）, Cambridge : Blackwell.

Sacks, H., E. A. Schegloff & G. Jefferson, 1974, "A Simplest Systematics for the Organization of Turn-Taking for Conversation," *Language*, 50(4): 696-735.（= 2010, 西阪仰訳「会話のための順番交替の組織——最も単純な体系的記述」『会話分析基本論集——順番交替と修復の組織』世界思想社 , 7-153.）

Schegloff, E. A., 2000, "On Granularity," *Annual Review of Sociology*, 26(1): 715-720.

Sidnell, J., 2006, "Coordinating Gesture, Talk, and Gaze in Reenactments," *Research on Language and Social Interaction*, 39(4): 377-409.

Stivers, T., 2008, "Stance, Alignment, and Affiliation during Storytelling: When Nodding is a Token of Affiliation," *Research on Language and Social Interaction*, 41(1): 31-57.

# 授業において物語を語ること

團　康晃

　物語の研究というと、印刷されたテクストを対象とした研究を思い浮かべるかもしれない。しかし解説を読むとわかるように、私たちはふだんのやりとりの中で物語を語ることをしており、会話分析やエスノメソドロジー研究は、会話において物語ることについての研究を蓄積してきた（例えば串田・平本・林 2017・7 章）。また、学校における物語ることについての研究もある（Hustler & Cuff 1982）。

　3 章解説「日常会話において物語を語ること」で紹介されていたように、やりとりの中で誰かが物語の語り手になろうとする際の方法は様々にある。一つは語り手による「物語の前置き」がそれであり、そこで聞き手が聞いてくれるようなら、語り手は前置きで示唆したオチに向かって物語を語る。物語を語るということは、しばらくは語り手が話しつづけるということであり、聞き手はあいづちや所々で質問を差しはさむことはあるかもしれないが、しばらくは話の聞き手に回るということになる。そして、「オチ」まで語ったとき、ここで聞き手はなるほど語り手はこういう物語を語りたかったのだなと理解し、リアクションを示すことで、物語は終了していく。

　教育場面での物語について考えてみると、その物語る機会が制度化されていることは少なくない。たとえば集会の講話や学級活動での担任の物語ること、この章の「ケイコちゃん情報」は授業の同じタイミングでくり返される物語の機会という意味では制度化されている。

　教師が児童達に向かって語る物語は、まるでテレビ番組の一つのコーナーのようだ。3 章 4 節の断片 1 の 02 行目にあるように、児童達は教師に物語をせがんでいる。物語る機会が制度化され、教師が物語ることを期待できるからこそ児童は物語を聞きたがるのだ。

　ここで教師が示した物語の前置きは、11 行目の「ケイコちゃんは今日は朝はお：泣きでした」だった。「今日は」という表現からも、この物語が日々更新されていることがわかるだろう。このとき、児童達はこれから語られる物語の中でケイコちゃんが「お：泣き」に至るまでの経

緯が物語として語られるのだということを、期待して聞くことができるようになる。そして、教師は児童達に、ある種の教育的な示唆のある物語をボリュームを伴って語った。

　この章の事例を見てみると、児童達は「ケイコちゃん情報」を率先して聞きたがっていることがわかる。毎日新しく更新される「ケイコちゃん」の情報であるからこそ、児童達にとって常に新鮮な物語、ニュースであり、聞きたいということもあるかもしれない。

　一方で更新されることのない同じような物語を語る場合、たとえば季節ごとに語られるような定番の話は、「その話は何度も聞いたよ」と、3章解説「日常会話において物語を語ること」であったようなブロッキングが生じるかもしれない。児童達の場合は教師に対して明確なブロックをするのではなく、上の空で聞いたり、寝たりすることもあるだろう。

　物語の語り手であることには、こうした緊張感がある。だからこそ、語り手は聞き手が聞きつづけるための物語を、そして、まずは聞き手として参加してもらうための前置きを産出する必要がある。

　一方、子ども達にとっても物語を語ること、物語の語り手になることは大切なことだ。子ども達が授業やホームルームの中で、自らを語り手として物語る機会が増えれば、語り手としての技術は上がっていく。はじめのうちは、ただの出来事の報告や感想で終わってしまいがちな子どもの語りも、教師が3章解説「日常会話において物語を語ること」で示したような会話における物語の特徴を踏まえ、魅力的な前置きや明確なオチの提示について指導することで、豊かな物語の語り手になりえるのである。

## 【文献】

Hustler, D. E. & E. C. Cuff, 1982, "Telling a Story: Teacher and Pupil Competence in an Infant School," G. C. F. Payne & E. C. Cuff eds., *Doing Teaching*, London: Batsford.

—**4**章—

# 黒板を使って経験を再構成し共有する
## ——振り返りにおける心情曲線の利用

齊 藤 和 貴

## 1. 授業における導入の役割

　授業の「導入」は、直前の別の活動からこれから始まる授業という活動を区別し、本時（これから開始される授業）へと児童を誘う重要な役割を果たしている。加えて、授業の多くは、その単元の進行の中に位置づけられる必要がある。そのため、授業の冒頭に位置する「導入」には、時間的には不連続に経験される前時（これから開始される授業の「前の時間」の授業）とのつながりを、児童にとって連続的なものとして経験することを可能にするための重要な機能がある。そのために、教師は導入において「振り返り」という活動を行う。

　振り返りでは、児童が前時の授業を思い出すことができるように、教師によってさまざまな働きかけがなされる。例えば国語の場合、扱われた物語のあらすじを話すように促したり、前時の授業のねらいやキーになる児童の発言を問いかけることであったりする。そして、そこでの振り返りは、教師の語りによって一方的に伝えられるものではない。むしろ、学び手である児童自身が思い出し、児童の発話を引き出し関連づけながら、教師と児童が共有し合えるように前時の授業の輪郭を再構成するものである。そうすることで、児童の理解を生かして本時の展開をつくり出せるからである。

　その1つの方法として、本論考で分析するように、前時の板書を再提示することも有効である。なぜなら、板書の再構成によって前時の授業の概略を再経験し、学習内容を想起させ、可視化し、内容の連続性を理解できるようにするとともに、本時の中でその板書を再利用することも可能になるからである。

## 1.1. 黒板を使って授業を導入する

　本論考では、前時に扱われた国語の授業の内容や板書された図を、教師と児童が板書に再構成するという活動が、どのように行われているのかを明らかにする[1]。それは、教師によって一方的に前時の板書が再現され、前時の話題が想起できるように教師が語ることによって達成されるものではない。本論考において注目するのは、教師がいかに児童を巻き込みながら振り返りを達成するのかという方法である。教師は、発問はもとより、教師の発話を身振りや視線、立ち位置、そして道具としての黒板やチョークと微細に関連づけながら、児童との相互行為が可能となるように実践している。別言すれば、教師の振る舞いは、児童が振り返りの主体となることを可能にするようなものとなっているのである。このことは、あらかじめ計画されている板書を単に再現するということではなく、実践の中で児童との相互行為を通して具体化し、計画していた板書を達成することを意味する。本事例のように、一斉授業であるからといって、必ずしも児童が受け身になるわけではない。児童が前のめりになって授業に参加するように、児童の声を板書に生かす書き方が即興的になされているのである。そこで、相互行為による振り返りの方法を詳細に観察することによって、教師の振る舞いが児童のどのような応答を求めているのかを明らかにしながら、黒板を使って経験を再構成し共有する方法の理解可能な説明を試みる。

## 1.2. 事例について

　本事例は、小学校 2 年生の国語の授業の導入場面である。授業者は教職 10 年目の女性教師である。教材文は、『アレクサンダとぜんまいねずみ』（レオ・レオニ作、谷川俊太郎訳）であり、教科書は『小学国語 2 下 ひろがることば』（平成 23 年版、教育出版）を使用している。単元目標は、「場面の様子や人物の行動について、想像を広げながら読む」ことである。

　教材文の物語は、人間に嫌われている「ねずみ」である「アレクサンダ」が人

---

[1]　西阪も、インストラクション場面において、「教師と子ども（学習者）のごく短いやりとりを詳細に見ていくことにより、道具もしくは物理的な物が発話や身振りとともにどのように用いられ、同時にそれがどのように相互行為の具体的な展開において構造化・再構造化されていくかが明らかになる」（西阪 2008: 53）と指摘している。

間にかわいがられているおもちゃの「ぜんまいねずみ」の「ウイリー」と出会うことから始まる。アレクサンダは、自分の置かれている境遇や人間からの扱われ方の違いに気付き、ウイリーに憧れる。しかし、ウイリーがおもちゃであるが故に人間によって飽きられ、捨てられたことを知り、「魔法のとかげ」にウイリーを自分と同じ本物のねずみに変えてもらうというお話である。

また、本事例の前時では、物語の冒頭の場面から、アレクサンダが人間に追われるつらい生活をしていたものの、ウイリーと友達になれたことで気持ちが上向いたこと、けれどもそのウイリーが捨てられていることを知って気持ちが大きく沈むこと、そして、魔法のとかげに願いを叶えてもらうための「紫の小石」が見つかったことによって、ウイリーを助ける望みをもてるようになったことについて話し合われていた。

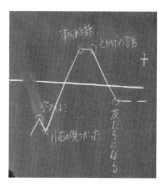

**図1　心情曲線（永山方式）**

その際、アレクサンダの気持ちの変化を説明するための方法を、堀と永山の二人の児童が黒板に図を書いて提案していた。堀は、ある時点のアレクサンダの気持ちが「うれしい」と「かなしい」の対立する感情で天秤にかけられ、どちらの気持ちが優勢であるかを示す方法を提案した（「天秤方式」）。それに対して、永山は、アレクサンダの気持ちを時間の経過に即して曲線の変化で示す方法を提案した（「永山方式」。図1の心情曲線のこと[2]）。そのような前時の議論を経て、学級の

[2]　この学級で「永山方式」（図1参照）と呼ばれている方法とは、一般的には「心情曲線」と呼ばれている読みの表現方法の一つである。国語の物語教材の授業でしばしば利用され、登場人物の気持ちの変化や有り様を連続的に捉え、その推移をストーリーの場面や展開、出来事、他の登場人物との会話などと関連付けながら変化の様相を図として表現し、可視化するためのものである。

児童全員が二つの図を知っているという知識状態にある。なお、「天秤方式」や「永山方式」は、本学級固有の用語として使用されていた。

そこで、本時では、アレクサンダの気持ちを想像し、場面の変化に伴う気持ちのうつりかわりを読むことを目標にしており、「永山方式」を援用しながら、登場人物の気持ちの変化について考えることが意図されていた。

なお、本学級の座席は「『コ』の字」型に配置されており、黒板は「コ」の開口部側に位置している。また、トランスクリプトのTは教師を表している。児童名はすべて仮名であり、括弧（児童名）は挙手によらない発話であったことを示している。断片1から断片4はすべて連続しており、およそ2分30秒である。[3]

## 2．前時の心情曲線を描く

ここからは、具体的に事例を見ていこう。以下で検討する導入の振り返りでは、まず教師の語りによって、本時が前時と連続性があることを確認して始める（2.1）。次に、発話の中で指示語を多用しながら黒板に心情曲線が描かれる（2.2）。そして、教師の発問によって児童の発話が引き出され、協働的に心情曲線が描かれる（2.3）。ただし、児童の発話の引き出しは、発問だけではなく、黒板を描く速度によってもなされている（2.4）。そして最後に、描かれた心情曲線に物語の中の具体的な出来事を対応させていくために、前半では発問によって児童の発話を引き出し（3.1）、後半は、発問とともに心情曲線上に〇印を付けることを併用して（3.2）、振り返りを完結している。[4]

以上のように、本事例では、導入において前時の学習内容を再構成し、児童と共有するための振り返りを達成するために、いくつかの特徴的な活動がなされていた。

---

[3]　筆者は、授業における発言権を獲得するために、児童が挙手し、教師が指名することによって発言権が移行し、公式化する「挙手ルール」（鶴田 2010, 2018）のもとで、児童が挙手によらず、したがって教師からの指名を受けることなく発話したものを「つぶやき」と呼んでいる。つぶやきは、一見すると「挙手ルール」からの逸脱のように思われるが、教師にとっては授業を構成するための重要な資源であり、一概に無視されるものでもない。1章「授業会話を作り出す――『ガヤ』のコントロール」や1章のコラム「授業における生徒の『自発的発話』」を参照してほしい。

[4]　Mehan は、授業を社会的場面と捉え、教師と生徒の相互行為連鎖を特徴づけるパターンとして、教師による発問（Initiation）—生徒による応答（Response）—教師による評価（Evaluation）という I-R-E 連鎖を見出した（Mehan 1979）。

## 2.1. 前時との連続性を明らかにする

断片1は、日直によるあいさつの後、教師の発話から始まる授業の導入場面である。ここでは、教師と児童が授業を開始するにあたり、前時との連続性を示し、どのような既習内容が利用可能であるかを示し、立つべきスタートラインを確定することが行われている。

**（断片1）**

```
01  Ｔ：さあ、昨日（図2）多分一番大きな場面だったかな：。
02  Ｔ：ちょっと、永山くんと堀くんが、最初に話をしてくれたことちょっと
03                               ［思い出しながら、
04  Ｔ：                         ［【図3：横線を黒板に書き始める】
05  Ｔ：ちょっと堀くんは、あの、天秤だったんだけど、永山方式でちょっとや
06      ると、
07  Ｔ：なんかこれが：、最初は、こんな感じだったんだけど、こう上がってっ
08      て：、
09  Ｔ：その後、【黒板からチョークを離し、黒板から一歩後退する】(0.5)どうなった
10      んだっけ？
```

授業は、教師の比較的長い語りから始まった。断片1は、すべて教師による発話である。その発話の中には、「昨日」や「思い出しながら」という前時を想起させる言葉が使われている。しかし、ここでの発話は、直接的には児童に思い出すことを求めてはいない。それにもかかわらず、教師は児童に「前時の授業を思い出す」ことを促し、本時が前時の授業と連続するものとして示すことができているように見えるのはなぜであろうか。

教師は、01行目の発話の中で、教師が「一番大きな場面だったかな：」と発話している。この段階では、教師の行為は、単に教師自身が思い出すためのものであるかのように見える。しかし、実際にはその発話の声量が大きくはっきりとしていることから、その行為は児童に向けられたものであると捉えるべきである。けれども、「一番大きな場面」がどのような場面であったのかは、まだ明らかにされていない。そのため、その発話を聞いた児童は、昨日の国語の授業の中の、さらにある特定の「一番大きな場面」がどこであったのかを推測することを

求められている。このことは、前時の授業を経験している児童にとっては、本時への参加を可能にする誘いかけとして機能する。それと同時に、児童は次の教師の発話で自分の推測の適否を確かめることができるように、注意深く聞き続けることを要請される。

　実際、02行目で「一番大きな場面」が「永山くんと堀くんが、最初に話をしてくれたこと」であることが語られる。それによって、児童は思い出すべき場面を大幅に限定することができる。なぜなら、「昨日」から「一番大きな場面」、さらには「永山くんと堀くんが、最初に話をしてくれたこと」というように、思い出すべき場面を徐々に狭めながら、児童が思い出すという行為が継続されるように構成されているからである。そして、このような発話を経て、はじめて05-06行目で「堀くんは、あの、天秤だったんだけど、永山方式でちょっとやると」というように具体的に示され、永山方式（心情曲線）に特定されていく。

**図2　児童の方に向いた教師の身体**

　また、01行目の発話の冒頭では児童の方に向いていた教師の身体（図2）は、「思い出しながら」という発話とともに黒板の方へと向き直し、心情曲線の中の横線を書くという04行目の動作が連動して行われている（図3）。この横線も、児童にとっては重要なヒントになっている。なぜなら、黒板に描かれたものが文字ではなく、一本の直線であるということから、児童はこれから描かれるものが文章ではなく、図であることを推測可能だからである。言い換えれば、前時の板書で描かれたものと照合することによって、心情曲線が描かれることを予測することが可能となる。そして、この直線を描く行為の直後に、05-06行目で「永山方式でちょっとやる」ことが発話で補足されている。このようにして、この振り

---

[5]　心情曲線のプラスとマイナスを分かつ基準線となる線のことを示している。

図3　黒板に向き直す教師の身体

返り場面において思い出すべき知識内容が、心情曲線であることが示されている。

　このように、01行目から06行目に至る発話は、思い出すべき前時の場面の特定が、「昨日」から「一番大きな場面」へ、そして「永山くんと堀くんが、最初に話してくれたこと」へ、さらに「永山方式（心情曲線）」へと徐々に焦点化され、児童が教師の発話を頼りに検索し思い出すことができるように構成されている。そして、断片1がすべて教師の発話で構成されていることからも分かるように、児童は終始教師の発話を聞くことを実践している。児童が発話することはなく、教師の発話を聞きながら前時を想起することを始めているのである。このことは、後にみるように、（2.3.で扱う）断片3で児童が前時の心情曲線について発話することからも明らかである。

## 2.2.　発話と板書を関連づける——指示語の利用

　本時で利用される知識が、前時の心情曲線であると公表した後、教師にとっての次の課題は前時に定式化された心情曲線を黒板に描くことになる。具体的には、描かれたものを児童に結果として見せるのではなく、描かれていく過程そのものを見せていくことになる。しかし、以下で分析するように、教師は板書を見ることを児童に明確に指示してはいない。指示語によって板書を発話と関連づけることで、児童は黒板を見つつ教師の発話を聞くようになっていく。このように、前時の内容を思い出させることと、心情曲線を描くことは同時に成し遂げられるのである。

　図4は図1の心情曲線が完成されるまでの過程に、発話を対応させて示したものである。

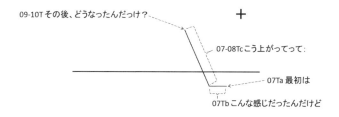

09-10T その後、どうなったんだっけ？

07-08Tc こう上がってって:

07Ta 最初は

07Tb こんな感じだったんだけど

（07～10は発話番号、Tは教師、a～cは発話順を示す）

**図4　07-10行目の心情曲線の描図**

**（断片2　断片1より再掲）**

07　T：なんかこれが：、最初は、こんな感じだったんだけど、こう上がってっ
08　　　て：、
09　T：その後、【黒板からチョークを離し、黒板から一歩後退する】(0.5)　どうなっ
10　　　たんだっけ？

　まず、教師の07-08行目の発話に着目する。ここでは、ある特徴に気付くことができる。つまり、「これ」「こんな」「こう」といった指示語が多用されていることである。これらの指示語は、ビデオデータを注意深く観察すると、教師の板書行為と心情曲線の形状や変化に対応していることが分かる。

　「これ」とは、これから描かれるアレクサンダの心情曲線そのものであり、「最初は」という発話と同時に黒板にチョークで描き始められた（07Ta）曲線のことである。その曲線が、「こんな感じ」だった時とは、アレクサンダの気持ちが「－（マイナス）」の位置を始点として、時間の経過の中で変化のないまま左横に推移していくことを示している。そのため、曲線がゆっくりと左に向かって描かれている（07Tb）。このことは、アレクサンダには大きな気持ちの変化がなく、また、気持ちを変化させるような出来事も生じていないことを示している。

　そして、「こう上がってって：」という発話と呼応して、曲線も左斜め上へ向かって折れ、上方へ引き延ばされるように描かれている（07-08Tc）。つまり、アレクサンダの気持ちが「－（マイナス）」から「＋（プラス）」へ転じていく局面であり、沈んだ心情が希望へと変化していることを示している。

　さらに、09-10行目の「その後どうなったんだっけ？」という発話にある「その後」とは、教師が黒板からチョークを離して、曲線を描くことを中断した後のことである。このタイミングで「その後、どうなったんだっけ？」と問うこと

は、曲線が未完成であることを暗示している。そして、前時に描かれた曲線は07-08 行目で完了するものではなく、さらに先まであったことを前提にしている。前時を経験している児童たちは、そのことを知っている。

このとき、指示語が具体的な何かを表していないため、児童は、07-08 行目の教師の発話を板書と関連づけながら聞くということが必要なのである。「その後、どうなったんだっけ？」という発話の構造そのものは単純であっても、前時の知識を前提として指示語を板書と結びつけなければ、発話の意味内容をつかむことはできないのである。

一見すると、児童が板書を参照しながら教師の発話を聞かないと理解できないような発話の仕方を、教師がすることに疑問を感じるかもしれない。けれども、仮に教師が指示語を使用せずに心情曲線の形状や変化を説明するとしたら、その語りはかなり冗長になるであろう。その冗長さは、2 年生の児童にとっては、教師の発話を聞き続けることを困難にする。指示語が板書と密接に結びつけられることによって、教師の発話は結果的に簡略化する。そして、児童は教師の発話を聞きながら教師の板書を見ることによって、教師の発話の意味内容を理解しやすくなるのである。

このように、心情曲線と指示語を関連づける作業の中で、児童は教師の発話を音声として「聞く」のみならず、板書される心情曲線を「見る」ことを求められる。この「聞きながら見る、見ながら聞く」ことによって、児童にとっての前時の想起はより容易になる。そして、その結果として、児童が心情曲線が描かれる過程を再経験することを可能にしているのである。

## 2.3. 協働的に振り返る──間によって引き出される児童の発話

10 行目までは、教師による発話だけであった。けれども、11 行目からは、09-10 行目の教師の発問に応答する児童の発話が引き出され、教師と児童のやりとりの中で振り返りが行われていく。そのやりとりを、断片 3 で見ていこう。

（断片 3）
07　　　　　T：なんかこれが：、最初は、こんな感じだったんだけど、こう上がっ
08　　　　　　　てって：、
09　　　　　T：その後、【図5：黒板からチョークを離し、黒板から一歩後退する】(0.5)
10　　　　　　　どうなったんだっけ？

| 11 | （山田）：下がっている。 |
|---|---|
| 12 | （堀）：［で：、まだ、だめ：：。 |
| 13 | T：［【黒板に向かって近づく】 |
| 14 | （堀）：［だめそうになって、ちょっと横になって上がって下がる。 |
| 15 | T：［【チョークを黒板に当て、心情曲線を下向きに書き足す準備をす |
| 16 | る】 |
| 17 | T：で：、こう下がんのね。【心情曲線を書き加える】 |
| 18 | T：(0.5) で：、こ：：んな感じ？【チョークを黒板から離し、一歩後 |
| 19 | ろに下がる】 |
| 20 | （大井）：超上がる。 |
| 21 | T：で、【黒板に近づく】今度、超上がるわけね。 |
| 22 | T：こ【チョークを黒板に当て心情曲線を書き始める】んな感じ？ |

　09-10 行目では、黒板に描かれた心情曲線の「その後」が問われている。「その後」とは、「＋（プラス）」に転じた心情曲線のことであり、アレクサンダの気持ちがどのように変化したのかを児童に質問しているのである。「その後どうなったんだっけ？」という発話は、教師から児童への発問であり、児童からの応答が期待されている。

**図 5　黒板から距離をとる教師の身体**

　この時、教師の身体は、それまでとは異なった特徴的な動作をしている。ここに至るまで、教師は手にしたチョークを黒板から一度も離すことなく、心情曲線を連続的に書き続けていた。しかし、「その後」という発話と同時に、はじめてチョークを黒板から離すのである。さらには、小さく一歩、後方へと身体を下げ、黒板から距離を取るのである（図 5）。それは、児童の応答を引き出すための

短いけれども必要かつ重要な間をつくっている。07-08 行目の教師の発話が、切れ目なくなされているのとは対照的である。01 行目から始まる前時の振り返りでは、一貫して教師の発話を聞くことと板書を関連づけながら見ることを求められてきた。しかし、09-10 行目に見られる黒板からチョークを離し、黒板から一歩後退するという行為は、児童に黒板を見せて、前時を思い出しやすいようにするための配慮であり、加えて、その時に生じる短い間が、「その後、どうなったんだっけ？」という発問に対して、児童に発話を挿入することを準備させているのである。[6]

　また、このような児童の発話を引き出す間の取り方は、以下のように、教師の板書への意識を児童に示す方法として説明することもできる。つまり、チョークを黒板から離し、黒板から距離を取ることで、教師がその先の心情曲線を「描かない」ということを児童に暗示している。このことは、09-10 行目が発問であることと呼応している。けれども、「描かない」ということを意味する一方で、同時に「まだ描く準備がある」ということをも示している。それは、チョークを黒板のチョーク置き場に置いたわけではなく、なおかつ、教師の身体は依然として黒板を向いたまま「その後どうなったんだっけ？」と発問していることからも分かる。つまり、児童が「その後」の心情曲線に「応答することを待つ」こと、そして、その「応答を受けながら描く」用意があることを示している。

　そして、実際、11 行目の山田が「下がっている」と発話している。続いて、12 行目の堀も「で：、まだ、だめ：：」と発話している。堀の発話は、教師の発問に応答するものであると同時に、山田の発話に接続するものでもある。このような児童の発話を引き出すことに成功したことによって、教師は 13 行目で再度黒板へと近づいている。さらに 14 行目の堀が、12 行目の自分自身の発話内容の精緻化を試みると同時に、15-16 行目の教師は黒板へと手を伸ばし、チョークを心情曲線の末端へと当て、板書を再開する準備をしている。そのタイミングは、14 行目の「だめそうになって」の語頭の「だ」が発語されるのと同時である。そのため、12 行目の堀の発話を受けて心情曲線を再び描こうとしていることが分かる。

　14 行目の堀の発話は、12 行目の「だめ：：」の意味するところを、改めて「だめそうになって、ちょっと横になって上がって下がる」と詳しく語り直した

---

ものである。そのため、教師が実際に心情曲線を描き始めるのは、堀の発話が終わってからの 17 行目であり、「で：、こう下がんのね」と確認しながら心情曲線を描き加えるのである。加えて、18-19 行目で教師は「こ：：んな感じ？」と問いかけ、再びチョークを黒板から離し、体を小さく後退させている。それは、堀の発話を受けて書かれた心情曲線が適切なものとして表現されているかどうかを、堀を含めた他の児童にも見えるようにするためである。しかも、この時の「こ：：んな感じ？」という発話は、09-10 行目の「その後、どうなったんだっけ？」の発話と同様に、聞き手の児童が確認することを求めるための発話として聞くことができる。

　この間、多くの児童は黒板上に描かれた心情曲線を注視[7]している。そして、誰からも描き直しの要請は出されていない。むしろ、20 行目の大井からは「超上がる」という発話が生まれている。この発話は、心情曲線の修正を求めるものではなく、描かれた心情曲線の承認であり、「さらにその後」を描くことの要請でもある。つまり、下がった心情曲線が、再度「超上がる」ことを、教師の問いかけに先んじて指摘しているのである。それは、14 行目の堀の求め通りの心情曲線が描かれたことが、学級全体の児童から認められたことを意味している。そのため、教師も 21 行目で「今度、超上がるわけね」とくり返し、22 行目で心情曲線を描き加えながら「こんな感じ？」と、再度確認を求めているのである。

　この間、児童は教師の発話を聞くことと、教師が描き出す黒板の心情曲線を見ることを継続的に行っていた。そして、山田や堀、大井のような児童が教師の発話に応答しながら自らの発話を挿入している。それは、三人が前時を想起することと、教師の発問に適切なタイミングで応答することによって＜今－ここ＞における心情曲線の再構成に寄与することを同時に達成していることを意味している。それは別言すると、三人が心情曲線を描き出そうとする教師にかかわるための記憶の準備と意欲の準備を完了しているということである。

　このような相互行為による振り返りは、08 行目までの教師による説明によって前時の心情曲線を再び描くこととは、まったく異なった実践の方法である。なぜ異なった実践の方法であるのかというと、それは、08 行目までは教師の語りと板書を児童に聞かせ見せることによってなされていたのに対して、ここでは児童が心情曲線についての話し手へと転換し、教師が児童の応答を引き出しながら

---

[7]　本時において心情曲線を思い出すということは、結果として完成された心情曲線を見て確認することではなく、描かれた＝構成された過程そのものを、短い時間で再経験し直すということである。そのため、教師は児童の視線を黒板へ集めることが必須なのである。

再構成しているからである。

## 2.4. 協働的に振り返る──描画速度と黒板だけを見ながらの発話

　ここまでは、教師の発話に挿入された小さな間と児童に板書を見せる動作によって、児童の発話が引き出されていた。それに対して、断片4では心情曲線の描き方によって、児童の発話が引き出されている。

　断片4は断片3の続きである。また、図6は、心情曲線が描かれる過程を、22行目以降の発話に対応させて示している。

**（断片4）**

```
20   （大井）：超上がる。
21      Ｔ：で、【黒板に近づく】今度、超上がるわけね。
22      Ｔ：こ【チョークを黒板に当て心情曲線を描き始める】んな感じ？
23      Ｔ：【一気に横線を越え、「＋（プラス）」の範囲に入ったところで速度
24          が遅くなる。】
25   （福井）：［超上がる。］
26      Ｔ：【27～31の発話を聞きながら、非常にゆっくりと心情曲線を描く。】
27   （三木）：［もうちょ］っと、もうちょっと。
28   （吉川）：もっと：：［もっと：：もっと：：］もっと：：。
29          もっと：：［もっと：：もっと：：］もっと：：：：：。
30   （岩沢）：        ［もっともっと：：。］
31   （金井）：        ［もっと：：もっと：：。］
32   （吉川）：そこ。
33      Ｔ：(黒板からチョークを離し)こんな感じ？
34      Ｔ：［で：、
35   （三宮）：［それ以上、上、上がんないからずっとそこで終わり。
```

　20行目の大井の「超上がる」という発話を聞いた教師は、21行目で黒板に近づき、「で、今度、超上がるわけね」とくり返した。さらに、22行目の「こんな感じ？」という確認の問いかけとともに22T（図6）から黒板に描き始めた。そして、心情曲線が「−（マイナス）」から「＋（プラス）」へと一気に加筆されると、プラスとマイナスの基準線を越えた少し上で、チョークをもつ腕の動きと板

書する速さが、突然遅くなった（23-24T、図6）。心情曲線は描かれ続けてはいるものの、ゆっくりとした動きへ変化したことは見た目にも明らかであった。

　この「速」から「遅」への動作上のコントラストは、児童の注視を引き出すことに成功していた。さらには、「＋（プラス）」へと転じた心情曲線がどこまで上へと上がるのか、次に変化する点がどこにあるのかを児童へと問いかけ、判断させる働きをしていた。

　それは、どのようにしてであろうか。詳しく見てみよう。

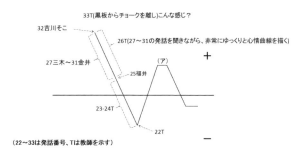

**図6　22-33行目の心情曲線の描図**

　「速」から「遅」への変化は、アレクサンダがウイリーと出会い、魔法のとかげの話を聞いた時の心情曲線の「＋（プラス）」のピーク（図6のア）よりも低い場所で始まった。このことも、大きな意味をもっている。なぜなら、「＋（プラス）」になってから急にゆっくりと線を描くことで、児童は比較することを同時に求められているからである。つまり、最初の心情曲線のピーク（ア）よりも高いところまで上がるのかどうか、アレクサンダの気持ちが、これまでの心情曲線で最も高い（ア）の地点よりも「＋（プラス）」へ大きく振れるほどの気持ちの高ぶりがあったのかどうかを、教師は児童に判断するように促しているように見える[8]。そのため、22行目の「こんな感じ？」という教師の確認の問いかけに対して、25行目の福井が「超上がる」と指示をしている。そして、「もうちょっと、もうちょっと」や「もっと：：もっと：：もっと：：もっと：：」といった心情曲線をさらに高い位置まで伸ばすことを要請する児童の発話が、くり返し引き出

[8]　授業において、このような登場人物の心情の変化についての細部へのこだわりは、物語の解釈にとって重要である。なぜなら、物語のクライマックスや登場人物の心情変化を丹念に読むことにつながるからである。

されてくるのである（27 三木 -31 金井）。このような児童の「もっと」がくり返される裏側で、教師はそれに合わせてさらにゆっくりとチョークを上方へと動かしている。ここでは、教師が児童の促しを聞きながら板書すると同時に、児童は教師の板書を見ながら「もっと」という促しを重ねている。このような相互行為は、32 行目の吉川が「そこ」と指し示すまで続けられた。ここでの教師は、児童の指示に応じながらも、描画速度によって児童の促しを引き出し、結果として心情曲線を協働的に再構成することを達成している。そして、最終的には 35 行目の三宮が「それ以上、上、上がんないからずっとそこで終わり」と宣言して終わっているのである。

また、このような「もっと」という言葉の連続は、教師によって既に描かれた心情曲線の全体像と板書を描く教師の腕の動き、そしてチョークによってゆっくりと描き付けられた曲線を、同時に注視しながら追っていかなければ生まれてこない言葉である。児童は教師の非言語的な行動と板書を頼りに、曲線の描かれ方の適否を判断し、適切な高さへと引き延ばす主体となっている。ここに至って、児童は単に前時を想起するというよりも、発話によって教師の身体を操作しながら心情曲線の再構成に深く関わるようになっているのである。

つまり、児童が主体的に授業に参加していくには、教師や他の児童の発話を聞くだけでなく、板書をどのように見ながら思考し発話するかという点もまた、重要な問題になっている。マルチモダリティ[9]に着目して前述のような分析をすることによって、そのことが見えてくるのである。

## 3．心情曲線に物語上の出来事を重ねる

ここに至るまで、心情曲線を再構成する活動が行われてきた。しかし、ここで留意しておきたいのは、この時点では、まだ心情曲線の形が黒板上に再現されただけであるということである。つまり、前時の振り返りとして心情曲線を完成するためには、『アレクサンダとぜんまいねずみ』の物語上の出来事を心情曲線に関連づけていく必要がある。

---

[9]　マルチモダリティについては、本章解説「相互行為におけるマルチモダリティ」やコラム「授業の相互行為におけるマルチモダリティ」を参照してほしい。

## 3.1. 心情曲線を資源とした発問と児童の応答

　断片5は、断片4の続きであり、再現されたアレクサンダの心情曲線と物語上の出来事を関連づけていくための方法を観察することができる。また、図7は、心情曲線が描かれる過程を、断片5の発話に対応させて示したものである。

**（断片5）**

| 36 | 　　　T：言ってたのは、【曲線上のAに○印を付けながら】ここで何だっ |
| 37 | 　　　　　け？ |
| 38 | 　　　T：まず。 |
| 39 | （石田）：友達が：。 |
| 40 | （桃井）：友達ができる。 |
| 41 | 　　　T：あ：、［友達が：できる。 |
| 42 | 　　　T：　　　　［【「友だち［になる」と板書】 |
| 43 | 　　　T：　　　　　　　　　　［友だちになる。 |
| 44 | （松山）：いぇ：：い、友達発見。 |
| 45 | 　　　T：で：：、【曲線上のBを指さして】ここは何だっけ？ |
| 46 | 　（柳）：ウイリーが。 |
| 47 | 　（堀）：ウイリーがとかげの話をした。 |
| 48 | （佐々）：で、チャンスに。 |
| 49 | 　　　T：［【曲線上のBに○印を付け、「とかげの話」と板書】 |
| 50 | 　　　T：［とかげの話。 |
| 51 | 　（柳）：で、その次の角。 |
| 52 | 　　　T：で：、何で下がるんだっけ？ |
| 53 | 　　　T：【曲線上のCに○印を付ける】 |
| 54 | 　（柳）：捨てられるから。 |
| 55 | （近藤）：捨てられる話。 |
| 56 | 　（柳）：捨てられる話。 |
| 57 | 　　　T：あ：、【「すてられる話」と板書しながら】捨てられる話。 |
| 58 | （松坂）：で：、上がったのは：、紫の小石を発見。 |
| 59 | 　　　T：あ：、ここで：：【曲線上のDに○印を付ける】、 |
| 60 | 　　　T：【「小石が見つかった」と板書】小石が見つかったの。 |
| 61 | （大井）：見つかって消えちゃったの。 |

| 62 | （堀）：なんか：、すごい何か：、すごい差がある。 |
|---|---|
| 63 | 　　T：こんな感じ？ |
| 64 | （松坂）：で：、下がるの、もう一回。 |
| 65 | 　　T：もう一回下がるのか。ここが。 |
| 66 | 　　T：【曲線の一部を消す】 |
| 67 | （中川）：そう。 |
| 68 | 　（柳）：空っぽの箱を見て。 |
| 69 | （中川）：そう。 |
| 70 | 　　T：じゃあ、こっから先か。 |
| 71 | 　　T：あ：、こうやってた。 |
| 72 | 　　T：【曲線を書き加えながら】確かみんなこうやってた。こうやって。 |
| 73 | 　　T：ここで何でかっていうと、空っぽだったんだっけ。 |
| 74 | 　　T：空っぽ、箱が。 |
| 75 | （永山）：もっと長くして：：。 |
| 76 | 　　T：【「空」と板書】 |
| 77 | 　　T：【黒板の右に掲示してあるテキスト文の紙を見る】 |
| 78 | 　　T：はあ、ちょうどここか。 |
| 79 | 　　T：【「のはこ」と板書】 |
| 80 | 　　T：じゃあいいや、先行っちゃったから、今回ここんところ読んでいこ |
| 81 | 　　　う。 |

**図7　36-66行目の心情曲線の描図**

　36-37行目の教師は、「ここで何だっけ？」と発問し、板書された心情曲線の
Aに〇印を付け、「ここ」の位置を明示している。それによって、〇印の位置が
心情曲線上の変化、すなわち、アレクサンダの気持ちのターニングポイントであ
ることを、児童は容易に理解することができる。39行目の石田は「友達が：」、

40行目の桃井は「友達ができる」と応答している。これに対して、教師は41行目で「あ：、友だちが：できる」とくり返しながら、42行目では「友だちになる」と板書して、学級全体が共有できるようにしている。

　同様に45行目や52行目でも、教師が曲線上のBとCの場所を指し示しながら発問している。その発問に対して、児童もウイリーがとかげの話をしたこと（47行目）や、ウイリーが人間に捨てられること（54-56行目）を応答している。そして、黒板上には、それぞれ「とかげの話」「すてられる話」と教師によって板書されていく。そのような時、必ず教師は50行目の「とかげの話」や57行目の「あ：、捨てられる話」のように、繰り返し学級全体に聞こえるようにフィードバックしている。このように、断片5では、板書された心情曲線を、相互行為を媒介する資源として利用しながら発問することで、前時の振り返りを進行させている。それはあたかも、児童が前時を想起することよりも、板書を資源とした相互行為へと参加することに重心を移すことを求められているかのようである。

## 3.2. 協働的に振り返る――心情曲線に物語上の出来事を載せるための○印

　さらに、断片5では、心情曲線が変化するポイントで発問するというパターンが繰り返されることによって、児童の発話が引き出されるとともに、発話者が多数化し多様化している。以下では、このような現象が、教師が心情曲線の上に○印を付けるやり方と、どのような関係にあるのかを検討する。

　教師は、36行目では、曲線上のAに○印を付けながら発問していた。また、45行目では、発問とともに曲線上のBに指さしが行われている（児童の応答を聞き終えた後の49行目で、Bに○印を付けている）。このことは、心情曲線に物語上の出来事を位置づけていく活動に移行するためのものであり、○印が物語上の出来事を特定するための場所であることを明示している。そして、その結果、児童は場所を特定し、かつ考えやすくなっている。

　続く第三の心情曲線の変化があったCの地点では、51行目で柳が「で、その次の角」と教師に先行して場所を特定している。このため、52行目で教師が柳の発話を追いかけるようにして「で：、何で下がるんだっけ？」と発問してから、53行目でCに○印を描いている。

　さらに、第四の変化Dに関しては、58行目の松坂が「で：、上がったのは：、紫の小石を発見」と次に問うべき心情曲線の位置を特定し、「紫の小石を発見」したことが、心情の変化をもたらした出来事であることを指摘している。ここに

は、教師の発問が存在していない。発問がなくても、松坂が教師によって次に発問されるべき心情曲線上の場所と出来事を自発的に推測しているということである。しかも、松坂の発話に対する修正はなされていない。つまり、松坂の発話内容が適切なものであり、教師自身が問いたい心情曲線の場所と出来事に一致していることを示している。そのため、教師は児童の発話を追いかけるように、後から〇印を付けている（59行目）。

　このように、はじめは教師の発問によって児童の応答が引き出されていたが、第三の変化の地点以降になると、教師の発問がなくとも、児童が出来事との関連づけを行い、能動的に発話している。

　児童の能動的な発話は、続く64行目の松坂の「で：、下がるの、もう一回」でも観察できる。ここでは、既に描かれている心情曲線がDから左上に上がり続けていたが、途中でもう一回下に下がるように、教師に修正を求めている。そのため、65行目の教師は松坂の要求を確認しつつ、「もう一回下がるのか。ここが」と言い、66行目ですでに描かれている曲線の一部を消した（図7の66T）。すると、67行目の中川の「そう」や、68行目の柳の「空っぽの箱を見て」という発話に見られるように、教師の修正に対して児童が同意している。それを受けて教師は、たぐっていた記憶を思い出したという様子で、72行目で「確かみんなこうやってた。こうやって」と語気を強めて言いながら、あらためて曲線を書き直している。さらに、教師は73行目「ここで何でかっていうと、空っぽだったんだっけ」、74行目「空っぽ、箱が」と出来事を曲線と関連づけている。そして、76行目「空」、79行目「のはこ」と板書している。

　このようにして、一旦は確定していたと思われていた心情曲線が、64行目の松坂の指摘によって修正されて図8のようになった。そこでは、振り返りの主導権が教師から児童へと移行し、さらに、64行目以降では、児童の修正の要求を教師が受け入れ、描き直すように相互行為が展開されている。

　ここで注目したいのは、以上のような相互行為では、断片4の時と同様に、教師の視線や身体が児童の方にまったく向けられずに、黒板を見ながら発話や板書がなされていることである（47-81行目）。このことは、発問と心情曲線の〇印が同時になされた第一の地点と指さしを伴ってなされた第二の地点の発問までは、教師が児童の方を向いていたのと対照的である。児童の方を見ないということは、児童が挙手しているのが見えないということであり、児童が挙手するのを見るつもりがないということである。すなわち、児童は指名を受けてから発話することを求められていないということである。こうしたやりとりは、挙手と指名を

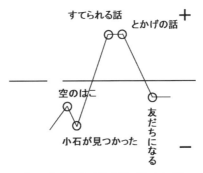

**図8　完成した心情曲線（永山方式）**

用いないため、複数の児童が適切な場所で自発的に発話することに開かれたものである。言い換えれば、教師と児童の間のやりとりが多くの児童に先導されることによって、相対的に教師の主導性が後退しているのである。

　以上のように、断片5では、それまでと異なって、児童の発話の機会が増えるのみならず、発話者が多様化していることも分かる。個々の発話の長さは短いものの、ビデオ映像からは、多様な児童が相互行為に参加し、児童の声量も大きく、授業の雰囲気に活気があることが観察される。それは、黙って教師の発話を聞いている児童の姿ではなく、前時の板書を協働的に、しかも忠実に再現しようとする意欲の表れとして見ることができる。それは、後続する本時の展開において、児童が主体的な学習者として振る舞うことができるようにするための準備であり、そのことを可能にするものでもある。授業導入部の振り返りの目的は、「前時の想起」にとどまるものではなく、まさに「本時の導入」として児童の意欲を喚起することにある。一連の相互行為を通して、児童が本時に向き合う体勢を築いてきていることが分かる。

## 4．教師と児童の対話的・協働的な学びのために

　本章では、黒板上に前時の心情曲線を再構成することを、教師がどのように実践しているのかについて検討してきた。本事例の教師は、教師と児童が振り返りを協働的に達成できるように、児童の板書への注意と視線のあり方に配慮しながら、児童の既有知を引き出しつつ、板書に視覚化できるように心情曲線を再構成していた。その方法は、教師が一方的に説明するのではなく、板書に描かれた心情曲線に「これ」「こんな」のような指示語を付帯させながら心情曲線を描いた

り、心情曲線のある地点に〇印を付けたり、指さしをして発問したりすること
で、児童が前時を思い出すことができるような方法となっていた。また、心情曲
線の描画速度をコントロールすることで、児童に心情曲線の適切性をモニターさ
せながら、児童の考えを引き出すこともしていた。さらに、教師の視線の方向や
黒板への身体の向きで、児童が自発的に発話をすることを促すことを可能にして
いた。[10] このような方法によって、児童が教師の発問を「聞く」だけではなく、黒
板上の心情曲線を「見る」ことも促していた。このように、エスノメソドロ
ジー・会話分析の方法を使って授業を観察すると、より多くの児童の授業への参
加を促しながら、対話的に振り返りを達成する相互行為として見えてくる。単に
児童に前時の学習を想起させ、前時と本時との連続性を構築する実践にとどまる
ものではないことが分かる。

　昨今の授業改善の潮流として、「主体的・対話的で深い学び」が注目されてい
る。教師主導に陥りがちであった授業を、児童が協働的・活動的に学ぶ授業へと
変革することが喫緊の課題とされている。Mehan が見出した I-R-E 連鎖が、教師[11]
主導の一問一答に近い教授スタイルであるのに対し、本事例では、I-R-E 連鎖の
R 部が複数引き出されていることに気付かされる。つまり、断片 4 や断片 5 のよ
うに、I-R-R-R-R……と連鎖する現象を見出すことができる。しかも、R 部の後
には必ずしも明確な E 部が後続せず、教師が児童の発話を再声（revoice）し、板
書に位置付けることによって E 部の代替となっている。このように、I-R-E 連鎖
を変形することによって、教師の主導性は相対的に縮小している。本事例から
は、伝統的な教師像とは異なった、児童の学びを促進するファシリテーターとし
ての教師像を見出すことができる。「主体的・対話的で深い学び」が教師の授業
観や学習観の転換を求めるものであるとするならば、本事例から多くの示唆を受
けることができるものと考えられる。

## 【文献】

Mehan, H., 1979, *Learning Lessons: Social Organization in the Classroom*, Cambridge, Mass.:
　　Harvard University Press.

[10]　興味深いのは、ここでは教師による指名を受けてから児童が話すことができるという「挙手
　　　ルール」（鶴田 2010, 2018）が必ずしも適用されていないということである。「挙手ルール」の適
　　　用は限定的であり、児童がつぶやくことに対して注意されることはなく、むしろ、「つぶやき」と
　　　いう方法によって授業に参加してくることを期待されているように見える。
[11]　注 4 を参照してほしい。

西阪仰，2008,『分散する身体——エスノメソドロジー的相互行為分析の展開』勁草書房.

鶴田真紀，2010,「初期授業場面における学校的社会化——児童の挙手と教師の指名の観点から」『立教大学大学院教育学研究集録』7，23-33.

————，2018,「『児童になること』と挙手ルール」北澤毅・間山広朗編著『教師のメソドロジー——社会学的に教育実践を創るために』北樹出版, 30-41.

# 相互行為におけるマルチモダリティ

城　綾実

## 1．マルチモダリティとは

　Stivers と Sidnell は、「対面の相互行為は、当然のこととして複数の感覚様式からなる相互行為 multimodal interaction である（Stivers & Sidnell 2005: 2）」と、自ら編者を務めた *Semiotica* 誌のマルチモダリティ multimodality 特集号の序論で述べた。「マルチモダリティ」という用語には、音声的資源だけでなく物質的資源や環境的資源なども考慮してそれらの複合的関係を明らかにすることが、相互行為を探究する上で重要であるというメッセージが込められている。本解説では、マルチモダリティのなかでも特に盛んに探究されている研究トピックについて紹介する。[1]

## 2．視線

　視線は、会話分析において最初に分析対象となった視覚的資源である。Sacks, Schegloff & Jefferson（1974=2010）も、視線は次話者を選択する技法を構成する資源となりうると指摘している（ibid: 70）。発話順番を組み立てる際も視線は重要な役割を果たす。たとえば、説明者は視線変化によって、ある内容を知らない者に対して説明しながら、説明内容の正誤について知っている聞き手に確認を求めることができる（Goodwin 1981）。ほかにも、過去の出来事を話す語り手が、聞き手から視線を逸らすことで、これから出来事の一部を再演することを示す（Sidnell 2006）ことなどが報告されている。

　誰に視線を向けているか／向けていないかが相互行為上重要になるのは、話し手だけではない。話しかけられている側の視線がどこに向けられているか／いないかも、活動を開始したり、維持したりするための重要な資源となる。話し手

---

[1]　会話分析におけるマルチモダリティの背景や近年の広がりについては城（2018）を参照。

は、聞き手の視線を自らに向けさせるために言い淀みや中断を用いており（Goodwin 1980）、診察場面でも同様の技法が観察される（Heath 1986）。

## 3．ジェスチャー、指さし

　ジェスチャーは、手や腕など身体の一部を使う表現から、野球選手の投球フォームを真似るような身体全体を使う表現まで多彩である。こうした身体的表現は無秩序に行われるのではない。その場の相互行為の進行に応じて適切に組み立てられていることが、様々な研究により明らかになってきている。たとえば、多くのジェスチャーはしばしば指示詞と共起する。特にコ系の指示詞（英語なら this）は、聞き手に対してジェスチャーが行われている辺りに視線を向けるよう働きかける性質を持つ（Goodwin 1986; Streeck 1988; Hayashi 2005）。

　多彩なジェスチャーのなかでも、指さし pointing は特に注目されて分析されており、心理学、言語学、人類学などの複数の分野における指さしを研究対象とした論文集もある（Kita 2003）。相互行為における指さしには、環境内の特定の事物や方向を指して相手の注意を向けさせるようなものが多いが、それ以外の相互行為上のはたらきを担うこともある（安井・杉浦 2019）。たとえば、会議で誰かの発言中に、聞き手のうちの一人が机上の全員で共有している資料を指さしたり、ペンを持ち上げたりすることによって、次の発話権を主張する（Mondada 2007）という報告がある。

## 4．環境のなかの身体——参与枠組み（参与フレーム）と関与配分

　近年、会話分析者たちによって、Goffman が社会学研究の俎上に載せたさまざまな概念について、実際の相互行為データを用いて具体的な証拠を提示していくことが行われている（平本 2015）。本解説では、マルチモダリティに関連する概念として、参与枠組み（参与フレーム）と関与配分について紹介する。

　Goffman（1981）が提唱した参与枠組みとは、会話への参加の形式を分析するにあたって、「話し手」「聞き手」だけではない、多様な参加者の身分を明らかにする概念である。授業参観を例にすると、通常、教師が話すとき、生徒は教師の発話の宛先となる者 addressee である。状況によっては、特定の生徒だけが宛先となり、ほかの生徒は直接の宛先ではない者 side participant となる。授業中、生徒の父母などの参観者は、直接は会話に関わらないが会話を見聞きすることは認

められている者 overhearer となる。そして、もし、許可なく授業の様子を探ろうとするスパイが廊下から授業を見ていたとするならば、その者は盗み聞きをしている者 eavesdropper とみなされる。

　会話分析において参与枠組みは、発話の文法的・語彙的特徴だけではなく、対面状況において組織化される身体的布置からも解明されるべき対象とされている（C. Goodwin 2007; C. Goodwin & M. H. Goodwin 2004; M. H. Goodwin 2006）。西阪（1992, 2001, 2008）は、後者により明らかになる身体の空間的な配置の組織化を Goffman の参与枠組みと区別するために参与（参加）フレームと呼ぶ。彼は、妊婦の定期検診、バイオリンのレッスン、物語を語る最中の演技の組み立てられ方などの分析を通じて、参与フレームが活動の認識可能な単位として体系的に組織されることを明らかにした。たとえば、箱庭療法におけるクライアントとセラピストが「箱庭について語る」活動中は、二人の身体の前面は箱庭に向けられている。その活動の最中にセラピストがクライアントの名前を間違えて呼んでしまったとき、クライアントの身体はセラピストに訂正を求める発言をするよりも早くにその前面がセラピストに向けられ相互行為における身体配置が再編されることで、「箱庭について語る」活動から「名前の訂正」をめぐる活動へと変化していることがわかる（詳細は西阪（2001）を参照）。このように西阪は、参与フレームがさまざまな個別具体的な状況における活動の構造（どのような参与フレームを組織・再組織することによって特定の活動を組織しているのか）を探究するのに利用可能であると主張している。

　「参与者が、今、どのような活動にどのように関与しているのか」もまた、姿勢や顔の向きなどによって示される（Goffman 1963=1980）。たとえば、読者の方々が読書中に後ろから誰かに声をかけられたとき、上半身（もしくは首）を捻ってその相手を見てから応じる様子を想像してみてほしい。この上半身を捻った姿勢は、並行する活動（読書と会話）への関与配分を示している。つまり、声をかけられた時点まで行っていた読書への従事が完全に失われたのではなく、基底的には継続しており、会話への参与が一時的（しかしながらその時点では優先的）であることが、姿勢から理解可能になる（Schegloff 1998）。

　その場にいる人が全員見ることのできる、黒板やホワイトボードなどと進行中の活動との関係を分析する際（e.g. 本書4章）にも、関与配分の概念は役に立つ。たとえば、会議中に司会がホワイトボードに近づいたり離れたりすることは、司会の気まぐれで生じているのではない。それは議論を構成する発話の産出や、発話を通じて行われる提案を書き込むという司会としての活動と関連して行われる

動きであり、書き込むことや一度書かれたものを後から書き直すこともまた、議論の進行に感応的な形で組み立てられる（Mondada 2011）。

## 5. マルチモダリティのさらなる広がり

　Goffman の知見をもとにした研究はほかにもあり、いずれも発話が身体や環境、さらにはそれらを利用して遂行されうる活動との関係において分析されている。たとえば、相互行為の進行と感情表出の関係性を分析する研究（Peräkylä & Sorjonen 2012）、複数の相互行為への参与や活動への関与をどう管理するかを分析するマルチアクティビティ研究（Haddington, Keisanen, Mondada & Nevile 2014）や、身の回りの道具などの物質的資源が相互行為上どのようなはたらきをもつのかを分析する研究（Nevile, Haddington, Heinemann & Rauniomaa 2014）が盛んに行われている。近年では可聴的 audible・可視的 visible 資源だけではなく、それ以外の五感（嗅覚、味覚、触覚）を通じて得られる資源をも利用した相互行為的・間主観的組織化の探究へとマルチモダリティを拡大させたマルチセンソリアリティという流れも生じてきている（Mondada 2019）。

## 【文献】

Goffman, E., 1963, *Behavior in Public Places*, New York: Free Press.（= 1980 丸木恵佑・本名信行訳『集まりの構造』誠信書房.）

————, E., 1981, *Forms of Talk*, Pennsylvania: University of Pennsylvania Press.

Goodwin, C., 1980, "Restarts, Pauses, and the Achievement of a State of Mutual Gaze at Turn-Beginning," *Sociological Inquiry*, 50: 272-302.

————, C., 1981, *Conversational Organization: Interaction between Speakers and Hearers*, New York: Academic Press.

————, C., 1986, "Gesture as a Resource for the Organization of Mutual Orientation," *Semiotica*, 62(1/2): 29-49.

————, C., 2007, "Participation, Stance and Affect in the Organization of Activities," *Discourse and Society*, 18(1): 53-73.

Goodwin, C. & M. H. Goodwin, 2004, "Participation," A, Duranti, ed., *A Companion to Linguistic Anthropology*, Oxford: Basil Blackwell, 222-243.

Goodwin, M. H., 2006, "Participation, Affect, and Trajectory in Family Directive/Response Sequences," *Text and Talk*, 26 (4/5): 513-542.

Haddington, P., T. Keisanen, L. Mondada & M. Nevile, eds., 2014, *Multiactivity in Social Interaction: Beyond Multitasking*, John Benjamins.

Hayashi, M., 2005, "Joint Turn Construction through Language and the Body: Notes on Embodiment in Coordinated Participation in Situated Activities," *Semiotica*, 156(1/4): 21-53.

Heath, C., 1986, *Body Movement and Speech in Medical Interaction*, Cambridge: Cambridge University Press.

平本毅，2015,「会話分析の『トピック』としてのゴフマン社会学」中河伸俊・渡辺克典編『触発するゴフマン——やりとりの秩序の社会学』新曜社，104-129.

城綾実，2018,「相互行為における身体・物質・環境」平本毅・横森大輔・増田将伸・戸江哲理・城綾実編『会話分析の広がり』ひつじ書房, 97-126.

Kita, S. ed., 2003, *Pointing: Where Language, Culture and Cognition Meet*, New Jersey: Lawrence Erlbaum Associates.

Mondada, L., 2007, "Multimodal Resources for Turn-taking: Pointing and the Emergence of Possible Next Speakers," *Discourse Studies*, 9(2): 194-225.

————, L., 2011, "The Interactional Production of Multiple Spatialities within a Participatory Democracy Meeting," *Social Semiotics*, 21(2): 289-316.

————, L., 2019, "Contemporary Issues in Conversation Analysis: Embodiment and Materiality, Multimodality and Multisensoriality in Social Interaction," *Journal of Pragmatics*, 145: 47-62.

Nevile, M., P. Haddington, T. Heinemann & M. Rauniomaa, eds., 2014, *Interacting with Objects: Language, Materiality, and Social Activity*, John Benjamins Publishing Company.

西阪仰，1992,「参与フレームの身体的組織化」『社会学評論』43(1): 58-73.

————, 2001,「相互行為空間」『心と行為——エスノメソドロジーの視点』岩波書店, 25-58.

————, 2008,『分散する身体——エスノメソドロジー的相互行為分析の展開』勁草書房.

Peräkylä A. & M. L. Sorjonen, eds., 2012, *Emotion in Interaction*, Oxford: Oxford University Press.

Sacks, H., E. A. Schegloff, & G. Jefferson, 1974, "A Simplest Systematics for the Organization of Turn-Taking in Conversation," *Language*, 50(4): 696-735.（= 2010 西阪仰訳「会話のための順番交替の組織——最も単純な体系的記述」『会話分析基本論集——順番交替と修復の組織』世界思想社, 7-153.)

Schegloff, E. A., 1998, "Body Torque," *Social Research*, 65(3): 535-596.

Sidnell, J, 2006, "Coordinating Gesture, Talk, and Gaze in Reenactments," *Research on Language and Social Interaction*, 39(4): 377-409.

Stivers, T. & J. Sidnell, 2005, "Introduction: Multimodal Interaction," *Semiotica*, 156(1/4): 1-20.

Streeck, J., 1988, "The Significance of Gesture: How it is Established," *IPrA Papers in Pragmatics*, 2: 60-83.

安井永子・杉浦秀行，2019,「相互行為における指さし——ジェスチャー研究、会話分析研究による成果」安井永子・杉浦秀行・高梨克也編『指さしと相互行為』ひつじ書房, 3-34

# 授業の相互行為におけるマルチモダリティ

齊藤和貴

　4章解説「相互行為におけるマルチモダリティ」にあったように、人は発話という表現手段だけで他者と相互行為をしているわけではない。話し手も聞き手も、視線、ジェスチャーなど複数の感覚様式を用いて相互行為をしている（西阪 2008）。相互行為は言葉にだけ頼って成り立っているものではない。そこに、マルチモダリティに注目する意味がある。

　このことは、当然授業という場面においても該当する。教師と児童生徒間の、あるいは児童生徒同士の相互行為についても、発話だけでなく視線や表情、ジェスチャー、その場を構成する道具や機器などの環境にまで分析対象を広げることによって、これまでに見過ごされてきた相互行為論的な特徴に気づくことができる。笹原は授業の中の相互行為の見えにくさを自覚し、「一見すると授業と関係なく、意味がないように見える行動も含め、『していること』をあるがままに捉える」ために、「音声言語だけではなく、視線や表情、声のトーンや発話のテンポ、身振り等もあわせて捉える」（笹原 2019: 64-70）ことの必要性を強調している。発話だけでなく、何気ない身体の在り方などにも注目することで、相互行為のデザインや行為の意味、児童生徒らの生きる世界をより豊かに捉えることができる。

　2章森論文の「事例2：時計の読みかた［算数］」を見てみよう。この事例で森は、発問構築技法の観点から会話データを分析しているが、ここでは、論文の中の写真で示されているように、教具としての時計と教師の身体の在り方に注目したい。すなわち、01行目から03行目の教師の発話は、この時計の模型を用いる教師の実践の中で組み立てられているのである。01行目の「あと5分で5時ってことは：：」という発話のときには、まさに4時55分を示した時計の文字盤が児童の方に示されている。「あと5分で5時ってことは：：」という発話は、まさにこの文字盤との対応関係の中で示されることによって意味をもつ。そのタイミングは早すぎても遅すぎてもいけない。適切なタイミングで提示さ

れる必要がある。しかも、写真で示されているように文字盤は児童の方に向けられ、教師の身体の前方でなおかつ上方に配置されている。こうしたデザインは、教室内のすべての児童が文字盤を見やすくするためになされているのであり、さらに文字盤を見て具体的に考えることを促すためになされているのである。それによって、発問の難易度を調整する工夫が行われていることが分かる。つまり、相互行為の中で教師の発話と身体と道具は連接して授業が実践されているのであって、発話だけで成り立っているものではないことを見て取ることができる。こうした教師の微細な配慮を、マルチモダリティの観点から捉えることで浮き彫りにすることができる。

　また、3章下村・五十嵐論文における4節の「断片1」を見てみよう。ここでの教師は、ケイコちゃんの行為の様子を身振りを入れて説明している。16行目から17行目の教師は、ケイコちゃんの様子を、実際に手の甲を目に当てながら鼻をすするというジェスチャーで表現してから、それ〔＝ジェスチャーによる様子の表現〕を打ち消している。そして、「わ：：：」と発話しながら顔をしかめて左右に振るという動作をしている。ケイコちゃんの動作を言葉で説明していたら、おそらくその説明は冗長になるであろう。ジェスチャーの方がケイコちゃんの様子の再現性が高くなり、小学校1年生にとってはケイコちゃんの面白さを直感的に理解することができるようになる。

　そして、このときに興味深いのは、発話とジェスチャーの接続のあり方が異なっているということである。つまり、前半は目に手の甲を当て鼻をすするというステレオタイプ的な「泣く」という行為のジェスチャーの後に、「じゃなくて」という教師の発話が連接して、一つの表現を形作って説明している。それに対して、後半は「わ：：：」という発話と顔をしかめて左右に振るというジェスチャーが同時に行われ、ケイコちゃんの実際の姿が再現されている。それによって、自分の思い通りに行かないときのケイコちゃんの「わ：：：」という発話とジェスチャーが引用され、感情の表出を強調しているのである。そして実際、18行目に示されるように、1年生の児童の興味・関心を誘い笑いを引き出すことに成功している。

　森論文と下村・五十嵐論文は、相互行為におけるマルチモダリティを分析することに主眼を置いてはいない。しかし、どちらの事例からも、

マルチモダリティに着目することによって、教師と児童の相互行為における新たな側面を見出すことができることが分かる。

　この点、4章齊藤論文や6章團論文では、一斉授業における教師や児童の相互行為やペアによる鑑賞活動を、マルチモダリティに着目して詳しく分析している。

　齊藤論文では、教師の発話のみならず、身体の向きや立ち位置、指差しや視線など、多様な視点に焦点を当てて分析を行っている。たとえば、実際に教師が、身体の向きを黒板と児童の間で細かく変えたり（断片3）、黒板を指さしながら「これで」「ここは」「ここが」と問いかけたりしている（断片5）場面があった。ふだん何気なくやっている授業の導入部での前時の振り返りだが、ビデオデータを見てみると、黒板という環境を、発話だけでなく指差しや身体配置などと連接させながら、問いを組み立てていることがわかる。そこでの発話や身体動作のタイミングの一つ一つが合理的に組み立てられていることが分かるだろう。そうした私たちがふだん何気なくやっている理に適ったやり方は、案外気づかれていないのだ。教師は、児童の知識を引き出し教える前に、児童に発問＝問いかけ自体を理解させる必要がある。そのためには、児童との相互行為が円滑になるように発問をデザインしなければならない。授業実践をする教師にとって、発問と自らの身体や黒板などの環境との関係に配慮することは特別なことではなく、むしろ当たり前のことなのである。

　團論文は、児童間の相互行為をマルチモダリティの観点から分析している。ここでは、発話と道具との関係が、作品について語り合う児童の相互行為を支えていることがよく分かる。「断片4」でも齊藤論文の事例と同様に、花子は自分が作った「わりばしでっぽう」の的をカナに説明するときに、「ここ」「こうやって」といった指示語を多用している。カナも「ここにこういうふうにあてて　ここにあたったら、この　す-千点なの？」（44行目）と指示語を多用して応答している。それでも、花子とカナの会話は問題なく進行していた。なぜなら、花子が作った的がその場にあって、その的と発話が関連付けられながら会話が進行していたからである。39行目では、花子が「こうやって」と発話するとき、的についている紙コップを実際に引っ張ることによって、カナが後ろ側を見やすくなるようにしていた。ここでの学習課題は、互いに作った的

を説明し合うことにあったため、的を見せながら説明することが理に適った方法である。花子が見せたい場所は、まさに移動された紙コップの一部であり、「ここ」としてカナの前に開示されることになる。そのことを理解するカナも花子の右側から左側へと回り込み、花子が示し説明したい紙コップの後ろ側が見える位置へと適切に移動している。このようにして、花子はカナの視線を誘い込み、関心を引き出しており、そして二人は協働的に学習課題を達成できるように行為しているのである。

　上のような事例は、けっして特殊なものではない。学校現場や授業場面では、いたるところで見出すことができる。たとえば、教師が次の発話者を指名するときに、児童の名前を具体的に呼ばずに、視線を向け軽く頷くことも珍しくない。また、児童を叱るときに「だめっ」と言いながらあごを引き、目を細めてしかめっ面の表情をしてみせることもある。あるいは、児童の挙手を促す際に、児童がやるように腕を軽く上げて挙手をする身振りをしながら発問をすること（8章齊藤・鈴木・五十嵐論文における3節の断片1の01-02 T）や、挙手している児童に手を差し出したり指さしたりしながら指名すること（8章における3節齊藤・鈴木・五十嵐論文の断片4の21 T）もある。このように、思い返してみると、容易に見つけることができるであろう。

　齊藤論文の黒板や心情曲線であれ、森論文の時計の模型や團論文の「わりばしでっぽう」の的であれ、そこには相互行為に利用される道具が存在していた。そして、発話と視線や表情、身振り、その場を構成する道具や機器などが関連付けられることによって新たな構造が生まれていた。このことからは、教師と児童が互いの志向を管理しながらやりとりに参加していたことが分かる。

　多忙化の激しい学校現場では、このような詳細な振る舞いにまで目を向けて、日々の授業実践を振り返り、理解しようとすることは難しい。研究授業のあとの授業協議会でも、こうした教師の活動自体というよりも、教師の発問や教材などの適切性や有効性が議論される。学校現場では、指導技術や教え方への関心が高い。

　しかし、ビデオデータを事後的に観察・分析することによって、通常では気づかないような表情や身体動作、身体の空間配置などにも関心を向けることが可能になる。すると、授業は発問や教材だけではなく、教

師と児童生徒のマルチモーダルな組み立てによって支えられ成り立っていることにあらためて気づくことができる。そもそも発問や教材が有効に機能するのは、その背後で教師と児童生徒のやりとりが適切に作動しているからである。マルチモダリティに注目することは、教師や児童生徒の活動を根底で支える技術を明らかにすることを意味する。このことは、教師としての専門性や職能を支える気づかれていない領域であり、その点を明らかにすることで、相互行為への省察の感度を高め、授業における教師のコミュニケーション能力を育成することへとつながるであろう。

【文献】

西阪仰, 2008,『分散する身体——エスノメソドロジー的相互行為分析の展開』勁草書房.

笹原未来, 2019,「見えにくい世界——時間・空間・声」木村優・岸野麻衣編『授業研究——実践を変え、理論を革新する』新曜社, 64-70.

# *Part2*
# 生徒の学びを読み解く

　本 Part では、児童生徒による主体的な学習活動の相互行為に焦点を当てながら、そこでどのような学びが生まれているのかを事例を通じて示していきます。

# ―5章―

# ペアで学習活動する
## ――修復・修正を通じた英文法の習得

巽　洋子・五十嵐 素子

## 1. 修復・修正とその実行を通じた学習の実際

　本章では、中学校での英語の授業におけるペア活動を事例に、修復（repair）・修正（correction）の開始や実行（詳しくは5章解説「日常会話における修復・修正」・コラム「授業会話の修復・修正」参照）に着目することで、生徒らがペア活動の相互行為を通じて、どのように英文法を学んでいるのかを明らかにする。

　会話における「修復」は会話上のトラブルを解決するために開始されるものであり、本章ではこの「修復」の一つである「修正」に着目する。

　「修正」は、教師が主導する授業に特徴的な現象であるとされ、授業会話研究においてトピックになってきた（McHoul 1990; Macbeth 2004; Seedhouse 2004など）。そこでは「修正」は、正しい知識を教え・学ぶという課題を志向して、教師から生徒の「誤り」に対して開始されることが指摘されてきている。

　ところが、中学校の英語の授業において、生徒同士のペア活動を検討したところ、生徒自らが英文法に焦点をあてた修復・修正を開始したり、他の生徒から開始されたりすることが見られた。そして生徒らが、修復・修正された「正しい」英文法を使うことに配慮して活動することで、英文法の習得や熟達がなされる過程が見られた。他方で、生徒らが正しい英文法を使うことを必ずしも志向しないケースもあり、そこでは、誤りがあっても修復の実行をせず、当該の活動のゴールを優先していく様子が見られた。

　具体的な分析の結論を先に述べれば、このような過程で英文法の熟達が見られた事例では、ペア同士が文法の誤りに敏感であり、さらに、間違いを指摘する側の生徒からの修正が、間違えて発言した生徒が正しい英文法を用いやすいような形で行われていた。また、間違えた本人が誤りを修正できるように配慮しながら行われてもいた。こうしたことがなされることで、間違えた生徒の文法上の誤り

が指摘され、文法的に正しい知識が提供されるだけでなく、間違えた生徒がペアで会話を進める中で、正しい文法的知識を活用しやすくなっていたのである。

　熟達が見られた事例では、このようなペア活動ならではの学びの経験が生まれていることが明らかになった。

　他方、熟達が見られなかった事例では、英文法を習得するよりも、アクティビティのゴールを急ぐ方へ志向が向けられていた。こうしたことから、ペア活動では、学習者の学習環境の質は、ペアの相互行為のあり方に左右されることが示唆されたのである。ペア活動は、生徒同士に進め方が任されるだけに、教師はそのやりとりのあり方に、より注意を払う必要が出てくると思われる。

## 2．英文法の習得のためのペアによる言語活動

　本章で検討する授業は、X 中学校の 1 年生の英語の授業である。なかでも、現在進行形の文型を用いて、ペアで質問し合いながら、課されたタスクを達成していく言語活動を取り上げる。

　「言語活動」とは、平成 22（2010）年の指導要領改訂において「生きる力」をはぐくむために取り入れることが重視された、「話す」「聞く」「読む」「書く」という活動のいずれかを含む学習活動である。特にここでは、英文法を実際のコミュニケーション場面で活用することをねらいとして設定されている。

　こうした活動が行われる背景には、近年の英語教育では講義形式ではなく言語活動を中心とした授業へと改善を図る動きが進められてきたことがある。これ[1]は、文法事項の指導においても同様であり、『中学校学習指導要領解説──外国語編』（文部科学省 2008）では、「文法」を、コミュニケーションを支えるものとしてとらえ、文法指導と言語活動を一体的に行うようにと促している。さらに、令和 3（2021）年度から全面実施された、外国語の中学校学習指導要領（平成 29年告示）における「第 2 節　英語の、2 内容〔知識及び技能〕(1) 英語の特徴やきまりに関する事項」において、「実際に英語を用いた言語活動を通して（中略）言語材料と言語活動とを効果的に関連付け、実際のコミュニケーションにおいて活用できる技能を身に付けることができるよう指導する」という文言が加筆された。

---

[1]　例えば、文部科学省は 2011 年に「国際共通語としての英語力向上のための 5 つの提言と具体的施策」の中で、コミュニケーション能力を育成するために、講義形式の授業から生徒の言語活動を中心とした授業へと改善を図る必要があると提言した。

英語教育においては従来から、「読む」「書く」「話す」「聞く」という四技能を使うことが必須だとされている。だが、日本は日常的に外国語を使用する機会が少ない環境であるため、教師が意図的に、学習者が四技能を用いることができる活動を授業に取り入れ、新しい学習事項の定着を図るためのアウトプットの場としての言語活動を設定する必要がある。このため本授業では、担当教師が文型説明（1時間目）、リスニング・書く活動（2時間目）、書いたものを発表する活動（3時間目）といった、各技能を含む言語活動を積み重ねていく。そして4時間目で生徒同士がペアになって質問し合いながら新規文型を活用できる授業計画となっている（なお、後述するがこのペア活動内でも四技能が活用される）（表1）。

4時間目にペア活動が取り入れられているのは、教師が生徒を当てながら質問していくよりも、生徒同士が質問し合うほうが、英語文型を使用する経験を得る点で効率が良いからである。また長期的に見て、生徒たちが英語を使って主体的に課題解決ができるようになってほしいというねらいもあった。

## 3. 生徒同士の学習活動における修復・修正への着目の意義

さてこのようなペア活動を分析するにあたって、以下では会話分析の視点を用いて、生徒同士の修復・修正のやりとりに着目していきたい。

分析の目的の一つは、修復・修正と学習プロセスとの関係を明らかにすることにある。本授業は、第二言語習得研究（Second Language Acquisition、以下 SLA 研究）の潮流からみると、コミュニカティブ言語教授法におけるタスク中心教授法の影響を受けている[2]。こうした教授法を支えている理論的見方の一つは、相互行為が学習者にとって重要な学習環境を提供しているとするものだ。学習者が対話をする中で、意味が分からない言葉等に対し明確化の要求（clarification check）や確認チェック（confirmation check）をすれば、学習者に理解できる形へと修正されたイ

---

[2] コミュニカティブ言語教授法とは、学習者主導のアプローチであり、生徒により包括的な「コミュニケーション能力」を獲得させることを目的とする教授法である（和泉 2009: 50-51）。タスク中心教授方法とはタスク（特定の目的を達成するために行う活動）を使って外国語学習を促進しようとする教育法であり、この方法では、学習者はタスクの遂行者として他の学習者や教師と相互交流する中で言語を習得していくとされる（和泉 2009: 89-90）。本事例のペア活動は和泉（2009: 91）に照らせば、現実世界とのつながりを密接に持つとはいえない点で、タスクというよりはエクササイズに近いものである。もっとも、この授業では、中学校1年の英語学習を始めたばかりの生徒らに対してタスクを行わせるのは現実的ではないため、最終的にタスクをできるようになるための準備段階に位置づけられるものとしてこのようなペア活動を行わせているといえる。実際に、年度末の授業で生徒らは英語劇を作成するというタスクに取り組むことができていた。

ンプットを話し手から得ることができる。反対に、学習者がアウトプットをした
ときに、明確化の要求や確認チェックがなされれば、自分のアウトプットをより
正確で理解可能なものに修正するように努めることになる。特に、アウトプット
において相手からのフィードバック等から得た文法の誤りなどに対する気付き
（noticing）は、文法の正確さを伸ばすと考えられてもいる（和泉 2009: 87,107-8）。
このような SLA 研究の潮流では、会話分析の修復・修正の考え方を借りて、ア
ウトプットの修正は、他者修復よりも自己修復の結果として起こるほうが多いな
ど、修正が生じる状況を探る研究も生じている（Ortega 2013: 68; Shehadeh 2001）。

　だが、日本における外国語（英語）の授業における生徒同士の相互行為を分析
した研究は多くなく、なかでも生徒同士がどのように誤りに対する気付きの経験
を得て、それが言語習得や熟達につながっているのかについてはほとんど検討さ
れていない。

　本章で扱う事例は、英文法の活用場面であり、修復の開始の中でも文法の誤り
への気付きの表明とみなせるものを抽出した。それによって、生徒同士の相互行
為において、言語使用の誤りへの気付きがいかに生まれ、それがいかに修正され
ることで、その後の言語習得や熟達につながっているのかを明らかにすることが
できると考える。

　二つ目の目的は、こうした気付きによる習得や熟達の機会が得られる状況や要
因を探ることにある。ペア活動自体は、6 章の生活科の事例におけるように、
様々な教科において、アクティブラーニングの一つの実践形式として取り入れら
れている。しかし、こうした生徒同士の活動で知識・技能を活用して課題解決が
なされるためには、主体的な学びのプロセスが不可欠だとされている。

　主体的な学びのプロセスとは、この授業のペア活動の場合でいえば、生徒らが
自分自身やペアとなる相手の発言における、文法上の「誤り」に敏感になり、そ
の誤りを修正しようとすることである。だが、実際には、第二言語習得の研究で
議論になっているように（和泉 2009: 87）、生徒同士が誤った英文法を使ったまま、
互いに指摘することなく会話をし続ける状況が生じている。そこで、どのように
生徒同士が修正・修復をしているのかを検討することによって、言語活動として
のペア学習における生徒の主体性のありかたや、それが可能になる状況や要因を
探り、習得や熟達の機会を増やす手がかりを得たいと考えている。

　また、このように学習者の言語活動における修復・修正の様子を観察し分析す
ることは、英語学習における相互行為がいかなる学習環境であるのかを明らかに
し、教師が授業でどのように学習者を支援していけば良いのかを考えることにも

役に立つと考えられる。

## 4．事例の概要：中学 1 年生の英語の授業から

### 4.1．単元と当該の授業の位置づけ

　本章で取り上げるのは、X 中学校 1 年 A 組の「現在進行形」について学習する授業である。当該クラスにおける現在進行形の学習計画は以下の表 1 の 6 時間であり、検討するのは第 4 時間目の授業である。

表 1　単元における当該の授業の位置づけ

・1 時間目　「現在進行形」という概念の導入、現在形との違い、基本文型
・2 時間目　リスニング、動詞 ing 形の作り方、書く練習（時制書換え・英訳）
・3 時間目　アウトプット活動（実際に今進行していることを考えて発表する）
→4 時間目　インフォメーションギャップを用いたアクティビティ、疑問詞文型

・5 時間目　教科書本文の意味内容、音読、練習問題、リスニング
・6 時間目　文法復習、リスニング、ディクテーション

　4 時間目では、生徒が「現在進行形」をどういう状況で使用するのかを理解し、英文の構造を一通り学んだ後に、実際に現在進行形の疑問詞文型を使ってコミュニケーションを取るための話す・聞く練習がなされる。それがこの授業の位置づけとなる。

### 4.2．インフォメーションギャップを用いた言語活動の概要

　この授業では、現在進行形を使った会話の練習として、インフォメーションギャップを用いたペアによる言語活動を実施している。ペアの 2 人はそれぞれ異なる情報が記されたワークシートを持っており、お互いが絵の中の男子、女子についての質問を重ねることで相手が持っている情報（子どもの名前）を引き出していく（図 1）。

図1　机の配置を変えてペア活動する生徒の様子

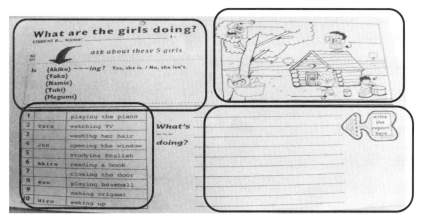

図2　ワークシートの構造（ワークシートA）

What are the girls doing?
　　　　　　　ask about these 5 girls

Is [Akiko]~~~ing?　Yes, she is. / No, she isn't.
　[Ｙｏｋｏ]
　[Ｎａｍｉｅ]
　[Ｙｕｋｉ]
　[Ｍｅｇｕｍｉ]

| 1 |  | playing the piano |
|---|---|---|
| 2 | Taro | watching TV |
| 3 |  | washing her hair |
| 4 | Jun | opening the window |
| 5 |  | studying English |
| 6 | Akira | reading a book |
| 7 |  | closing the door |
| 8 | Ken | playing baseball |
| 9 |  | making origami |
| 10 | Hiro | waking up |

図3　ワークシートAの英文

What are the boys doing?
　　　　　　　ask about these 5 boys

Is [Hiro]~~~ing?　Yes, he is. / No, he isn't.
　[Ｊｕｎ]
　[Ｋｅｎ]
　[Ｔａｒｏ]
　[Ａｋｉｒａ]

| 1 | Megumi | playing the piano |
|---|---|---|
| 2 |  | watching TV |
| 3 | Akiko | washing her hair |
| 4 |  | opening the window |
| 5 | Yuki | studying English |
| 6 |  | reading a book |
| 7 | Namie | closing the door |
| 8 |  | playing baseball |
| 9 | Yoko | making origami |
| 10 |  | waking up |

図4　ワークシートBの英文

図5　ワークシート A の女子の絵

図6　ワークシート B の男子の絵

　ペアで会話することがこの活動の遂行の前提であり、同じ文型の英文を繰り返し用いることで現在進行形の疑問文の定着を図っている。

　図2は生徒に配布されたワークシート A であり、座席が右列の生徒はワークシート A を、左列の生徒はワークシート B を持ってペアを組む。ワークシート A には男子5名の名前・動作と女子5名の絵が印刷されており、ワークシート B には女子5名の名前・動作と男子5名の絵が印刷されている。また、ワークシートの左上には質問の仕方－答え方の例文が記載されており、ペアを組んだ相手が持っているワークシートの絵の中の子どもたちの名前も示されている（図3、図4）。

　アクティビティのタスクは、自分の持っているワークシートに描かれた絵の中の子どもがそれぞれ誰なのかを、左上に書かれた名前の候補と、現在進行形の構文例（左下の名前が空欄になっている部分の文章、例えば図3の表の1番、3番など）を使いながら、ペアに質問しながら当てていくことであり、その正答はペアとなった相手のワークシートの左下の表（例えば図4の表の1番、3番など）に記されている。具体的には、ワークシート A を持っている生徒が、絵の左下（図5左下）の髪の毛を洗っている女子の名前が知りたい場合、「Is Akiko washing her hair?」、「Is Yoko washing her hair?」と質問を重ねていき「Yes」という回答を得られたらその子の名前が分かる、という流れである。

現在進行形の疑問形の英文をたくさんアウトプットして文法の定着を狙うことが活動の目的であるため、疑問詞を用いて直接子どもの名前を聞く「Who is washing her hair?」という形式の質問は、活動の終盤まで使用できないルールである。ワークシート右上の絵のすべての子どもの名前が判明したら、ワークシート右下の罫線上に、「Akiko is washing her hair.」などと肯定文の英文を書いていく。現在進行形で「話す」・「聞く」練習を重ねて、最後に「書く」活動が配置されている。

図7　ワークシート右下に肯定文を書く生徒

## 5．事例の分析

### 5.1．生徒が自ら文法の誤りに気付き、その後間違わずに活用できた事例

　ペア活動を行う中で、修復によって生徒の文法事項の習得が促されたと評価できる事例を2つ紹介しよう（以下、生徒の名前はすべて仮名である）。

　1つは、佐藤さんが、現在進行形の疑問文の答え方が「Yes, he is.」と「Yes, he does.」のどちらなのか疑問を抱き、ペア相手の松木さんに正しい答え方を教えてもらった事例である。佐藤さんはアウトプットしようとして初めて自分の知識が曖昧なことに気付き、松木さんに教えてもらうことで疑問が解決した。疑問の解消後は誤った文法を用いないように、意識しながらペア活動に臨んでいた。

　2つ目は、矢口さんがペアの逸見さんから誤りを指摘され、その後は正しい文

法で話そうと注意するようになる事例である。現在進行形の疑問文は「Is Ken opening the window?」というように be 動詞を主語の前に出さないといけないが、「Ken」から文を始めてしまう矢口さんに、逸見さんは「Is Ken」と指摘した。

　どちらの事例でも、アウトプットすることで初めて誤りの可能性が発覚している。そしてペアの応答で、それが誤りとして捉えられ、正しい文法を活用する経験を得ることにつながっている。

　では以下でそれぞれについて見ていこう。

　なお以下のトランスクリプトでは、分析に関わらない箇所を省略して角括弧内に状況の説明として記した。また、生徒が英語を話している部分の書き起こしは、生徒らが参照している例文との対応関係を示すために、会話分析の標準的な表記法とは異なるやり方にした。肯定文にはピリオド、疑問文には疑問符、質問の回答 Yes/No の後にはコンマを付し、そして日本語、英語を問わず語尾が上がっている場合には音の上がる語の後ろに（通常は前）「↑」記号を付している。

## ［事例1］ 誤りに自分で気付き、相手ペアに教えてもらって修正する事例

　最初の事例（断片1、断片2）は佐藤さんと松木さんのやりとりだ。

　教師はペア活動を導入する前に「『Is Hiro playing baseball?』ね。『Yes, he is.』、『No, he is not.』。また『Megumi』『Is Megumi 何何 ing?』だったら、『Yes, she is.』『No, she is not.』そういう風に答えます。」とゲームの進め方を口頭説明している。この時は教師による口頭説明のみがなされ、全体で質問−応答の練習は行わなかった。このため、生徒にとって、現在進行形の疑問文に答える経験は、このペア活動が初めてであった。

　以下の断片1は、活動の開始直後の場面である。09 行目と 23 行目の佐藤さんは、教師の口頭説明だけでは分らなかったのか、「doesn't/does」と答えるべきか「isn't/is」と答えるべきかで混乱し、松木さんに応答の仕方を尋ね（24 行目）、松木さんの発言（32 行目）で佐藤さんの疑問が解消される様子が観察された。

**（断片１：自分の文法の誤りに気付き、松木さんに教えてもらう佐藤さん）**

注）佐藤さんがシートＡを、松木さんがシートＢを用いて、交替しながら順番に質問し合っている。

01　佐藤：Is Yoko Is え：(0.4) Is Yoko (.) ん：：【ワークシートを見る】

02　(2.0)：studying English? ↑【文末で顔を上げる】

03　松木：No, she isn't.【自分のワークシートを見る】

[04-06　：ペア活動の順番交代を確認し合う]

07　松木：Is Taro (2.0) reading a book? ↑

08　佐藤：No, (0.2) he doesn't.

09　佐藤：(2.0) ん：doesn't じゃいけなかったっけ

10　佐藤：ん：：っと Is (0.4) Is Is Is (.) Is Yuki え：Is Yuki (0.2)

11　佐藤：studying English? ↑【文末で顔を上げる】

12　松木：Yes, she is.

[13-17　：佐藤さんはインフォメーションギャップが埋まったことを喜び、
　　　　　　ワークシートに得た情報を記入する]

18　松木：Is Ken

19　佐藤：Is Ken (1.0) ＜ Is Ken ↑【顔を上げ笑顔になる】

20　松木：playing baseball? ↑

[21-22　：野球をしている子どもを Ken だと予想した理由を尋ねるやりとり]

23　佐藤：え：じゃ：(0.4) Yes (0.2) he ダ【顔を上げる】

→24　佐藤：does ↑ちがうよね↑【首をかしげて言った後、松木さんを見る】

25　松木：(1.0)【ワークシートを見ている】

26　佐藤：聞いてよ【笑いながら】

27　松木：hhh【顔を上げて笑う】

→28　佐藤：does だっけ↑

29　松木：【肩をふるわせて笑う】

→30　佐藤：does だっけ is だっけ (.) どっち↑

→31　佐藤：does だよね↑

→32　松木：he is

33　佐藤：he is【松木さんを見て二度頷く】

34　松木：【佐藤さんを見て頷いた後、ワークシートを見る】

佐藤さんは、松木さんからの質問（07行目）に文法的に間違えていったん回答した（08行目）が、「ん：doesn't じゃいけなかったっけ」という松木さんへの確

認として自己修復の開始を行った（09行目）。だが、松木さんが答えなかったからか、そのまま、質問者として松木さんに質問をしていく（10行目）。そしてまた18行目で松木さんに質問されて回答する側になると、「does」と言いかけて（23行目）、自己修復の開始「does↑ちがうよね↑【首をかしげて言った後、松木さんを見る】」を行った（24行目）。ここでの佐藤さんは「does」の正誤にこだわっており、正しい文法を使って話そうと取り組んでいるように見える。

　他方、松木さんは正しい文法を知っており、問題なく使っている（03、12行目）が、佐藤さんの間違いを他者修正しようとはせず（25行目）、修正の実施を求められても実施せずに笑っている（27、29行目）。

　他の場面のデータでは、松木さんは周囲から質問を受けるといつも真面目に親切に答えていた。ここでは、「Yes, he is. ／ No, he isn't.」という答え方がワークシートに始めから印字されており、松木さん自身もワークシートを見ながら回答していた（03行目）。また佐藤さんが回答の仕方で迷った後にも、松木さんは12行目で、質問にisで回答しているので、佐藤さんの疑問に実質上遂行的に答えていることにもなる。また24行目の佐藤さんの質問に対して、ワークシートに視線を向けることでその答えを伝えようとしている（25行目）。こうした松木さんの振る舞いに佐藤さんが気付いていないため、松木さんは笑ってしばらく答えなかったのだと考えられる。

　このため28行目で「doesだっけ」と言っていた佐藤さんは、30行目で「doesだっけ？isだっけ？どっち？」と修正候補を挙げて松木さんに質問する。ここで松木さんには、佐藤さんが「does」か「is」のどちらを用いるのかを迷っているということが明確になった。佐藤さんの「doesだよね？」という修正の求め（31行目）から、ここでの佐藤さんが自信はないけれど「does」だと思っている様子がうかがえる。

　そこで松木さんが「he is」と修正を行う（32行目）。松木さんは二択で聞かれたわけなので、単に「is」という返答をしても良かったわけなのだが、そうはしなかった。また、佐藤さんの用いているワークシート上部には「Yes, she is. ／ No, she isn't.」と答え方の例文が印字されているのだが、主語をheとして返答している。つまり、ここでの松木さんは自分が佐藤さんに尋ねた「Is Ken playing baseball?」（18、20行目）の答え方になるようにデザインして、佐藤さんに教えてあげている。現在進行形の疑問文の答え方を教えてあげるのと同時に、「Is Ken playing baseball?」という質問に佐藤さんがフルセンテンスで答えられるように、佐藤さんによる返答の「Yes」（23行目）に続けて「he is.」（32行目）と発言

しているのだ。

　佐藤さんはその後「he is」と頷きながら繰り返した（33行目）。

　そしてこの佐藤の発言は、23行目の「Yes」に続くものである。こうして、佐藤は、松木の18、20行目の質問に対して「Yes, he is」と回答することができたのであった。

　注目したいことは、ペア相手である松木さんによる修正が、学習者である佐藤さんがそのまま回答として活用しやすいように行われているということだ。ここでの佐藤さんは「Yes, he is」と回答することが望ましい状況である。松木さんは、「does じゃないよ is だよ」と教えることもできたはずだが、あえて「he is」という形で修正しているのである。

　ここでの学びの質は、個々人で正しい英文を読み上げるような、反復学習とは質的に大きく異なることがわかる。ここでは、文法事項のいわゆる「インプット」にあたるものが、学習者に活用されやすく提供されており、それは、ペア活動だからこそなされているのだ。このような学び方は、学習事項のその後の定着にも関わってくる可能性がある。

　実際、断片1で現在進行形の疑問文の応答の答え方を理解した佐藤さんは、疑問解消後は、誤った文法を用いないように意識しながらペア活動に臨んでいくことになる。次の断片2は、断片1の続きである。

**（断片2：佐藤さんによる誤った文法の自己修正）**
断片1の続き
[35-40　　：佐藤さんが質問をして松木さんが回答する]
41　松木：Is Jun
42　佐藤：はい
43　松木：reading（0.2）a book? ↑
→44　佐藤：No（0.6）【顔を上げる】No, he isn't.
[45　　　：松木さんが首をかしげる]
46　佐藤：え：っとね Namie Namie【首を左右に振る】
47　佐藤：Is Namie（1.0）playing the piano? ↑
48　松木：い：Yes【ワークシート上の該当部分を目で探しながら言う】
[49-51　　：ワークシートを記入する、ワークシートに書いた文字を書き直す]
52　松木：Is Taro reading a book?
→53　佐藤：え：No, he does（0.2）あ（0.2）isn't.

180

54　佐藤：ん：と Is Is Is Akiko クロ：closing ↑ closing だよね↑

（55　　：closing の発音を確認する）

56　佐藤：closing the door? ↑

57　松木：No.

[58-66　：ピアノを弾く子は Namie ではなかったことに松木さんが気付き、佐藤さんに伝える]

67　松木：Is Hiro

[68　　：佐藤さんが次の質問を促す]

69　松木：reading a book? ↑

70　佐藤：はい残念（1.0）No No, he isn't.

[71-72　：ワークシートの絵のピアノを弾く子の名前の候補について話す]

73　佐藤：Is Is Is Is (.) Is ナミ あ (.) 違う Is Akiko playing the piano? ↑

74　松木：No.

[75　　：佐藤さんが次の質問を促す]

76　松木：え：Is Akira reading a book? ↑

→77　佐藤：Yes. (0.2) He is Akira.

[78　　：松木さんが本を読んでいる子が Akira だと当てられて喜ぶ]

[79　　：教師がクラス全体に活動時間「残り1分」の指示を出す]

80　佐藤：え：と (.)　え：と Is Yoko playing the piano? ↑

81　松木：No.

82　松木：あ：Is Taro

83　佐藤：あ：はいはい

84　松木：オ：ピン opening the window? ↑

→85　佐藤：はい　残念　No, he isn't.

86　佐藤：え：と Is Megumi playing the piano? ↑


　疑問が解消された佐藤さんは、41、43行目の松木さんの質問に対して「No, he isn't」と正しく答えており（44行目）、52行目の松木さんの質問に対しては、「No, he doesn't.」と言いかけるが、途中で「あ」と修復を開始し、「isn't」と自己修正をしている（53行目）。

　この発言からは、佐藤さんが、断片1で松木さんから提供された文法的に正しい言い方を、会話の中で活用し、自分の誤りを修正することができていることがわかる。つまり、会話の中で運用上の熟達がみられたことになる。

　その後の70行目でも正しい文法で答えられており、77行目では「Yes. He is

Akira.」と答え、85 行目でも「No, he isn't.」と正しい文法で答えられており、佐藤さんは現在進行形の疑問文に応答する時に「is」と「does」の間で迷うことはなくなった。

## ［事例 2］他の生徒から指摘・教えられ、誤りに気付いて自己修正する事例

　次に取り上げる事例 2（断片 3、4）は、自分で誤りに気付いたのではなく、他の生徒から修復を開始されたことで誤りに気付き、誤りを自ら修正できた事例である。

　そこでは、事例 1 と同じ活動を行っていた、米津さん、逸見さん、矢口さんのグループにおいて、矢口さんが逸見さんから文法上の誤りを指摘され、矢口さんが活動の中で自己修正する様子が観察された。

　この活動は本来ペアで行うものだが、生徒数が奇数であるため座席との兼ね合いからこの 3 名がグループとなって実施している。このため、逸見さんはシート A を、米津さんと矢口さんはシート B を用いて交互に B を担当している。まず逸見さんの疑問文に米津さんもしくは矢口さんが回答し、次に米津さんの疑問文に逸見さんが回答、続いて矢口さんの疑問文に逸見さんが回答という順で活動が進んでいる[4]。

　以下の断片 3 は、現在進行形の疑問文を話す時に be 動詞を先頭に持ってこなかった矢口さんが、逸見さんによる他者修復の開始、他者修正を経て自分の誤りに気付き、自己修正する場面である。米津さんは、逸見さんの他者修正の直後に逸見さんの発言を繰り返すことで、逸見さんの発言の正しさを後押ししている（17 行目）。この後の矢口さんは、自分がアウトプットした英語を逸見さんと米津さんが聞き、誤りを見つけ、直してくれたことで、その後、文法に気を付けながら正しい疑問文で話すことができるようになっていった。

---

[3]　76 行目で「Is Akira reading a book ?」という質問に、「Yes. He is Akira.」と応答するのは文法的には不自然なような気もするが、この活動が「Is 誰々 reading a book ?」という質問を重ねることで、本を読んでいる登場人物の名前を当てるという活動のため、「Yes. He is Akira.」という英文が出てくるのは自然なようにも思える。このことから、佐藤さんはワークシートの上部の印字を「Yes, he is.」「No, he isn't.」と単に音読しているわけではなく、タスクの課題解決に即して、正しく文法を使いながら、松木さんとの活動に参加していると考えられる。

[4]　この役割分担によるローテーションは、逸見さんが質問を受ける機会が多くなり、逆に質問する機会が少なくなる。このため絵の人名についての回答がなかなか得られないため、絵の子どもの名前を当ててワークシートを埋めるというタスクの観点からすると、逸見さんにとって不利である（このことは後で問題になってくる）。

**（断片 3：逸見さんによる修復の開始・修正の実施）**

01　逸見：えっとね：Is Akiko playing the piano?↑

02　米津：No, she isn't.【矢口さんは欠伸をしている】

03　米津：Is Taro watching TV?↑

04　逸見：Yes, he is.【逸見さんは笑顔で頷きながら答える】

［05-10　　：グループ活動の進行について確認し合う］

11　矢口：え：っと Ken

12　　　 ：【逸見さんは頷く】

→13　逸見：え↑【顔を上げ笑顔で聞き返す】

14　矢口：Ke［n

→15　逸見：　　　［Ken じゃなくって Is Ke［n

16　矢口：　　　　　　　　　　　　　　　　［あ

→17　米津：Is Ken【矢口さんの方を向いて言う】

→18　逸見：Is Ken Is Ken【笑顔で首を縦にふる】

19　矢口：えっと Is Ken opening the window?↑

20　逸見：んっと No, he isn't.


　矢口さんの誤りに逸見さんは「え？」と聞き返して他者修復を開始する（13 行目）が、矢口さんは、再び「Ken」で文章を始めようとする。このことから、矢口さんは聞き返されただけでは何が問題なのか気付いておらず、逸見さんの他者修復の開始を単純に声が聞こえないなどの音声上のトラブルを解決しようとするものだと受け取ったとみせるだろう。そこで逸見さんは「Ken じゃなくって Is Ken」と他者修正を実施することで（15 行目）、矢口さんの声はちゃんと届いていることを示しながら、矢口さんの発言の文法上の誤りを修正している。矢口さんは「あ」と声を出して認識の変化（Heritage 1984）を表示し（16 行目）、この逸見さんの他者修正（15 行目）で自らの誤りに気付いたことを示している。米津さんも「Is Ken」と逸見さんの発言を繰り返して言って、逸見さんの他者修正を後押しし（17 行目）、逸見さんは笑顔で頷きながら「Is Ken Is Ken」と、矢口さんが言うべき質問文を部分的に話すことで、矢口さんが最後まで文法的に正しく質問できるよう促している（18 行目）。こうして逸見さんの訂正と米津さんの後押しと逸見さんの促しにより、矢口さんは正しい文法で「Is Ken opening the window?」と尋ねることができたのだった（19 行目）。

　13 行目の逸見さんの矢口さんへの関わり方は、第二言語習得の授業の会話分

析者である Seedhouse（2004）が指摘した教師の振る舞い方とよく似ている。Seedhouse（2004）が観察しているのは、教師が修復を開始はしても、「実施」はせず、生徒が自己修復をすることが多いということだ。第二言語習得の授業の目標は生徒が第二言語を話せるようになることである。このため教師は生徒に対して間違いを気付かせ、生徒が自ら間違いを直すことを促しているといえる。

　同様に13行目の逸見さんは、修復を開始しても、正解を言うことはせず、矢口さんが修正する機会を与えている（13行目）。15行目で逸見さんは、最終的に修正することになったが、この発言においても、「Ken じゃなくって」とヒントとなる前置きをして、相手に修正の機会を与えているようにも見える。また修正した後の17行目、18行目の米津さんと逸見さんは、その修正を繰り返すことで、矢口さん本人が、誤りを修正し、文法的に正しい文章で質問することを促しているように見える。このように、逸見さんも米津さんも、この活動のねらいである、正しい文法の使用に熟達できるよう配慮して、相手とやりとりしていることがわかる。こうした志向性は、その後の活動にも引き継がれていく。以下の断片4は、上記断片3に続く部分である。

**（断片 4：矢口さんによる自己修正の開始と実施）**

21　逸見：んっと Is Yoko washing her hair? ↑

22　米津：Yoko ↑【米津さんが顔を上げる】

23　矢口：【顔を上げて逸見さんを見る】

24　逸見：Is Yoko washing her hair? ↑

25　米津：No, she isn't.

[26　　　：逸見さんが感想を言う]

27　米津：Is Hiro reading a book? ↑

28　逸見：No, he isn't.

→29　矢口：Is あ Is Jun reading a book? ↑

30　逸見：No, he isn't.

31　逸見：え：と Is Akiko studying English? ↑

32　米津：No, she isn't.

[33　　　：逸見さんが感想を言う]

34　米津：Is Jun playing baseball? ↑

35　逸見：あ↑え↑ん↑

36　米津：Is Jun playing baseball? ↑

37　逸見：ん：と No, he isn't.
［38　　　：逸見さんが、矢口さんの名前を呼び、次の質問を促す］
→39　矢口：Is Akira openin ope え↑ opening the window? ↑
40　逸見：No, he isn't.
41　逸見：えっと Is（2.0）Is Yuki playing the piano? ↑
［42　　　：矢口さんが米津さんの方を見る］
43　米津：No, she isn't.
44　米津：Is Jun opening the window? ↑
45　逸見：Yes, he is.
→46　矢口：Is Ken playing baseball? ↑
［47-48　：逸見さんが矢口さんに Ken についての質問であることを確認する］
49　逸見：Yes, he is.
50　逸見：えっとね：Is Megumi making origami? ↑
51　米津：No, she isn't.
［52　　　：逸見さんが感想を言う］
［53-54　：米津さんが質問するが、声が小さく逸見さんが聞き返す］
55　米津：Is Akira waking up? ↑
［56　　　：教師がクラス全体に活動時間「残り 1 分」の指示を出す］
57　逸見：No.（0.8）No, he is not.
→58　矢口：Akira（0.4）Is Akira（0.4）ウォ（0.2）ワァ：↑ウォ：キング↑ウォ：
59　　　　キング↑
60　米津：言ったよ
61　矢口：reading a book? ↑
［62-63　：逸見さんが矢口さんに Akira についての質問であることを確認する］
64　逸見：Yes, he is.

　その後の矢口さんは、断片 4 の 29 行目、39 行目、46 行目ではどれも正しい語順で疑問文を話すことができていた。だが、58 行目では主語「Akira」から言い始めてしまう。その後、0.4 秒の沈黙があるが、その間には、逸見さんや米津さんからの修復の開始は起こっていない。断片 3 の 13 行目で逸見さんが、え↑と聞き返していたのとは対照的である。断片 4 では、逸見さんや米津さんが、他者修復の開始自体を差し控えていたことで、矢口さんは最終的に「Is Akira」と自分で修正して、正しい文法で質問ができたのである。ここでも、正しい文法事項の使用について一定の習熟が見られたといえるだろう。

## 5.2. 誤った英文法を用いたまま生徒同士の活動が続いた事例

　他方で、上記と同じ活動において、誤った英文法を用いたまま活動が続けられる事例があった。[5]

　実のところ、私たちは日常会話において、文法や言葉の意味に明らかな誤りがあったとしても、それを必ず修復しようとするわけではない。修復するということは、そもそも「それまでの発話や連鎖の進行をいったん中断し、トラブルの解決に向けて対処する手続き」（串田・平本・林 2017: 193）であるからだ。ここで言うところの「トラブル」とは、解説にあるように、間主観性を維持することができなくなること（意味が分からなくなるなど）を意味しており、そうしたことがなくその場の相互行為が成り立つならば、**文法や言葉の意味の誤りはトラブルとみなされないことも多い。**

　事例1でいえば、佐藤さんが No, he doesn't. と言ったとしても、意味が通じるので、そのまま進めてもタスクは遂行できる。だが先の生徒らは、文法学習としての活動を成り立たせるために、あえて「誤り」をトラブルとして捉え、タスクの進行を遅らせてでも、修復の開始、修正の実施をしていたことになる。

　では、以下の事例ではどうだろうか。修復・修正がどのようになされているのかを観察することで、生徒らが当該の活動の課題として何を優先しているのかが見えてくる。まず以下では仲間から誤りを修正されても、自己修正しないまま活動を続ける場面を紹介しよう。

### ［事例3］ 正しい文法を使わずにタスクの達成を優先する

　以下の断片5は、事例2の3人グループがしばらく活動を続けた後の場面であり断片3、4の続きである。

　※再掲：逸見さんはシートAを、米津さんと矢口さんはシートBを用いて交互にBを担当している。まず逸見さんの疑問文に米津さんもしくは矢口さんが回答し、次に米津さんの疑問文に逸見さんが回答、続いて矢口さんの疑問文に逸見さんが回答という順で活動が進んでいる

---

[5]　両者が言語形式を意識していない事例、自己の文法は意識するが、相手の誤りは指摘しない事例、他者から誤りを指摘されても修正しない事例などが見られた。

**(断片5：間違える矢口さん、修正する米津さん、間違いを指摘しない逸見さん)**

| | | |
|---|---|---|
| 73 | 逸見： | Is Akiko making origami? ↑ |
| 74 | 米津： | No, she isn't.【首を横にふりながら言う】 |
| 75 | 逸見： | え：なんでこんなにあたんないの↑ |
| 76 | 矢口： | 直観力じゃないのかな |
| 77 | 逸見： | Is Yuki playing the piano? ↑ |
| 78 | 逸見： | Is Namie playing the piano? ↑ |
| 79 | 逸見： | Is Megumi playing the piano? ↑ |
| 80 | 逸見： | Is Megumi playing the piano? ↑ |
| 81 | 矢口： | Yes. |
| [82 | ： | 逸見さんが感想を言う] |
| 83 | 米津： | やっとひとつめ↑ |
| 84 | 逸見： | うん【首を縦にふる】 |
| 85 | 米津： | Who is で聞いちゃえ |
| 86 | 逸見： | え：と Is Yuki ↑ watching her hair? ↑ |
| 87 | 教師： | まだ終わってない人は Who でいこう Who |
| 88 | 逸見： | 【教師の方を見る】 |
| 89 | 米津： | ほら Who 言っちゃえ |
| 90 | 逸見： | どういうこと↑【教師の方を再度見る】 |
| 91 | 米津： | え：だから：あ：じゃ：Who is washing her hair? |
| [92 | ： | 米津さんがペンを床に落とし矢口さんが拾おうとする] |
| 93 | 逸見： | そういうこと↑ Who is watching her hair? |
| [94-98 | ： | watching と washing の言い間違いについて感想を言い合う] |
| 99 | 矢口： | Is Akiko. |
| →100 | 米津： | 違うよ Akiko is. |
| 101 | 逸見： | え↑うっそ：絶対この人やってないと思ったのに |
| 102 | 逸見： | え：っとね Who is studying English? |
| [103 | ： | 米津さんは床に落としたペンを探している] |
| →104 | 矢口： | Is Yuki |
| →105 | 逸見： | Is Yuki【ワークシートを見ながら言う】 |
| →106 | 米津： | Yuki is. |
| 107 | 逸見： | Who is クロ（0.2）クロ（0.2）何これ↑あ closing the door? |

まずこの場面では、新たな文法事項＜疑問詞疑問文 Who を用いた現在進行形＞

の文が登場している。この日の授業では、活動の前の段階で教師は疑問詞 Who の疑問文にどのように答えるかを説明しており、図8のとおり黒板に文章例が記された状態で活動を実施していた。

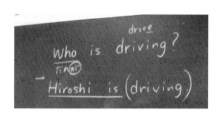

**図8 活動前に教師が書いた板書**

米津さんは教師の説明や黒板の情報を生かし、自信を持って矢口さんの「Is Akiko.」（99行目）を「違うよ Akiko is.」と他者修正している（100行目）。しかし逸見さんは矢口さんの誤りにも、それに対する米津さんの修正にも反応せず、また矢口さんが発言をやり直す前に感想を発言している（101行目）。このため、発言をやり直すことができなかった矢口さんは、104行目で再度、誤った英文法で答えてしまう。そして逸見さんは105行目で、矢口さんの「Is Yuki」という文法的に誤った発言を、ワークシートを見ながらそのまま復唱している。これに対して米津さんは、逸見さんに対して、また実質的には矢口さんに対しても修正をしたが（106行目）、逸見さんはこれにも反応せずに活動を次に進めたのだった（107行目）。

3人それぞれが何を志向して活動に取り組んでいたのかを考えてみると、以下のような状況が考えられる。

矢口さんは、事例2を通じて、主語の前に be 動詞を出して疑問文を作ることを理解し、このことに気を付けながら質問をしていた。しかしその意識が過剰に働いたのか、Who を用いた疑問文に回答するときにも、主語の前に be 動詞を出し、末尾の音律を下げて肯定文として回答してしまった。

米津さんは、事例2（断片3）の17行目で、矢口さんの誤った英文を修正した逸見さんの発言を繰り返していたように、文法を意識して活動に臨んでいた。この姿勢は上記断片5においても、一貫している。100行目の米津さんは「違うよ」と矢口さんの誤りを指摘して修復を開始し、矢口さんからの修正がなかったためか、さらに「Akiko is.」と他者修正して指摘している。

これに対して、101行目の逸見さんは、矢口さんの自己修正を待つことなく、

「絶対この人やってないと思ったのに」と発言し、自分の予想が外れたことを矢口さんに伝えている。ここでの逸見さんの関心は、登場人物の Akiko が正解だったことにあり、矢口さんの文法にはない。さらに注目したいのは 105 行目である。逸見さんは事例 2（断片 3）では率先して矢口さんの誤りを指摘していたが、ここでは指摘しないばかりか、自らも誤った形で答えを復唱している。さらにその次の米津さんの他者修正（106 行目）に対しても、何も反応せずに次の質問に進んでおり（107 行目）、タスクを進めることに関心があることが分かる。[6]

　このように、修復の対象やその有無に注目しながら逸見さんの発言を追うと、その関心が当初は英文法の練習にあったが、途中からワークシートの絵の 5 名の名前を当てることにシフトしているのである。

　実はこの要因は逸見さんのタスクの進度にある。注 4 で既に触れたように、この班は 3 人で課題に取り組んでいるが、そのローテーションでは、逸見さんは質問を受ける機会が多くなり、逆に質問する機会が少なくなっていた。このため、絵の人名についての回答がなかなか得られないため、逸見さんは 1 人目をようやく当てることができた状況であったのだ（83-84 行目）。教師が 87 行目で「まだ終わってない人は Who でいこう」と発言していることから、他グループの生徒たちは活動を終了しかけており、まだ終わっていない生徒が少数であることも分かる。活動の終盤になっても登場人物を全く当てられていない状況にあった逸見さんは、こうした教師の呼びかけで、早くタスクを達成させようとして、正しい文法の利用よりも、自分のワークシートを埋める作業を優先したといえる。

　こうした逸見さんの志向性の変化は、実は逸見さんだけに関わるものではない。米津さんが矢口さんの誤りを他者修復したのに、逸見さんが会話を先に進めていってしまったことで、矢口さんは自己修正する機会を奪われてしまったからだ。このように、生徒同士の学習活動における学びの質は、生徒一人一人の参加

---

[6]　相互行為（人々のやりとり）は、そのやりとりの後にどう展開しうるかということの予測を可能にする性質を持っており、このような予測を可能にする相互行為の性質は、投射可能性（projectability）と呼ばれている。このため私たちは何かのやりとりの後に、「投射されている」つまり「この後に展開されるであろうと予測される」事柄が滞れば、何事かが滞ったと理解可能になる。このように理解可能な事態を「進行性（progressivity）の阻害」と呼んでいる（平本 2016: 10）。この事例では 106 行目がまさに、その進行性を争うポイントになっている。104 行目で矢口さんの回答をうけ、それを確認のため逸見さんが復唱した 105 行目の後は、逸見さんが質問をする場所である。しかし 106 行目で米津さんが他者修正をしたことで、107 行目が矢口さんの自己修正があってもおかしくない場所になった。だが逸見さんが質問をしたことで、ここでは、自己修正の進行性が阻害されていることになり、代わりにタスクを進めていく進行性が優先されていることが見えてくるのである。

の仕方に大きく左右されてしまうことがわかる。

## 6. 生徒たちの主体的な修復・修正の能力を生かして

ここまで得られた知見を振り返ってみよう。

事例1、2では、生徒がこれまでに学習した知識を活用して、正しい文法を用いてアウトプットしようとする様子が観察された。

事例1で現在進行形の疑問文の作り方・答え方に確信が持てない佐藤さんは、松木さんに確認をしながら活動を進めていた。松木さんは、正しい文法を教えるだけでなく、佐藤さんが活動の中で正しい文法で答えやすいように配慮したデザインで他者修正をしていた。その結果、その後の佐藤さんは、正しいアウトプットを続けやすくなり、自己修正しながら、学んだ文法事項に習熟することができた。

事例2で誤った文法を使っていた矢口さんは、逸見さんと米津さんによって、自己修正を促すような他者修復の開始を受け、自分では気付いていなかった間違いを自分で修正する機会を得られた。その後の活動でも、自己修正する機会を持つことができ、学んだ文法事項に習熟することができた。

ここから見えてきたのは、文法事項の活用を目的とした生徒同士の活動では、互いの文法の誤りに敏感に反応し、それを相手に正しく使わせようと配慮して、修復を開始したり、修正を実施したりしていたこと。また、間違えた側は、間違いを自分で修正する機会を持つことを通じて、正しい文法に習熟にできていたということである。

これまでは、「修正」は教師が主導する授業に特徴的な現象であるとされ、正しい知識を教え・学ぶという課題を志向して、いかに教師が授業で修正を行っているのかについて研究が進められてきた（森2019）。だがこのように**生徒同士の活動を分析してみると、間違った相手に対して正しい文法を利用しやすいように誤りを修正したり、相手に誤りに気付かせ、自分で誤りを修正できるように配慮したりするといったように、互いの学びを深めるような相互行為能力を発揮していることがわかる**。生徒たちの持つ、「他者修正」や「相手に配慮して自己修正を促す」という相互行為能力を生かしていくという視点は、中学校における英語教育が、講義形式から言語活動を中心とした授業へと変わる動きの後押しにもなりうるだろう。

事例3は誤った英文法を用いたまま言語活動が続けられてしまった事例であっ

た。そこでは、矢口さんの誤りに米津さんから他者修正がなされたものの、逸見さんは自ら誤った文法を使用し、タスクを進めることを志向しており、矢口さんは自己修正の機会を持つことができなかった。また、紙幅の都合で割愛したが、ワークシートの使い方が分からないまま会話を始めたペアが、間違った文法のまま、とりあえず会話を続けている事例も見られた。

こうしたことからいえるのは、修復・修正は、それまで従事していた活動の進行を遅らせることにつながるという性質を持つが故に、時間に限りのある授業の中で活動を行う場合には、何らかの理由（タスクのゴールに間に合わない、タスクのルールを把握していない等）でタスクの進行性が優先され、修復・修正の作業がなされないまま、誤った文法で活動が進められる可能性があるということだ。

第二言語習得の会話分析の知見では、学生同士において、たとえ母語話者だからといって必ず第二言語の学習者に対して「誤り」を指摘するとは限らないこと（Hosoda 2006）が指摘されている。何を「誤り」とみなすのかは、あらかじめ決められていることではなく、その場の参加者が決定するものであるからだ。つまり**相互行為の中での学びは、ペア活動ならそのペアの判断基準とそこでのやりとりの進め方に大きく左右されてしまう。事例3で、正しい文法を使うことよりも、制限時間内にタスクを終わらせることを優先してしまう様子が観察されたように、生徒にワークシートを与えてタスクの仕方を教えるだけでは、文法習得の目的に適った有意味な言語活動としてペア活動が成り立つとは限らないのである。**

授業に参加している生徒たちの相互行為能力を最大限に生かして、学びが深められるように、教師はねらいに即した学習活動をデザインし、参加者の活動環境を整えていくことが必要になると考える。その際に会話分析の知見を活用することも有効な手段のひとつとなり得るだろう。

## 【文献】

平本毅, 2016,「物を知らないことの相互行為的編成」『現代社会フォーラム』15: 3-17.

Heritage, J., 1984, "A Change of State Token and Aspects of Its Sequential Placement," J. Maxwell Atkinson and J. Heritage eds., *Structures of Social Action*, Cambridge, Cambridge University Press: 299-345.

Hosoda, Y., 2006, "Repair and Relevance of Differential Language Expertise in Second Language Conversations," *Applied Linguistics,* 27 (1): 25-50.

和泉伸一, 2009,『「フォーカス・オン・フォーム」を取り入れた新しい英語教育』大修館書

　　店.

串田修也・平本毅・林誠，2017,『会話分析入門』勁草書房.

Macbeth, D., 2004, "The Relevance of Repair for Classroom Correction," *Language in Society*, 33: 703-736.

McHoul, A., 1990, "The Organization of Repair in Classroom Talk," *Language in Society*, 19: 349-377.

文部科学省，2008,『中学校学習指導要領解説　外国語編』.

―――――, 2018,『中学校学習指導要領』.

森一平，2019,「一斉授業会話における修復の組織再考」『教育学研究』86(1): 1-12.

Ortega, L, 2013, *Understanding Second Language Acquisition*, Routledge.

Schegloff, E. A., G. Jefferson & H. Sacks, 1977, The Preference for Self-Correction in the Organization of Repair in Conversation. *Language*, 53: 361-382.（＝ 2010, 西阪仰訳「会話における修復の組織――自己訂正の優先性」『会話分析基本論集』世界思想社 , 157-246.）

Seedhouse, P., 2004, *The Interactional Architecture of the Language Classroom: A Conversation Analysis Perspective*, Oxford: Blackwell.

Shehadeh A., 2001, Self-and Other-Initiated Modified Output During Task-Based Interaction, *TESOL Quarterly*, 35(3): 433-457.

# 日常会話における修復・修正

平 本　毅

　日常会話において人が直面する課題の一つは、相手が話すことが聞き取れなかったり、理解できなかったりした際にどうするかというものである。また、聞き取れたと思ったものがじつは聞き取れていなかったり、理解できたと思ったものを誤解していたりすることもあるだろう。あるいは、言わんとした言葉がうまく出てこないこともあるかもしれない。こうした、発話の産出や聞き取り、理解の問題にかんするトラブルに対処する方法の群が、ここで学ぶ「修復 repair」（Schegloff, Jefferson & Sacks 1977=2010）である。修復の方法が体系的に用意されているからこそ、人は大きな問題なく他者と会話を交わし、間主観性（その場の人びとが同じ対象を同様に理解している状態）を維持することができる。

## 修復の基本プロセス

　修復は一般的に①トラブル源 trouble source ②修復開始装置 repair-initiator ③修復実施 repair completion の三つの要素を配置していく作業の流れからなる。たとえば誰かが「鉛筆を貸してくれない？」と言ったところ、それを相手が聞き取れなかったとしよう。相手が「何？」と聞き返したとき、この発話は修復を開始している（②）。この修復開始により、「鉛筆を貸してくれない？」という最初の発話がトラブルの対象とみなされる（①）。トラブル源の話者が修復開始に対して「鉛筆を貸してくれって言ったんだよ」と返すと、これにより聞き取りの問題が解決される（③）。このように修復の作業は、トラブルの源を同定し、そのトラブルを解決するプロセスから構成される。このプロセスが、②→①→③の順で進んでいることに注意しよう。じつはトラブル源は、修復開始で輪郭を与えられることによって遡及的にその性質を帯びる類いのものであって、発話が産出された時点でそれがトラブル源なわけではない。というのも、何ら間違いを含まない発話でも聞き手が聞き取れないことはありうるし、誤解して間違いを指摘してくることもありうる。言い換えれば、会話中のあらゆる発話がトラブル源の候補である。また、このことからもわかるように、修復は間違いを正す「修正 correction」

（Jefferson 1974）より広い意味をもつ概念である。聞き取れなかったことを聞き返す際に修正は行われていない。もう一つ重要なことは、この作業が開始されると、発話の連鎖の流れがいったん中断されるということである。最初の話者が「鉛筆を貸してくれない？」という発話により行おうとしたことは、修復の作業が完了するまで先に進めることができない。したがって、修復の作業に従事することは、聞き取りや理解、発話産出の問題に対処することを、元の発話の連鎖の流れに沿うことより優先する態度をみせることになる。

## 修復を開始する位置

　「鉛筆を貸してくれない？」に対する「何？」という修復開始は、トラブル源を含む発話順番の次の位置で行われている。これだけでなく、修復はいくつかの位置で体系的に開始される。まず、修復は（1）一つの発話順番の途中で開始されうる。たとえば「鉛筆、じゃなかったシャープペンを貸してくれない？」という発話の場合、「じゃなかった」により、一つの発話順番の内部で修復が開始されている。次に、修復は（2）トラブル源を含む発話が完結し、発話順番が移行してよい場所で開始されうる。たとえば「鉛筆を貸してくれない？あ、鉛筆じゃなくてシャープペンだ」という発話の場合、「鉛筆を貸してくれない？」が完結し、発話順番が移行してよい場所で修復が開始されている。さらに、修復は（3）トラブル源を含む発話順番の次の発話順番において開始されうる。これは先ほどの「鉛筆を貸してくれない？」「何？」の例に該当する。最後に、修復は（4）トラブル源を含む発話の次の次以降（つまり、トラブル源を含む発話から数えて三つ目以降）の発話順番において開始されうる。詳細を述べる紙幅の余裕はないが、トラブル源を含む発話の次の位置で相手が表した誤解を解くために修復が開始されたり（Schegloff 1992）、トラブル源の話者が自分で最初の発話の誤りに気づいて修復を開始したり（Schegloff 1997）することなどが、トラブル源を含む発話から数えて三つ目以降の位置で行われうる。

## 誰が修復を行うか

　最初に挙げた「鉛筆を貸してくれない？」「何？」「鉛筆を貸してくれって言ったんだよ」という会話例は、トラブル源の話者からみた他者が修復を開始し、トラブル源の話者自身が実施する例だった。他方、「鉛筆、じゃなかったシャープ

ペンを貸してくれない？」の例では、この話者自身が「じゃなかった」と言うことにより修復を開始し、「鉛筆」を「シャープペン」に置き換えることにより、発話産出上の問題を解決して修復を実施している。このように、修復作業はそれを自己（トラブル源の話者）と他者（トラブル源の話者以外の者）のどちらが開始し、実施するかにより分類することができる。最初の例は「他者開始自己修復」、二つ目の例は「自己開始自己修復」の例であり、ほかにも「自己開始他者修復」「他者開始他者修復」が行われうる。この分類において重要なことは、それぞれのタイプが同等に観察されるのではなく、「自己」による開始と実施が、「他者」による開始と実施に比べて規範的に優先されるということである。上で述べたように、修復を開始する最初の機会はトラブル源を含む発話の途中であるが、ここで他者が修復を開始することはあまりない。この位置では、圧倒的にトラブル源の話者（自己）が修復を開始する。つまり、修復を開始する機会はまず自己に対して与えられている。また、修復の実施に際しても、他者が実施を行うことは少なく、行うとしても、本来は自己が実施すべきであったものを他者が行っていることへの配慮を示した形をとることが多い。「鉛筆じゃなくてシャープペンでしょ」と、他者が修復を実施することはあまりないし、行われるとしても、「私の誤解かもしれないけど、鉛筆ではなくシャープペンじゃない？」等々の、相手に配慮した実施の形がとられるだろう。

## 他者修復開始の形式

　他者が修復を開始する場合、その修復開始装置のタイプによって、(a) 先行発話中のどの範囲がトラブル源なのか (b) どんな種のトラブルに直面しているか（聞き取りの問題なのか、理解の問題なのか）の二点が示される。(a) と (b) の二点をもっとも明確に示すのは、「理解の候補」を提示するタイプである。たとえば「鉛筆を貸してくれない？」に対して「鉛筆を貸すって、ボールペン記入不可の書類を書いてるから、鉛筆かシャープペンを書類を書き終えるまであなたに貸せってこと？」と「理解の候補」を提示しながら聞き返したなら、修復を開始した者は (a)「鉛筆を貸す」という部分がトラブル源であり、(b) 理解の問題に直面している（聞き取れていなかったら「鉛筆を貸すって……」とは言えない）ことを明確に示している。逆に、(a) と (b) の二点を示す度合いがもっとも弱い修復開始装置は、「え？」「何？」等の、「無限定な質問」（Drew 1997）である。「鉛筆を貸してくれない？」に対して「え？」と返されたら、修復を開始した者が (a)

先行発話のどの部分をトラブルとみなしているのか、そのトラブルは（b）聞き取りの問題に属するものなのか、理解の問題に属するものなのかが不明確である。この二つの中間には、「鉛筆を貸してくれない？」に対する「何を？」のような、「カテゴリーを限定する質問」などがある。

## 修復を利用した行為

　先述のように、修復は聞き取りや理解、発話産出の問題に対処することを、元のトークの流れに沿うことより優先する態度をみせる行いである。修復作業に従事する者はこの性質を、特定の行為の遂行に利用することができる。たとえば自己開始自己修復による語の置き換えは、その場の社会的な性質に適切な仕方で依頼などの行為を行うために用いられうる（Drew, Walker & Ogden et al. 2013）。また挿入連鎖（2章解説「日常会話の連鎖構造」参照）を開始する他者開始修復は、隣接ペア第一部分で行われたことに聞き手が同意できなかったり否定したりすることを予示するために用いられうる（Schegloff 2007）。

## 【文献】

Drew, P., 1997, "'Open' Class Repair Initiators in Response to Sequential Sources of Troubles in Conversation," *Journal of Pragmatics*, 28(1): 69-101.

Drew, P., T. Walker & R. Ogden, 2013,. "Self-Repair and Action Construction," M. Hayashi, G. Raymond, & J. Sidnell eds., *Conversational Repair and Human Understanding*, Cambridge: Cambridge University Press, 71-94.

Jefferson, G., 1974, "Error Correction as an Interactional Resource,". *Language in Society*, 3(2): 181-199.

Schegloff, E. A., 1992, "Repair after Next Turn: The Last Structurally Provided Defense of Intersubjectivity in Conversation," *American Journal of Sociology*, 97(5): 1295-1345.

―――, 1997, "Third Turn Repair," G. R. Guy, C. Feagin, D. Schiffrin & J. Baugh eds., *Towards a Social Science of Language: Papers in Honor of William Labov, vol.2: Social Interaction and Discourse Structures 4*, Amsterdam & Philadelphia: John Benjamins, 31-40.

―――, 2007, *Sequence Organization in Interaction: Volume 1: A Primer in Conversation Analysis*,. Cambridge: Cambridge University Press.

Schegloff, E. A., G. Jefferson & H. Sacks, 1977, "The Preference for Self-Correction in the Organization of Repair in Conversation," *Language*, 53(2): 361-382. (= 2010 西阪仰訳「会話における修復の組織――自己訂正の優先性」西阪仰編訳『会話分析基本論集』世界思想社, 157-246.)

## ❖ コラム ❖

# 授業会話の修復・修正

森　一平

　5章解説「日常会話における修復・修正」で述べられていたように、私たちは会話のなかで発話の産出や聞き取り、理解などに関するトラブルに遭遇したとき、そのトラブルを秩序だったしかたで修復ないし修正することで対処している。授業でもその大部分が会話によって成り立っている以上、この修復・修正の手続きによって発話をめぐるトラブルが処理されることになる。ただし授業会話における修復・修正の手続きには、その組織のありかたにいくつか日常会話とはことなる部分がある。まずはその相違点について確認していくことにしよう。

　第1に「修正（correction）」の重みについて。解説でも触れられているように、修正とは「間違い」を正していく手続きのことである。そのうえでただし、日常会話においてはたとえ発話に間違いが含まれていたとしても、それが当の発話を理解するのに支障をきたさないかぎりにおいてしばしば見過ごされる。しかし授業会話においては、とくに教え学ばれようとしている知識に関して児童生徒が間違いを含んだ発話をしてしまったなら、それを見過ごすわけにはいかない。授業で児童生徒に間違った知識を学ばせるわけにはいかないからだ。

　このことは授業会話における修正の手続きが、日常会話の修復・修正とはことなる課題を担うものであることを示唆している。つまり、日常会話における修復・修正が会話の成立に不可欠な発話をめぐる相互理解の問題を解決しようとするものであるのに対し、授業会話における修正は正しい知識を教え学ぶという課題を志向するものなのである。言うまでもなくこれは授業の中心的な課題の一つであり、したがって授業会話では修正の手続きこそが重要な位置を占めることになる（このことはI-R-E連鎖の拡張が何よりも修正の過程として組織されることとかかわっている。この点については2章のコラム「授業会話の連鎖構造」を参照）。だからこそ、授業会話についてまずおこなわれたのは「修復」ではなく「修正」についての研究だった（McHoul 1990）。

　とはいえ授業会話においても発話理解の問題は生じるから、当然「修

197

復」もしばしばおこなわれる。このとき、修復と修正がそれぞれ別の課題を志向するものであるがゆえに、授業会話では1つのやりとりのなかで両者が同時に生じることがある（Macbeth 2004）。たとえば、「1足す1は？」「3です」「なんて言った？」「3」「ちょっと違うなぁ。よく考えてみて。1と1を合わせるの。いくつ？」「あ、2です！」「そうだね」といった具合にである。この例ではまず、教師の発問に対する「3です」という児童生徒の応答に対して聞き取りの問題が生じたため、教師の聞き返しから開始された修復によってそれが解消されたあと、その修復された「3」という誤った応答が「2」という正しい答えへと修正されている。

　第2に優先性の問題－誰が修復・修正をおこなうことが優先されるのか－について。これまでの議論を踏まえて、児童生徒による「答えの誤りをめぐる修正」に絞って話を進めていこう。結論から言えば、日常会話における修復・修正がその開始も実施も「自己」（トラブル源の話者）によっておこなわれることが優先されるのに対し、授業会話では教師（他者）によって修正が開始され、児童生徒自身によって実施される「他者開始－自己修正」が優先される（上で見た事例がまさにそれである）。教師の発問に対して児童生徒が誤った応答を提示するとき、それは単なる言い間違いなどであるよりも、「知らなかった」り「分からなかった」りするがゆえに生み出されたものである可能性が高くなる。この場合、児童生徒が自分で応答の誤りに気づくことは難しいから、教師がそこに誤りが含まれていることを知らせる修正の開始をおこなうことが多くなるわけである。そのうえで、修正の実施のほうは日常会話と同じく自己（児童生徒）によっておこなわれることが優先される。ただしそれは、たとえば児童生徒の「面子」などよりも、彼らの「学習」に配慮がなされた結果であると言えるだろう。

　ここまで、授業会話における修正の手続きが教え学ぶという授業の主たる課題を志向しているということ（ゆえにそれがI-R-E連鎖の拡張を組織すること）、そのうえで授業会話では「他者（教師）開始－自己（児童生徒）修正」が優先されることについて説明してきた。以上を踏まえるなら、児童生徒の「誤答」に対し教師がどう修正を開始するかということが、授業実践における重要な論点として浮上してくる。この点は解説で紹介されていた「他者修復開始の形式」の論点と次のように関わる。

すなわち、授業会話においては日常会話のようにできるだけ「強い」－トラブルの範囲と性質の明確化度合いの高い－他者修復開始の形式を用いればよいというわけではない。たとえば上の事例で「3」という児童生徒の誤答に対し、教師が「2じゃないかな？」とただちに正答候補を提示してしまったら、児童生徒たち自身の学習の余地はいちじるしく切りつめられたものになってしまうだろう。逆に極端に弱い形式を用いても、児童生徒たちは正答を導き出せず困り果ててしまうかもしれない。このように修正の他者開始をどう組み立てるかということは、授業者の腕の見せ所の一つでもあるのだ。

　ところで、授業における学習は教師と児童生徒の会話だけで成り立つものではない。とりわけ「アクティブラーニング」が重視されている昨今においては、児童生徒同士の会話が授業のなかに組み込まれることも多いはずだ。そこでは、これまで述べてきたものとはまた違ったかたちで修正の過程が組織されることになる。5章で明らかにされたことの1つは、まさにこのことなのであった。

　5章では、中学校1年生の英語の授業において生徒たち同士が現在進行形を用いて質問－返答のやりとりをおこなう場面が検討されているが、そこから見いだせる修正組織の「違い」とは次の2点である。第1に、教師－生徒会話では前述のとおり「他者開始－自己修正」が優先的におこなわれるが、生徒同士の会話では他者による修正の「実施」が優位になるようだ。生徒同士の会話では、ある生徒が誤った知識を含む発話（たとえば現在進行形の誤用）をしてしまった場合、その生徒自身が修正を開始することもあれば他者が開始することもある。ただしその誤りがやはり生徒の知識や理解の不足によってもたらされるものであるがゆえに、いずれにしても話者自身は（すぐには）修正を実施できず、結果として他の生徒が修正を実施することが多くなるのである（cf. Seedhouse 2004 など）。

　このことは第2の違いとも関わってくる。それは、他者開始のありかたをめぐる違いだ。教師－生徒会話の場合、教師は誤った発話をしてしまった生徒自身が正解にたどり着けるまで、発問を言い換えたりヒントを小出しにしたりしながらその都度ちょうどよい強さの修復開始を、そしてそれのみを粘り強く繰り返していく。しかし生徒同士の会話において「他者」たる生徒は、まずもって「え？」などといった「弱い」開始

の技法しか用いず、またその後話者自身がうまく誤りを正せなければ、ただちに修正の実施へと至ってしまう（「自己」に一度も実施をゆだねることなく、「他者開始－他者修正」がなされることもしばしばある）。だから生徒同士の会話では、修正の実施が他者によってなされることが多くなるわけである。

　そのうえで5章において注目すべきなのは、そうした他者による修正を経験した生徒たちがそののちには、みずから自身によって——その最初の発話の順番内で－修正を開始しまた実施できるようになっていったということである。授業の会話分析では児童生徒の「学習」を記述できるかということが1つの大きな課題になっているが（Gardner 2012; 森田 2016）、5章の分析はまさに授業会話における修正に着目しながら生徒の学習を例証した貴重な研究だと言えるだろう。

【文献】

Gardner, R., 2012, "Conversation Analysis in the Classroom," J. Sidnell & T. Stivers eds., *The Handbook of Conversation Analysis,* Cambridge: Wiley-Blackwell, 593-611.

Macbeth, D., 2004, "The Relevance of Repair for Classroom Correction," *Language in Society*, 33(5): 703-736.

McHoul, A. W., 1990, "The Organization of Repair in Classroom Talk," *Language in Society*, 19(3): 349-377.

森田笑，2016，「教室内相互行為——制度的場面の分析」高木智世・細田由利・森田笑『会話分析の基礎』ひつじ書房，313-338.

Seedhouse, P., 2004, *The Interactional Architecture of the Language Classroom: A Conversation Analysis Perspective*, Oxford: Blackwell.

# 6章

# 作品について語り合う・鑑賞する
## ――生活科における子どもの世界

團　康晃

## 1. 子どものコミュニケーションに見る世界

　教師は授業を何らかのねらいをもって計画し、実行する。そこでは自らのねらいや計画という観点からのみ子どもの発言ややりとりを見、評価してしまうことがある。しかし、授業の中で子どもたちは教師がとらえきれないぐらい様々なやりとりをしている。子どもたちは授業の中で自由なやりとりが許容されるとき、教師のねらいとは独立に、教師が想定していない豊かなやりとりを経験している。

　授業をしているとき、たくさんの子どもたちが様々に織りなすやりとりを一挙に把握することはむずかしい。しかしビデオで記録することで、授業をしていた時には気づいていなかった子どもたちの様々なやりとりを捉えることができる。ただ、この時自らの授業のねらいや計画という観点からのみビデオデータを見てしまうと、子どもたちのやりとりは見落とされてしまう。そうではなく、自らの授業の目的というフィルターを外し、子どもたちのやりとりを相互行為として見る時、大人の目からはしばしば見落とされてしまう子どもたちの経験を知ることができるだろう。

　以下では、そうした見方を示すために、小学校の生活科の授業における児童のやりとりに注目したい。その前に、この授業のねらいについて確認しておこう。授業は時代時代の学習指導要領を踏まえてデザインされている。この授業は2011年の12月に実施されており、平成20年度の学習指導要領を踏まえている。そこでは、言語活動の充実や体験的・問題解決的な学習及び自主的、自発的な学習の促進が求められている。特に、生活科に関しては「身近な人々と伝え合う活動を行い，身近な人々とかかわることの楽しさが分かり，進んで交流する」活動の充実が求められている（文部科学省 2010b: 63-66）。また、平成29年度の学習指

導要領においても、学習活動においての言語活動や体験活動の充実が期待されている。

　学習指導要領のような大きな意味での教育的な期待があり、教師はそうした期待を一方に持ち、授業を設計する。その中で児童はいかなるやりとりを経験するのか。特に、ある程度、活動に自由度があるデザインの授業の中で児童はどんな経験をしているのか。本章では「わりばしでっぽう」を使った遊びのための「的」作りの後、友だちどうしで互いの「的」を説明し合う活動を事例に、そこでの児童の互いの的の良さを語り、聞いてもらうための発話のデザインや、話を聞く時の身体の在り方などに注目する。そして、生活科における表現をめぐる活動が児童によってどのように達成されているのかを示したい。

## 2．授業の概要

　まずは本章で扱う授業について基本的な情報を紹介したい。本章で対象とする授業は 12 月になされた小学校 1 年生の生活科の授業であり、単元名は「みんなあそび名人」である。

表1　単元「みんなあそび名人」の全体構成

| 12 月 | 生活科の授業 1 | 的作り 1 |
| 12 月 | 生活科の授業 2 | 的作り 2 |
| 12 月 | 生活科の授業 3 | 的作り 3 |
| 12 月 | 生活科の授業 4<br>（分析対象） | 的遊び<br>的の説明 |

　この授業のひと月前の 11 月、1 年生は「秋祭り」という年次イベントに「お客さん」として参加した。「秋祭り」には 2 年生が準備した様々な催しがあり、その中でも「わりばしでっぽう」を使った「的当て」は人気の催し物だった。1 年生たちの多くは、「お客さん」としてこの「的当て」を経験していた。そして、一か月後、今度は「秋祭り」で楽しんだ「的当て」を 1 年生である自分たちで作って遊ぶことになった。3 時間をかけて「わりばしでっぽう」の「的」を作り、そののちの時間で実際に作った「的」で遊ぶ。

　この章で見る事例は、「的当て」をした授業の後、自分の作った「的」の工夫について友だちに説明するという学習活動である。「的当て」でみんながひとし

きり遊んだあと、教師は児童に対し、二人組になって各々の自分の「的」の工夫について互いに説明しあうよう指示をした。そこで児童は二人組を作って、互いに自らの作品を説明し、評価しあった。

　この授業において、児童同士が「的」について説明することのねらいは何なのか。授業実施時のねらいを確認しておこう。この授業は、平成20年4月以降に採用されていた『学習指導要領・生きる力』のもとにデザインされている（文部科学省 2010a）。この授業を行った先生はこの授業のねらいを以下のように説明している。学習指導要領の「第2章 各教科 第5節 生活」の「生活科の目標（一年・二年）」に照らし、「(4) 身近な人々、社会及び自然に関する活動の楽しさを味わうとともに、それを通して気付いたことや楽しかったことなどについて、言葉、絵、動作、劇化などの方法により表現し、考えることができるようにする」。この授業はこの点を志向した授業であり、具体的なねらいとしては、第一に「自分がつくった「わりばしでっぽう」の「的」について工夫したことや頑張ったことを説明することができる」、第二に「ともだちの話から、その相手の活動の良さや工夫について気付くことができる」である。

## 3．分析の焦点

　教師は授業の背景に学習指導要領や、それを踏まえた単元を意識し、その一つとして授業をデザインする。そしてその中で児童は学ぶ。注意すべきことは、指導要領のような文書に示された目標と日々の具体的な実践との間にある落差の中で、しばしば教師は児童の経験をどうとらえれば良いかわからず、その豊かさを見落としてしまうということだ。

　授業は制度的に期待される目標と、それを知る教師によってのみ作られるのではなく、教師と児童によって、あるいは児童同士のやりとりの中で作り上げられている。その中で児童は、教師によるその授業の「ねらい」と関連する活動を経験している。では、それは本論で注目したい授業の中では具体的にはどういうものだろうか。

　本章の分析では、児童の相互行為を具体的に記述していくことで、ふだん見ているけれど、気づいていない児童の姿をあらためて示したい。そして、その気付きから、学習活動における児童の姿のみとりはより適切なものとなり、評価や支援がしやすくなるだろう。では、児童のどのような行為に注目するのか。大きく三つの点に注目したい。

まず、①話し手が聞き手を「引き込む」やり方だ。自分の考えを誰かに表現するとき、表現した内容はさまざまな方法をとおして、聞き手に伝わる。言葉で伝え、さらには身振りや手振り、あるいは説明したい対象である「的」を見せたり、見たり……何かを伝えようとするとき、そこには伝えるための様々な方法がある。そして、相手に何かを伝えようとする際、話し手は聞き手を、話を聞く体勢に「引き込む」ことがしばしばある。どのようにして話し手の説明は聞き手に効果的に伝えられているのか。そのやり方に注目したい。

　次に、②自分の説明を終え、相手の説明と順番を交代するやり方だ。何かを他人に説明しようとする時、何をどこまで説明すれば良いのだろうか。特に、自分で作った「的」について、限られた時間の中、二人で互いに説明をしあわなければならない場合、一度は説明を交代しないと、ずっと一人が説明をし続けるという事態になってしまう。「じゃあ、私から」、「次は私ね」。このデータではそういう発話とともに、説明は交代される。しかし、こういう切り替えは、ただそのセリフを口にすればいいというわけではない。それは「説明すべき内容」とその開始と終了を理解した上でなされなければならないのだ。話し続けるでもなく、聞き続けるわけでもない、そういう私たちも使う当たり前の方法について見てみたい。

　そして、③説明における児童の身体の利用の仕方だ。「的」という創作物に相対しながら、あるいは「的」に触れて、あるいは触れさせて、近づかせて、その工夫について説明することができるときに、どのように身体を用いているのか。これは、「身体」の側面でありながら「話すこと、聞くこと」という言語活動にとってきわめて重要だといえる。互いに説明をする時、児童はどのようにして、その的という物理的な構造物の面白さを説明し、聞くのか。ここではその点に注目したい。

## 4. 「言語活動」の相互行為的達成

　これから見ていく場面は、単元の全体構成における「生活科の授業4」である。それまでの「生活科の授業1〜3」の活動では、皆が思い思いに「わりばしでっぽう」の「的」を作ってきた。そして、この日の授業では、「的」が完成した児童は実際に「わりばしでっぽう」で「的当て」遊びをしていた。そして、教師はその様子を見て回りながら、時に足をとめて、その場面をビデオに撮影していた。そして、一通り各人が遊んだことを確認すると、教師は「お互いに自分の作

品を説明してあげてください」と児童に自分の作品を友達に説明するよう促した。以下で見るのは、教師の指示の後、教師が撮影したカナ（仮名）と花子（仮名）の活動である。

　まず先にこれからみていく児童の「的」についての説明の特徴を紹介したい。

　以下に登場するカナと花子という児童の「的」の「良さ」や「工夫」の重点はそれぞれに大きく異なっている。カナは、自分が作った「的」のゲームとしての面白さを良さとして伝えようとしていた。一方、花子は自分の「的」の良さを、その形や構造的な技巧性に重点をおいて説明していた。カナと花子が異なる関心のもとに作った「的」の「良さ」、「工夫」はどのようにして異なる関心を持つ相手に伝えられるのだろうか。

## 4.1．話し手が聞き手を引き込むこと

　ここで、自らの作品を説明するカナは、その的の遊び方、ゲーム性をその「的」の良さとして花子に伝えようとしていた。説明の対象となっている「わりばしでっぽう」の「的」だが、「的」といっても、ダーツやアーチェリーのように平面上に同心円が描かれ、そこに得点が描かれているものとは大きく異なる作品が多い。例えば、ダンボールに穴をあけて、そこに輪ゴムを入れることができたら得点になる「的」や、ダンボールの平面上に点数を描いておき、そこに輪ゴムを飛ばしたら得点になる「的」もある。また、季節柄、松ぼっくりやどんぐりを使うことができるので、そうした素材を「的」として利用し、そこに輪ゴムを引っかけると得点になるものもあった。

　このように、各々の「的」には輪ゴムを飛ばす「わりばしでっぽう」の特徴を活かした工夫があった。児童は様々なものを使って、輪ゴムが「的」に「当たる」ことや「引っかかる」こと、「入る」ことによって異なる得点やイベントが生じることを考えていたのである。そのような工夫は前時までの「的」の制作過程における評価のポイントであった。そして本時では、そのような複雑な内容を友達にどのように伝えるか、その際の表現が評価の焦点になっている。

　なかでも、カナが作った「的」は特殊な遊び方があることを一つの特徴としていた。それは、「的」に当てることで得点を得るだけでなく、特定の箇所に当てることで、「どんぐり迷路」で遊べるという点だった。「どんぐり迷路」は、ゲーム盤の一種で、幼稚園や保育園で作ることも多く、小学校の生活科の教科書でも紹介されている児童になじみ深い遊び道具のようである。また11月の「秋祭り」

でも、上級生が作った「どんぐり迷路」が出展され、1年生はこの「どんぐり迷路」で遊んでいる。

　「どんぐり迷路」はそういうわけで、「わりばしでっぽう」の「的あて」とは異なる人気の遊び道具だ。つまり、「的」に「どんぐり迷路」があるというのは、二つの遊びが融合している、ということになる。その内容を友達にどのように伝えるのか。注目したいのは、その際の方法である。教師はカナと花子のやりとりが始まる少し前に、カメラの撮影を開始している。そして、カナと花子のやりとりがはじまった。


**（断片1）**

01　カナ：こっちから？

02　　　　（1.0）

03　花子：【うなずき】

04　カナ：これはこことここが百点で、ここが十点でしょ？

05　　　　（0.5）

06　カナ：で、こうやってやれば（聞取不能）ここにあたったら（.）優秀賞で旗

07　　　　がもらえて

08　カナ：で、ここにかかったら、このどんぐり迷路

09　花子：どんぐり迷路？

10　カナ：そうだよ

11　カナ：（えっとね）【ここで箱を持ち上げる】

12　花子：うわあああ、すご：：：い【花子、箱を下からのぞきこむ】


　04行目からのカナの説明に注目したい。まず、カナは自らが作ってきた的をそれぞれ指さしながら、順々にどこが何点かを説明していく（04行目「これはこことここが百点で……」）。そして、一通り、各所の得点配分を説明した後、「ここにかかったら、このどんぐり迷路」と「的」の台に開いた穴を指さしている。まず、4章解説「相互行為におけるマルチモダリティ」に書かれているように、「これ」や「ここ」といった指示語で的の特定の仕掛けを指示しながら、そこを指さして、説明を加えていく。これはただ単に言葉でその工夫を説明しているのではなく、まさに目の前にある的の具体的な箇所に目を向けさせ、見る／見せるという関係の中で、説明を進めているのである。

　06行目までカナは、「的」の土台の上にある視認できる構造物を指さしながら、

そこに輪ゴムを当てた際の点数を説明していた。その後08行目で、カナは紙コップの構造物に輪ゴムがかかったら（08行目「で、ここにかかったら」）、点数ではなく、台に開いた穴を指さしながら「どんぐり迷路」と述べている（08行目：図1上）。おそらく穴の中に何か迷路のようなものがあるのだろう。これまで説明を聞いていた花子は「どんぐり迷路？」と、カナが述べた言葉を繰り返して聞き返した。

このカナの説明の仕方に注目しよう。カナは目に見える箇所の様々な構造物の得点について、指差しを伴いながら、ひとしきり説明した後、「で、ここにか

**08カナ：で、ここにかかったら、このどんぐり迷路**

**12花子：うわああ、すご::::い**

図1　どんぐり迷路を見る
（画像は四角で囲った発話箇所のもの）

かったら、このどんぐり迷路」と述べた。そこで、花子は「どんぐり迷路？」と聞き返した。これは形式的には会話分析でいわれる、修復の他者開始がなされている（Schegloff et al. 1977=2010）。「どんぐり迷路」と繰り返しているということは、聞こえてはいるのだろうが、その語の意味が理解できなかったのだろう。

しかし、ここでなされた修復の他者開始「どんぐり迷路？」は、ただ会話においてわからない語が出たために聞き返している以上のことがおこっている可能性がある。

ここで「どんぐり迷路」を用いた遊びについて確認しておこう。「どんぐり迷路」とは工作用紙等で複雑な迷路を作り、その迷路の中でどんぐりを転がしてゴールを目指すゲーム盤である。その遊び方や作り方に関する本も出版されているほどに人気のある遊びだ。そして少なくとも、カナと花子は、「秋祭り」でこの遊びを知っている。

このことを踏まえて、花子の「どんぐり迷路？」という聞き返しについてもう一度見てみる。「どんぐり迷路」とは、先に述べたおもちゃであり、上から見ると、ボールの代わりとなるどんぐりが転がる盤のような構造をしている。しかし、カナが説明している「的」には、「どんぐり迷路」のような特徴をもった構造物は確認できない。カナが指をさして「どんぐり迷路」と言っている場所には穴があいているだけなのだ。花子が知っている「どんぐり迷路」とこの「的」の

見た目は大きく異なっている。

　しかしカナは輪ゴムを「的」の特定の箇所に当てたら「どんぐり迷路」だと説明している。このため花子はこのカナの説明の中で述べられた「どんぐり迷路」が何なのか、聞き返しているのだ。こうして、花子がなぜ聞き返しをしたのかを追っていくと、そもそもカナの目に見える構造物への指差しを伴う説明の順番と、いまだ穴しか見えないどんぐり迷路への指差しを伴う発話自体が、聞き手に謎を残すデザインとなっており、花子のこの聞き返しを誘うものとなっていることがわかるだろう。

　そして、花子が「どんぐり迷路？」と聞き返す。つまり花子はカナの聞き返しを誘うデザインの発話に従って聞き返している。この聞き返しに対して、「そうだよ」ということは、そのポイントがあることを認めているだけで、まだその聞き返しに十分な返答をしていない。何が「どんぐり迷路」なのか説明をしていない。そこで「そうだよ」と自分が準備していたポイントである「どんぐり迷路」を花子に見せるべく、カナは作品を持ち上げて穴の向こう側に広がっている「どんぐり迷路」を見せるのである（11行目）。

　こうして穴の向こう、的の台の下にどんな「どんぐり迷路」が広がっているかは、カメラには映っていないが、花子はそれを見て、「うわあああ、すご：：い」と感嘆の声をあげ（12行目：図1下）、評価を行うのである。

　時間にしては数秒にたらない説明の中で、カナは花子を自らの「的」の遊び方の工夫、「どんぐり迷路」にたくみに導いた。次に興味深い点は、花子はカナの説明をただ聞き続けて、その工夫を理解しているのではないという点だ。カナの説明を聞き、その中で自ら問いかけ（09行目）、さらなるカナの示し（11行目）によって作品世界のより深い理解を得ている。当然ながら、花子は08行目で「どんぐり迷路」と説明されたときに、聞き流すこともできたかもしれない。しかしながら、それでは、的の台の裏を見せ、「どんぐり迷路」の内実を示すというカナの説明の山場には至らなかっただろう。

　このような事例をあらためて見るとき、私たちは話す事、聞く事が相互行為の中で達成されていること、また適切に話すだけではなく、良い聞き手がいることの重要性がわかるだろう。先にみたとおり、花子はカナの説明の聞き手として問い返したことで、カナは自らの作品世界の深部へ、「どんぐり迷路」へ、花子を「引き込む」ことができたのである。

　その点で、ここでのやりとりはカナの話し手としての説明の仕方だけでなく、花子の聞き手としての適切な参加のもとにできているのである。こうしてカナの

「的」の遊び方の工夫は、相互行為の中で、伝えられているのである。

## 4.2．適切に説明を交代すること

　今見てきた「的」の説明は、カナが自分の作った「的」にどんな得点や仕掛け
を作ったのか、その遊び方の工夫を説明するものだった。一方で、二人でやりと
りをしながら「的」の「良さ」や「工夫」を伝えようとする時に重要なこととし
て、説明という活動をどのように交代するのか、という点がある。というのも、
発話の順番が交替することと、説明の順番が交替することは別だからだ。

　例えば先の会話断片の08行目と09行目でカナと花子の発話の順番交代が起
こっているが、説明という活動としてはカナの番である。花子の説明の番になる
ためには、どこかでカナがその説明を終える必要がある。そうしないと、授業の
時間中、片方がずっと説明をし、もう片方がずっと説明を聞き続けるといったこ
とになってしまう。

　どんなに自分の「的」の「良さ」や「工夫」がたくさんあって、それを全部伝
えたくとも、どこかのタイミングで「的」を説明することを交代しなければなら
ない。教師によっては、各自時間を決めて、制限時間内に説明をさせる人もいる
かもしれない。しかし、この授業では、各自の説明時間に関しても、児童に任さ
れていた。そして児童は、適切に説明を終え、説明の順番を終えていた。それは
どのようにしてか。

　この二人の説明の交代について考えるにあたって、「的」の説明を行うときに、
聞き手が目の前にある「的」の新しい「良さ」を見出すことがありうる、という
点についても確認しておきたい。目の前に具体的な「的」があり、その作者が良
さについて説明するわけだが、説明の聞き手もまた、自らの視点でその「的」を
見て、その良さに気づくことがある。

　作り手の工夫の説明と、説明の聞き手による「的」の良さへの気づき、この二
つの側面は、説明をしあうという活動を組み立てていく上で重要な要素となって
いた。これから見ていくデータからわかることは、児童たち自身がそのようなこ
とをわかった上で、説明の交代を行っているということである。二人は精緻にや
りとりを組み立てている。話し手が聞き手に伝える「的」の良さや工夫を伝えた
後、聞き手は自らの関心から気づいた「的」の良さや工夫について言及し、説明
する側、聞く側、両方から「的」の良さが語られた後に、説明する役を交代した
のである。先の事例の続きを見ていきたい。

（断片 2）

12　花子：うわあああ、すご：：：い
13　　　　　(3.5)
14　花子：これ - こんなので立てるの？これなんか使ったの？
15　花子：この - このやつだけ - このはっぱだけなの？
16　カナ：うん
17　花子：すごい
18　　　　　(2.0)
19　花子：じゃあ次 - 花子いくよ
20　カナ：うん、いいよ


　花子は、カナの遊び方の一つの工夫であった「どんぐり迷路」を見て、感嘆の声をだし、「すごい」と評価した（12行目）。そのあと、やや長い沈黙が生じていた（13行目）。

　この沈黙ののち、今度は花子がカナの作品を見る中で、質問を行った（14行目）。この質問は、先ほどの聞き返し（09行目）とは異なる。この質問は、先に見たようなカナの行う説明の中で花子が問うものではなく、花子がカナの作品を見て、花子の関心のもとに発した質問のように見える。そこで花子は「的」作りの工夫について問うているのだ。

　そうやって見ると13行目の長い沈黙は、花子がカナの発話を待っている沈黙だと聞くことができる。つまり、花子はカナの説明が続く可能性、あるいは12行目の花子の感嘆、評価に対するなんらかの受け入れとなるカナの発話が来る可能性のもとに、沈黙していた。しかしカナは特に何かを言うわけではない。カナが説明を続けたり、評価に対して受け入れたりすることがないこと、つまりカナの説明が終わったことを花子は十分確認した上で、今度は聞き手であった自分が、カナの「的」に対する気づきについて問い始めているのである。

　松葉をたばねたような、柱型の構造物が的の台の上に立っている。花子はこの「柱」を見て、「これ」と指さしながら、14行目、15行目の質問を行った。花子は矢継ぎ早に幾度か表現を変えながら質問をしている。14行目の「こんなので立てるの？」は質問というより、驚きの表明として聞くことができる。その後、花子はすぐにその造形を可能にする手段、工夫について、「これなんか使ったの？」（14行目）、「このはっぱだけなの？」（15行目）と、質問の仕方を変えている。そして、カナはその問いに対して「うん」と答える（16行目）。そして、そ

の答えに対し、花子は「すごい」と評価を与えているのである（17行目）。

　花子の質問のあり方を見てみると、花子がカナの「的」のある箇所、松草の造形について強い関心をもっていることがわかる。花子はこの点について、矢継早にカナに質問していた。この質問に対し、カナは「うん」と最小限の表現で答え、特に、この制作にかかわる苦労話や特別な工夫について説明を加えることはなかった。ひょっとするとカナは、造形の工夫にはそこまで関心がなかったのかもしれない。この花子の質問は花子の関心から見えるカナの「的」の「良さ」であり「工夫」なのである。

　花子の「すごい」という評価の後、沈黙が生じた（18行目）。2秒であり、リアルタイムの経験としては長く感じられるものだ。この後、花子はカナによる説明、あるいは評価への何らかの受けとめなどがこれ以上ないことを確認し、今度は、自らの作品の説明へと移行したのである（19行目）。

　ここまで見てきたやりとりを振り返って整理してみると、「的」の作者であるカナは得点や「どんぐり迷路」の配置といった遊び方の側面から自らの「的」の「工夫」を説明していた。この説明を受けて花子は感嘆した（12行目）。そしてその後にカナの説明が続くことはなかった。花子はここでカナの説明が一度終わったものと聞いたのだ。そして花子は今カナから聞いた説明、遊び方の工夫とは異なる松や草などの柱という造形の工夫について関心を持ち、驚きを伴ってカナに説明を求め、最終的にカナが説明してはいなかった造形の点についても「すごい」と評価したのである（17行目）。

　つまり、このやりとりの中でカナと花子という二人の参加者の両方から、遊び方と造形の工夫という二つの側面からこのカナの作った「的」の評価が引き出されたのである。その後に、再び沈黙が生じた（18行目）。ここでは花子の評価に対するカナの何らかの受けとめがこないことを待って、19行目では花子自身の「的」の説明を始めることを提案している。このように非常に丁寧に、花子は自らの「的」の説明へと順番を交代した。

## 4.3．説明における身体のあり方

　ここからは花子の「的」の説明の番だ。花子はカナとはまた異なったこだわりで「的」を作っていた。それは今見てきた、花子の質問（14-15行目）にあるように、「的」の形、その造形の工夫である。

　ここでは、花子のこの造形の工夫の伝え方に注目したい。特にここでの分析の

焦点として、発話だけでなく身体の在り方も、説明において相手に伝えることを支える重要な要素であることを確認する。まず花子とカナの身体配置に注目したい。先ほどからのやりとりの続きのトランスクリプトを見てみよう。

**(断片3)**

| 18 | | (2.0) |
|---|---|---|

18　　　　　　(2.0)
19　花子：じゃあ次 - 花子いくよ
20　カナ：うん、いいよ
21　花子：えっと<u>これ</u>が：：：<u><u>まず</u></u>
22　カナ：°すごい . のびるんだ°
23　花子：°うん°

　花子はカナとは異なり、「的」の得点などについての説明ではなく、「えっとこれが」と言いながら、おもむろに的に張り付いている紙コップを引っ張り（21行目下線部）、「まず」で紙コップの裏側を指差し（21行目二重下線部）、説明を開始している。紙コップの底には紐が通してあり、的から外せる（紐で吊る）ようになっているのだ。それを見て、カナは小さな声で、驚きと評価を示した（22行目）。

　花子の説明は、カナの説明のやり方とは大きく異なっている。先述のとおり、カナは遊び方の工夫、得点のルールに加えて、特に「どんぐり迷路」という隠された工夫を示唆することで花子の興味関心を引きつけていた。一方、ここで花子は、何の前置きをすることもなく、21行目下線部のタイミングで的についた紙コップを引っ張った。「まず」と言いながら、花子は紙コップの底を指さす。この時、カナの視線は、紙コップの底へと向けられている。その造形上の工夫をみてカナは驚き、評価している。

　花子は「まず」の後、それが何かを言葉で表現せずに、カナの目の前に示す。紐のついた紙コップが「的」の台から離れるのだ。その仕組みを見たカナの驚きと評価を花子はいったん受け止め（23行目）、続けてカナが驚き評価した紙コップの仕掛けについて詳細に説明していく。

　次の断片4で注目したいのは、花子が説明したい具体的な的の工夫をどのように説明し、カナはそれをどのように聞くのか、である。ここで説明されている内容は、的にぶら下がる紙コップを作り上げるまでの具体的な工夫であり、花子はその実際の的と紙コップを見ながら、見せながら、その工夫を説明している。つ

まり、花子の説明は目の前にある的の構造についての注釈としてなされている。

　断片4のトランスクリプトを見ると指示語が多いことがわかる。一見すると、指示語が多いと言葉足らずな印象をもつかもしれないが、そういうことではない。4章解説「相互行為におけるマルチモダリティ」にあるように、実際には具体的な「的」が目の前にあり、その的の近くで、的を触りながらこの発話はなされており、話し手の指示語の参照先への視線を導く効果を伴って説明がなされているのである。それは聞き手に、この「的」の工夫を伝えるための適切な方法であり、それゆえに「的」に向かう聞き手の身体の配置も変わってくるのである（西阪1992）。

　カナは実際、花子が説明している間、花子が指示する箇所が見えるように、移動しながら説明を聞いている。図2から具体的に見てみよう。


**（断片4）**

23　花子：°うん°

24　花子：うしろに：：こうやって-

25　　　　（2.0）

26　花子：ここに穴開けて-

27　花子：で-それだけじゃすべん-

28　花子：ちゃんとこうやって：よこにもまっすぐにも動かないから下に：：

29　花子：一回テープ-テープじゃなくって画用紙をはって：：

30　　　　（1.5）

31　花子：で：：（1.0）で：：こうやって：：やって

32　花子：この通し方は ここに入れて：

33　花子：で-まずここにはさみで穴開けて

34　　　　（3.5）

35　花子：【聞き取り不可】

36　　　　（2.0）

37　花子：で：：ここ（1.0）ここにテープをはって：：

38　花子：で：ここの穴にちょうどきついぐらいの

39　花子：°こうやって°

40　　　　（1.5）

41　花子：で（1.0）手を

42　　　　（4.0）

43　花子：こうやってとおすんだよ

44 カナ：<u>ここにこういうふうにあてて</u>　ここにあたったら、このす-千点なの？
45 花子：そう、あ、一万点、一万点
46 　　　（1.5）

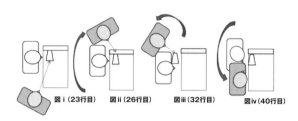

**図2　花子の説明における二つの身体配置**

　23行目でカナの驚きを受け止めた後、花子は説明を始める。説明の開始、花子は「うしろに」と、「的」の背面部、紙コップを下げる紐が通された箇所に触れながら説明を開始する（24行目）。この時、24行目下線部のタイミングで、カナは図iの位置から的の後ろが見えやすい場所（図ii）に向かって移動をしている。つまり、24行目で花子が「うしろに」と的のうしろに言及し、手でも触れていることから、この場所についての説明がはじまることを理解し、説明を見聞きしやすい場所に移っているのである。

　25行目の沈黙において、花子は的のうしろに出ている、紙コップにつながった紐を触っているが、カナの移動が落ち着くのを待ち、26行目でカナが図iiの位置に着くタイミングで「ここに穴開けて」と的の台になっている段ボールの穴を指さしながら説明を続けている。カナが「ここ」を見ることができない図iや図iiの位置に向かう過程では、この発話の内容は理解できないだろう。つまり、カナの身体の位置、そして、花子の「ここ」への指差し、その指差しによってカナの視線が特定の位置を観ていることで、この説明は理解可能なものになっているのである（図3参照）。

**図3　26花子：ここに穴開けて**

　詳細な身振りなどは省略するが、27-29行目と、図iiの位置で、花子が具体的に発話と連接させて、自分の工夫を説明していく。そして、30-31行目と、沈黙が多いのは、この時、次の説明のために具体的に的の穴を通っている紐を触り、そこから紙コップを引っ張り出して

いる作業によって（31行目波線部）、沈黙が生じているのである。

32行目の波線部になると、今度は的のうしろの穴ではなく、紙コップへと説明が移っていく。32行目の「この通し方」という時、花子は31行目で引っ張り出した紙コップの底、紐が通っている紙コップの底の部分を指差している。これまでは的の「うしろ」の説明だったものが、紙コップの説明に移るとき、その具体的な「この通し方」の指示している箇所は、的の背面ではなく表面についている紙コップになる。この時、カナは花子が言及している紙コップが見える位置（図iii）に移動している。

さらに、37行目の下線部になると、今度は紙コップの底から、紙コップの内側の工夫に説明が移行し、花子は紙コップの内側をカナに見せている。さらに紙コップの内側の工夫に話が移っていくと、40行目の下線部のタイミングで、カナはより紙コップの内側が見えやすい図ivの位置に移動して説明を聞いている。

その後、花子は紙コップに施した紐を通す工夫によって、その紐が的を通って、この紙コップの工夫ができあがっていることを伝え、説明を終えている（43行目）。つまり、的の背面から、的に開けた穴を通した紙コップに施された工夫まで、作成過程の順を追って、カナの視線を適切な工夫の箇所に引き付けたままに、共にその工夫を見ながら説明したのである。

以上、花子の一連の説明とカナの説明を聞くやりとりを見てきた。カナは自らの身体を、目の前にある花子の的の後ろ側や前の紙コップなど、花子の説明に応じて、適宜移動させていた。また、24行目から26行目にかけて細かく見たように、花子はカナの移動をモニターしながら説明を進めており、26行目の「ここ」という発話はまさにカナが「ここ」を見ることのできる位置に来た時に、カナの視線を「ここ」に促すために指差しと同時に発されている。説明をすること、説明を聞くことは、目の前にある「的」を見せる／見ることと分かちがたく結びついたかたちで、相互行為として進められているのである。また、21行目に開始され43行目まで一通りなされた花子の説明は、カナの得点や仕掛けなどのゲームに関する工夫の説明とは異なり、造形上の様々な工夫の作成過程を追体験するものとしてデザインされていたのである。

これまで見てきたような、的の特定の箇所を指差し、指示しながら語られていく花子の説明、そしてそれを聞くために身体配置を変えながら、指差しを目で追って聞くカナの説明の聞き方は、断片1における08行目や12行目（図1）からもわかるだろう。08行目で、「このどんぐり迷路」とカナが言うとき、カナは的の台にあいた穴を指さしている。花子の視線はこの穴に導かれる。しかし、そ

こには「どんぐり迷路」らしきものはない。だからこそ、花子は「どんぐり迷路？」（断片１：09行目）と問うのである。カナはこう問われることで、満を持して、的を持ち上げ、花子はその見せるために持ち上げられた、的の中の構造をのぞき込むために、身をかがめている。

　このように、私たちがその工夫を説明する時、目の前にある「的」という構造物の特定の箇所を説明する時、そして説明された内容を聞くときには、声に発された言葉だけでなく、指差しや身体の配置などの様々な資源が用いられている。説明をしたり、それを聞いたりする時、私たちは、その相手と一定の距離を保つことを普通のことと思うかもしれない。しかし、ここで見てきたように、道具を媒介にした説明をよく理解するためには、説明する者、説明を聞く者の身体が、一定の距離に保たれる必要は必ずしもなく、互いにその道具が利用できることが大切な時もある。

　最後に、説明が終わった後の44行目の波線部を見てみよう。花子の「的」の作成の過程を聞き終えた時、44行目の波線部でカナは位置を変えて、これまでよりさらに身を乗り出し、紙コップの中をのぞきこみながら質問をしている（図4）。これは、前節で見たような作り手の説明の後の聞き手の質問だといえる。つまり、カナは花子の説明がひと段落したことを理解した上で質問している。

　その質問は、カナらしい質問だった。つまり、遊び方についての質問だった。「ここにあたったら」と、紙コップの底を見ながら、花子に質問しているのだ（44行目）。これは先のカナの説明の後に、花子が自分の関心である造形の工夫について質問をしたことと似ている。説明を受ける者は、まず作者が説明したい点をひととおり聞いた後に、自分の関心に基づいて気づいた点について問うている。そして、その問いに対して、花子は「そう」と答えた後に、点数が異なっていたのか、「一万点」と訂正していた。

　ここで分析を総括しよう。①聞き手を「引き込む」やり方、②説明を終えることと、説明を交代するやり方、そして、③説明における児童の身体配置の仕方、

以上の三点に注目して分析を行ってきた。ふだんから見ている児童の活動を、相互行為としてつぶさに見ることで、ただ説明の内容が聞き手に話されたり、聞かれたりしているのではなく、様々な技法のもとに伝えられているということが明らかになるだろう。

**図4　ここにこういうふうにあてて**

　カナの説明と花子の説明における表現のあり

方は異なっているように見える。しかしそれは、それぞれの「的づくり」へのこだわりの違いから生まれる、説明したい、伝えたい工夫の質の違いにもとづくものであり、それぞれに適切かつ合理的に伝えることができていた。2人の説明には、聞き手の質問を誘うような説明の順番や発話デザインがあった。さらにその身体配置を変えさせることで、詳細な造形の作成過程を追体験させるような工夫がなされていた。これらは、児童たちがそれぞれの観点から説明することでなされるものであり、授業の前には想定されないものだろう。また、授業の時間を共に過ごしている時には、そのたくみさを見落としてしまうようなやりとりかもしれない。そして、こうしたやりとりは、授業のねらい・計画では想定されていない、しかし計画された授業の中で児童らが生み出している豊かな経験であろう。そして、児童らが二人組で交わすやりとりを、ビデオデータに記録し、その相互行為をつぶさに見る時、私たちはここで示してきたような、その豊かな経験、豊かな「話すこと、聞くこと」に関わる言語活動を行う上で重要な技法に気づくことができるのだ。

## 5. 子どもの経験を理解するために

　これまで見てきた学習活動とそこでの児童の経験は、教師の指導の在り方にとっても重要な示唆をもたらしうる。一つは造形遊びなどにおける児童たちの説明の実践を見ることで、作られた作品だけからは気づけないような、作り手それぞれによる作品に対する関心、世界観に気づくことができるということだ。これまで見てきたように、児童たちはそれぞれの作品にそれぞれの関心や思い入れを持っている。大人はしばしば、評価する観点を前提にして作品を評価してしまいがちであるが、児童たちの説明の実践を見る事で、児童たちにとっての作品の価値の多様性に気づくことができる。

　二つ目は、話すこと、聞くことに関する言語活動において、児童たちそれぞれのやりとりの仕方に教師が注目することができれば、児童たちのやりとりのより適切な評価が可能となり、また、より適切なサポートが可能になるということだ。これまで見てきたように、こうした言語活動では発せられる言葉だけではない、相手とのやりとりとしての発話の連鎖や、身体の配置自体がその活動にとっての重要な要素であった。その点に気づくことができれば、教師は児童たちそれぞれの相手に伝えたい内容に照らして、そのことを伝えるための方法の適切性を評価することができ、またその方法をより良くするための支援をすることができ

る。例えば、適切に説明の順番を交代するという技法に注目するならば、自分の作品の説明を続けてしまい、なかなか説明をやめられない児童には、自らが伝えたいポイントを確認し、それを伝えるようにサポートすることもできるだろう。また、教師はどうしても発話の内容に注目しがちであるが、誰かに教材などの物を利用して伝えようとする際に身体の配置がきわめて重要であることは、この章の分析を通してもわかるだろう。

　授業の中では、児童の身体が机の配置などによって固定され、説明したりそれを聞いたりするときに十分な参与ができていなかったり、そのこと自体に児童本人が気づけていなかったりすることがある。このようなとき、教師から児童に対して、説明をするため、あるいは聞くための身体配置の変更を促すことで、児童はうまく説明したり、理解することができるようになる。

　さらに、この身体配置の問題は、児童たちの説明実践に限らず、教師の様々な実践においても重要な問題であることがわかる。例えば、特定の誰かの「的」について教師が児童たち全員に向かって紹介するということがあったとしよう。教師は、作り上げた「的」を教卓に載せたり、あるいは教室の前方で、その「的」を持ったりしながら、その「的」について紹介するかもしれない。また、そうではなく、教室の真ん中に「的」を持ってゆき、その周りに児童たちを集めて、その「的」について紹介することもできるだろう。このように、教師と児童たちの身体配置の関係もまた、教師が児童たちに何かをよりよく伝えるためのポイントとなることは、広く知られていることだ。相互行為分析をおこなうことで、私たちはこの身体配置の問題と授業実践の関係をより分析的に考察していくことができるのである（8章参照）。

## 【文献】

文部科学省，2010a，『学習指導要領　生きる力（平成 20 年）』．
————，2010b，『学習指導要領解説　総則編（平成 20 年）』．
西阪仰，1992，「参与フレームの身体的組織化」『社会学評論』43(1): 58-73.
Schegloff, E. A., G. Jefferson & H. Sacks, 1977, "The Preference for Self-correction in the Organization of Repair in Conversation," *Language*, 52(2): 361-382.（= 2010，西阪仰訳「会話における修復の組織——自己訂正の優先性」『会話分析基本論集——順番交替と修復の組織』世界思想社，157-246）

## —7章—

# 教科を横断して活用する
## ——身体動作を定式化してアドバイスする

鈴木美徳・五十嵐素子

## 1. 教科等横断的な視点の必要性

　本章では、国語科と他教科（体育）の連携授業の事例をもとに、そこで生徒らがどのような活動の中で言語能力を培っていたのかを見ていくことにしたい。

　教科間の連携授業を実施する場合には、連携下の学習活動同士がどう結びついているのかという点をきちんと把握しながら、そこでどのような学びが深まるのかを考えて連携を計画していく必要があるだろう。また連携授業を振り返り、評価する点においても同様である。

　**本章では、連携授業の学習活動間の質的なつながり——とりわけ言語活動を捉えるための一視点として、会話分析の「定式化実践」（Garfinkel & Sacks 1970）（解説・コラム参照）のアイディアを援用し、この視点から生徒の学習活動を振り返ることを試みたいと思う。そして教科等横断的に連携授業を設計する際の留意点を示していくことにしよう。**

### 1.1. 生徒の学習経験を理解する：カリキュラム・マネジメントに位置づけられた教科等横断的視点

　2016年12月の中央教育審議会の答申（pp. 23-24）では、カリキュラム・マネジメントの3側面の一つに「各教科等の教育内容を相互の関係で捉え、学校教育目標を踏まえた教科等横断的な視点で、その目標の達成に必要な教育の内容を組織的に配列していくこと」が位置づけられた。また、高等学校指導要領総則（平成30年告示）においては、教育課程の編成において教科等横断的な視点に立った資質・能力の育成が強調されている。[1] 資質・能力は特定の教科にとどまらず全教科ではぐくむものであるとされているからだ。

　このような「教科等横断的な視点」を強調する流れは、急に出てきたわけでは

ない。平成20年告示の学習指導要領においては、学習指導要領の理念である「生きる力」をはぐくむために「言語活動の充実」が有意義であるとされ、小中高の教育現場において、各教科等を通じて生徒の「言語活動を充実」させることを求めてきた。[2] 特にこの「言語能力の育成」においては、「国語科と各教科・科目等の指導とが適切に連携」することの有効性が述べられ、国語の指導と評価の計画の中に他教科との関連を位置づけることを求めてきた経緯がある。[3]

こうした経緯を踏まえたとき、学習指導要領（平成30年告示）の本格的な実施にあたっては、カリキュラム・マネジメントで「教科等横断的な視点に立った組織的な配列」をすることにとどまらず、もう少し踏み込んで、どの程度横断的に連携し、指導を展開するべきなのか、という論点を含み込んだマネジメントを模索することになるだろう。本章で考察対象としている国語科は、他教科と連携することがもっとも期待される教科であり、高等学校の連携授業の実践事例が少ない現状においては、本章の事例がその模索の助けになるものと考えている。

## 1.2. 指導の連携の難しさと、実施上の課題に向けて

筆者（鈴木）は『言語活動の充実に関する指導事例集』（高等学校版）を踏まえ、「先に国語の授業で基本的な能力を培って、次に各教科等の授業で活用する」という趣旨のもとで、国語と体育の教科間連携授業を計画し、研究授業を実施し

---

[1] 具体的には、「第2款 教育課程の編成」「1 教科等横断的な視点に立った資質・能力の育成」において、「(1) 各学校においては、生徒の発達の段階を考慮し、言語能力、情報活用能力（情報モラルを含む）、問題発見・解決能力等の学習の基盤となる資質・能力を育成していくことができるよう、各教科・科目等の特質を生かし、教科等横断的な視点から教育課程の編成を図るものとする。(2) 各学校においては、生徒や学校、地域の実態及び生徒の発達の段階を考慮し、豊かな人生の実現や災害等を乗り越えて次代の社会を形成することに向けた現代的な諸課題に対応して求められる資質・能力を、教科等横断的な視点で育成していくことができるよう、各学校の特色を生かした教育課程の編成を図るものとする」とされた。

[2] 「言語活動の充実」は、中央教育審議会答申 (2008) において、「今回の学習指導要領の改訂において各教科等を貫く重要な改善の視点である」と述べられている。具体的には平成20年告示学習指導要領総則の「教育課程編成の一般方針」において、「学校の教育活動を進めるに当たっては、各学校において、生徒に生きる力をはぐくむことを目指し、創意工夫を生かした特色ある教育活動を展開する中で、基礎的・基本的な知識及び技能を確実に習得させ、これらを活用して課題を解決するために必要な思考力、判断力、表現力その他の能力をはぐくむとともに、主体的に学習に取り組む態度を養い、個性を生かす教育の充実に努めなければならない」と記された。

[3] 『高等学校学習指導要領解説 国語編』（平成20年告示）においては、「国語科の指導と、各教科・科目等の指導とが適切に連携して行われてこそ、言語に関する能力を確実に育成することができる。そこで、国語の各科目の指導と評価の計画の中に、他の教科・科目等の指導との関連を明確に位置付ける必要がある」と書かれている。

た。

　実際に教科間で連携しようとしたときに、複数の教科を一人で教えることができる学級担任制をとる小学校よりも、教科ごとに担当が異なる教科担任制をとる中学校・高等学校の方が、より困難さがある。中学校・高等学校において、教科間の連携を伴うカリキュラム・マネジメントは、教員間の協働抜きには実現が難しいからだ。こうした状況において、実際に連携授業を計画・実践してわかったのは、単に連携授業を計画するよりも、各教科において生徒が抱える課題を改善することを目指して、授業計画に取り組む方が、教員同士の連携においても、生徒の動機付けの面においても、効果が高まりそうであるということだった。

　他方で、連携して指導する際の課題も感じられた。教科等横断的に資質・能力を育成するのであれば、連携授業を行う際に、授業間の学習活動の結びつきを捉える視点は欠かせない。例えば、上記研究授業（後述）を例にすれば、言語活動の充実をねらいとした連携である以上、連携授業における言語活動がいかになされるのか、またそうした学習活動同士がどう結びつくのか、といったことに留意して連携を計画・実施する必要がある。またある学習活動でどのような能力が培われ、それが別の学習活動でいかに活用されたのかを見てとり、実践を評価すべきでもあろう。

　筆者が実践を行った時点では、こうした計画・実施・評価をする視点や方法が見当たらず、そこに大きな課題があると感じられた。

　そこで本章では、実践した連携授業における生徒の活動の実態を具体的なデータをもとに振り返り（2節）、「定式化実践」のアイディアを、活動を捉える視点として援用しながら、生徒がどのように言語の運用能力を培い、それを活用していたかを記述する可能性を探りたいと考える（3節）。そのうえで、教師が連携授業を行う際に留意すべき点を示し、今後の指導に生かせればと考えている（4節）。

## 1.3.　活動をみる視点としての「定式化実践」

　学校現場で取り組まれる言語活動には、幅広い活動が含まれ、そこで培われる能力やスキルというものも多様である。本章では、そうした生徒の活動の中身にアプローチしていくにあたって、「定式化実践」のアイディアを考察の視点として用いることにしたい。「定式化実践」と言うと難しく聞こえるかもしれないが、私たちが物事や状況を様々な仕方で言い表す（＝定式化する）実践のことであり、

言語活動はもちろん、教育実践のみならず、日常生活の幅広い行いを包括しうる実践である（本章の解説・コラム参照）。このため、幅広い言語活動を含む学校教育の諸活動を考察する視点として汎用性が高いと思われる。

定式化実践について、その議論の詳細は本書の7章解説「定式化実践」で取り扱われているが、ここで改めて確認しておきたい点は以下の通りだ。「言い表す行為」というと、語彙や表現自体に目がいくが、ポイントは、それがある行為をなすための資源として用いられているということである。私たちが言葉を使って何かを名指すとき、「名指し」自体が目的なのではなく、名指すことによって何かを「する」、つまり行為することにその目的がある。

例えば、6章の團論文における断片1で児童（カナ）が、自分の作品のある部分を「このどんぐり迷路」と定式化した説明は、それだけでは意味がわからないという点で、一見子どもらしい「言葉足らず」な表現のようにも受け取れるかもしれない。しかし実際にはそれが聞き手に「なぞかけ」を与え、相手がそのなぞを解くために説明を聞きたくなるという点で、聞き手の関心を引きつける適切な説明の始め方であるとみなすことができる。

このように、私たちは自らの行為に適った語彙や表現を選んで言い表す行為をしており、こうした定式化で利用されている資源の質の観点から児童生徒らの言語活動の内実を見て、その授業の評価の一助とすることは、児童生徒らの資質・能力の育成というねらいから見ても、意義あることだと考えられる。

## 2．実践事例の概要：国語と体育の連携

以下では高等学校2年生の教科間連携の事例を取り上げていく。[4]この連携のねらいは、国語の授業で培った言語能力を体育の授業で活用することにあった。

具体的には、国語の授業（国語表現I、現在の国語表現に該当）でソフトボールのビデオ映像（以前の体育の時間に撮影されたもの）を見て、身体的な運動等の様子を言葉で説明する能力を培い、そこで得た知見を各教科等の授業（体育）で活用して実技をするという流れの連携になっている。教科同士の繋がりを簡単にま

---

[4]　本連携授業は2013年にS県立高等学校で行われた。平成20年告示学習指導要領においては、「生きる力」をはぐくむという理念のもと、言語活動の充実に向けた取り組みが進められてきた。その一つとして国語科と各教科・科目等の指導とが適切に連携するため、高等学校の教諭である筆者（鈴木）は、「国語の授業で基本的な能力を培って、これを踏まえて各教科等の授業で活用する」という趣旨で、教科間の連携授業を研究授業として行った。

とめると以下（表1）となる。

表1　単元名：映像で見た自分の活動を言語化して、次の活動に生かす

| 教科 | 内容 | 概要 |
|---|---|---|
| 国語<br>（国語表現Ⅰ） | 文章で表現する | 体育時に撮影されたビデオを見て課題点や目標などを言語化する。 |
| 体育 | ソフトボール | 課題点や目標などを意識しながら実技（ソフトボール）を行う。 |

それぞれの授業の概要をもう少し詳しく紹介しよう。

〔国語の概要〕
表2には、国語（国語表現Ⅰ）の授業の目標と学習活動の流れが示されている。

表2　国語における授業の目標と学習活動の流れ

| 授業名 | 勝つチームにするために | |
|---|---|---|
| 学習目標 | ビデオデータを見て他者へのアドバイスを言語化して伝える<br>自分自身とチームの目標をそれぞれ文章にする | |
| 学習活動 | 導入（5分） | 本時の学習活動の内容を理解する。 |
| | 展開①（22分） | ビデオデータを見て他者へのアドバイスを言語化する。 |
| | 展開②（7分） | 他者のアドバイスを参考にして、自分の今後の目標を文章化する。 |
| | 展開③（10分） | チーム内で今後の目標と取り組みについて話し合う。 |
| | まとめ（6分） | チーム毎にクラス全員に向けて今後の目標と取り組みについて発表する。 |

　導入では、生徒は教師の指示で、体育の時間に構成された4チーム（9〜10人）に分かれ、本時の授業内容の説明を受けた。次の展開①で、それぞれのチームのメンバーのプレーが収録されたビデオ映像を、ノートパソコンを利用して、約20分間（一人のプレーにつき約2分間）見た（図1）。このビデオは、体育担当教員が体育の時間に行われたソフトボールの試合の映像を録画し、生徒一人一人のプレーを打撃と守備に分けて編集したものである。この各人のプレーのビデオ映像を見ながら、チーム全員が具体的なアドバイスを付箋に書き、プレーしている

図1 展開①におけるビデオ視聴の様子

図2 まとめにおける各チームの目標発表の様子

本人に手渡した。この学習活動では、生徒が各人のプレーの記憶に頼ってアドバイスするのではなく、ICT機器を活用して、実際のプレーの仕方、つまり、事実に基づいた話し合いを促進することができるよう工夫している。展開②では、各生徒が受け取った付箋を、配布されたプリントに貼り、その付箋に書かれたアドバイスを参考にして、技術面における「守備」と「打撃」に関する個人としての今後の取り組みについて具体的に文章にした。さらに展開③では、チーム毎に「勝つチームにするためには」という視点で、チームとしての今後の具体的な目標と取り組みについて話し合い、マグネットシートに記入した。最後にまとめで、展開③で作成したマグネットシートを黒板に貼り、チーム毎にクラス全体に向けて発表し、各チームの目標をクラス全体で共有した（図2）。

**〔体育の概要〕**

以下の表3には、体育（ソフトボール）の授業の目標と学習活動の流れが示されている。導入で、生徒は体育の教科当番の指示で、毎時間行われている体操と体力補強運動を行った。具体的には、その場で二人一組になり、腕立て伏せ、腹筋、馬とびを各20回行った。その後グラウンド（400m）を3周、各自のペースでランニングし、走り終えた者からバックネットやベースを運ぶなどのソフトボールの準備をした。展開では、試合会場を準備した後にキャッチボールを行い、教師による指示で試合を開始し、終了の指示があるまで試合を行った。

これらの連携授業の学習活動は、ビデオカメラで記録し、生徒が書いたワークシートも資料として回収した。以下ではこれらのデータをもとに考察をしていく。

**表3　体育における学習目標と学習活動の流れ**

| 活動名 | ソフトボール | |
|---|---|---|
| 学習目標 | 自分自身とチームの目標を達成できるように取り組む | |
| 学習活動 | 導入（15分） | 体操、体力補強運動を行う<br>本時の学習活動の内容を理解する。 |
| | 展開（27分） | ソフトボールの試合を行う。 |
| | まとめ（8分） | ソフトボールの片付けをし、本時の反省をプリントに記入する。 |

## 3．各学習活動とその連携の分析・評価

### 3.1．国語：生徒はいかに課題点や目標などを言語化していたか

ここからは、国語の授業内で行われた言語活動について、取り組まれたワークシートの記述から考察していこう。

ビデオでチームメンバーの守備と攻撃のプレーをみた生徒らは、その場で付箋にアドバイスを書いていく。それを授業の途中で互いに渡し合い、もらった付箋のアドバイスをもとに自分の今後の取り組みをワークシートに書いていった。例として野球部員ではない、生徒Nのワークシート（図3）をとりあげよう。

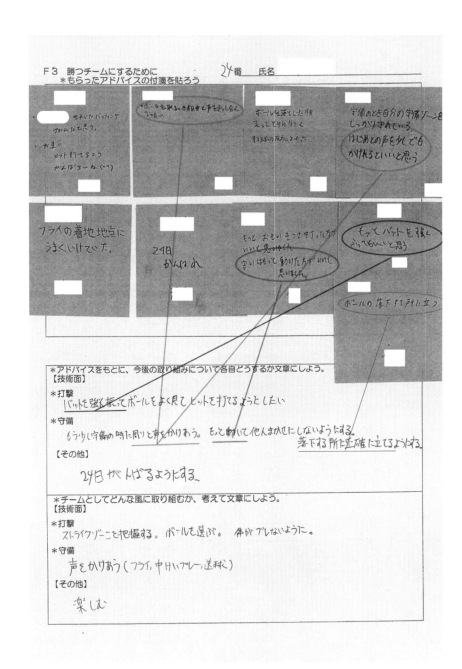

図3　生徒Nのワークシート（個人が特定できる部分は隠してある）

図3の付箋に書かれた文章を、打撃と守備に関するものにそれぞれ分けて整理してみよう（傍線筆者）。

〈Nの打撃について〉
・Nはきれいなバッティングなんだと思う
・<u>もっと思いきって打った</u>方がいいと思いました。
・<u>もっとバットを強くふっても</u>いいと思う。
・打球の反応は良かった。
・お互いヒット打てるよう頑張ろうね

〈Nの守備について〉
・守備のとき自分の<u>守備ゾーン</u>をしっかり守れている。
・ボールの落下する所に立つ
・<u>フライの着地地点</u>にうまくいけていた。
・守りはもっと動いた方がいいと思いました。
・<u>ボールを落とした後走ってとりに行く</u>
・<u>ボールを取るとき</u>相手と声を出し合えると良い
・Bとの声を少しでもかけれるといいと思う。

　本授業のねらいは、「体育時に撮影されたビデオを見て課題点や目標などを言語化する」というものだ。また、付箋に記入するアドバイス例として教師が提示していたのは「バッティングの時にフルスイングをし過ぎてバットに当たっていないから、ボールをよく見る」というような内容だった。こうした教育上のねらいは達成できていたのだろうか。
　実際に付箋に書き込まれた内容は「ふみきるようにしてボールを投げた方がいい」などの、・で・き・て・い・な・い・こ・と・に対するアドバイスばかりではなかった。「Nはきれいなバッティングなんだと思う」などのNのプレーへの肯定的な評価も同程度の数があった。これは専門的なコメントが難しいということに加えて、でき[5]ていないことに対するアドバイスは批判になりえ、相手を傷つけるおそれがあると生徒が認識していたこともあると思われる（後述するがアドバイスに対するこのような抵抗感は学習活動を妨げることになりかねないので注意が必要である）。
　では実際に付箋に書かれたコメントでは、どのように身体動作を言語化していたのだろうか。打撃に関して書かれた内容を見ると「もっと思いきって打った方

がいい」や「もっとバットを強くふって」などとある。これらは教師が挙げた例（「バッティングの時にフルスイングをし過ぎてバットに当たっていないから、ボールをよく見る」）ほどには、プレーを詳細に定式化しているとはいえない。ある生徒は書いている最中に、「無理。知識も何もないんだから」と発言していたが、映像から「空振り」をする場面を見て「ボールをよく見る」というアドバイスはできても、「スイングの際に（右肩が上がっているから）左肩を下げる」や「スタンス（が狭いの）を広くして下半身を安定させる」といったような、ソフトボールや野球の特定の場面に必要なものとして、身体の動きを言語化することは、野球経験の少ない生徒の多くにとっては困難であったようだ。

　だがここで書かれた、「もっと思い切って」という表現や「もっとバットを強く」という表現は、あいまいに聞こえるが、ビデオにおける N のバットの振り方（体を使って打っておらず、ボールに当てに行っているフォーム）を前提としている。「思い切って」というのは、体全体を使って振り切って打つことを示しており、また「もっとバットを強く」は、その映像の振り「よりも」という意味である。このアドバイスの表現は、ビデオの映像を前提とすることで、振りの強さに関しての一定の規準を具体的に示している。このため、あいまいな定式化であっても、打ち方についてのアドバイスが最低限できていたと言えるだろう。

　また守備について書かれたコメントの特徴としては、ボールを捕る一連のプレーについて、その場所やタイミングごとに定式化しながらコメントしている点が挙げられる。具体的には「守備ゾーン」として立ち位置について定式化して評価をし、「フライの着地地点」と打球がきた場所を定式化して動きについての評価をし、「ボールを落とした後」、「ボールを取るとき」などと、球を捕る一連の作業における時機（タイミング）を定式化して、周囲との連携についてアドバイスしている。

　このようなコメントが出るのは、プレーの映像を見ながらコメントを書いているため、プレーに即して N の居る場所や時機を定式化しているからである。こ

[5]　なお、生徒から抽出した 8 名分のアドバイスの内容について、できていないことの指摘を「提案型」、できていることについての指摘を「肯定型」と分けると提案型が 48 ％、肯定型が 44 ％、その他が 8 ％であった。アドバイスの内容について「提案型」と「肯定型」が同程度あったのは、「提案型」が生徒にとって他者に対する批判に類似するものと受け止められており、そのために「アドバイスをする前にいい所を見つけて褒める」というバランスをとったものと推察される。「アドバイス≒批判≒相手を傷つける」という感覚を生徒が持っていたという認識は授業者と筆者も同様であり、他者からのアドバイスは生徒にとって、彼らがよく口にする「ダメ出し」と受け止められる傾向にあるようである。従って、このような場面では「できていること」と「できていないこと」の両面をそれぞれ指摘するような設定にすると、生徒は活動しやすくなると言えよう。

の結果、Nが失敗したプレーの流れに即したアドバイスができていると言えるだろう。

　このように、ビデオを見てプレーを言語化する場合には、見ていたビデオが前提となっているため、言葉で表現しつくすというよりは、ビデオのプレーのあり方に依拠した形で対象が定式化され、アドバイスやコメントがなされていた。

　これを受けてNが書いた「アドバイスをもとにした今後の取り組み」は以下のようになっていた（図3より再掲）。

　　＊打撃
　　　バットを強く振ってボールをよく見てヒットを打てるようにしたい
　　＊守備
　　　もう少し守備の時に周りと声をかけあう。もっと動いて他人まかせにしないようにする。落下する所に正確に立てるようにする。

　上記の記述からは、Nが同じチームの仲間からもらった付箋の内容の中でも、アドバイスされた内容を反映し、自らの課題としてまとめていることがわかる。

　ここまで見てきたように、野球部員ではないほとんどの生徒にとって、専門的な知識を要する表現で定式化してコメントをすることは難しかったようだが、映像を分析し、そこでなされている動きを規準としてアドバイスすることや、プレーにおける場所やタイミングに沿って、動きを定式化することでアドバイスができていた。また、そうしたアドバイスを利用して自らの「課題」や「今後の取り組み」を設定することもできていたことがわかる。なお、こうしたNの課題は、このチームとしての今後の取り組みにも反映されている（図3参照）。

　競技実践の中で経験を積み、知識が増えれば、さらに、身体の動きを言語化する能力は高まると予見される。そして、その言語化する能力の高まりは生徒各自の課題解決のために役立つであろう。

## 3.2.　体育：前時の目標に向かって試合する生徒たち

　この連携授業の目標は、国語の授業で体育時に撮影されたビデオを見て課題点や目標などを言語化し、その課題点や目標などを意識しながら体育の実技（ソフトボール）を行うというものであった。まずは連携授業の評価をするために、この目標の観点から生徒らの活動を振り返ってみる必要がある。

生徒らは、国語の授業の後、ソフトボールの試合でどのような姿を見せたのだろうか。体育において撮影された生徒らの活動を検討した結果、多くの生徒がチームや自分が立てた目標を意識しながら試合に臨んでいたことがわかった。

　例えば、キャッチャーの生徒 NA は、守備をしているメンバーに対して「フライが上がったらどっちとるか声かけて。声、声かけて」と指示していた。この指示はこのチームが掲げていた目標である「声をかけあう（フライ、中継プレー、送球）」を気にしてのことだと思われる。また、試合が進んでからフライが上がり、アウトにしたときに、声がなかったことを踏まえて、H が「声かけてねえぞ」と指摘している。また、走者にタッチするか送球するのかを迷う場面でも、声を掛け合ってタッチするよう促したりしていた。

　またピッチャーの生徒 A には、国語の授業で、「もう少し強く投げるピッチングをしてもいいと思う」「もう少し球速 up」「もっとふみきるようにしてボールを投げた方がいい」というアドバイスがなされており、A も「球速を上げるように腕を速く振り、体重移動を意識する」という目標を自ら立てていた。

　これを意識したのか、体育の授業のピッチングにおいては、足をバッター側に大きく踏み出しすぎてバランスを崩す場面も見られたが、以前よりも踏み込んで球速を上げていたことが観察された。チームメイトも「今日、いいね〜」「A、何かあった」「交代いらなくない」というようにピッチングの出来を高く評価していた。

　もちろん、このように意識して発言したり、体を動かしたりすることですぐに改善される目標とは違って、試合中に達成されない目標もある。

　生徒 E は、「高い球を無理して打ちすぎている気がする」「もう少しボールを選ぶ」という付箋のアドバイスをもとに、「ボールをしっかり見て高めを振らないようにする」という個人の目標を立てたが、初球の高めのボール球を空振りした。試合後に生徒 E にインタビューしたところ、「意識はしていたんですが、何か振っちゃいました」と述べていたように、意識と結果は必ずしも一致しない。とはいえ体育の時間中に特に教師からの指示はなかったのにもかかわらず、チームとして、また個人として、他の生徒らも含めて、多くの生徒が目的意識を持って取り組めていたという点では連携としては成功であったと言える。

## 3.3. 連携授業間での能力・スキルの活用

### (1) 身体の動きを言葉で定式化しアドバイスする

　前述したように体育では大きな成果が出たものの、国語自体の成果としては教師が想定していたほどの身体的動作の言語化はみられなかったと言える。しかし言語活動の深まりという観点からみると、連携の目標を超えたところで生徒の取り組み方に大きな変化が見られていた。

　国語の授業では、生徒は、映像を見てメンバーの身体の動きをプレー改善の観点から言語化する活動を行った。さらにそれを踏まえて個人の目標と取り組み、チームとしての目標と取り組みを考え、これについても言語化した。

　体育では、こうした国語で培った言語能力を進んで活用し「チームとして勝とうとする振る舞い（応援やアドバイスする様子）」が多く見られたのである。

（断片1）
【打者生徒Fが打った打球が内野に転がっていって、Fがアウトになった場面】
生徒K：【生徒Fに対して】ゴロだからもうちょっと速く走れ

（断片2）
【打者生徒Gが、来たボールに対してバットを振ったが当たらなかった】
生徒I：【生徒Gに対して】バットに当たる瞬間を見ろ

（断片3）
【打者生徒Sが、来たボールに対してバットを振ったが当たらなかった。】
生徒M：S！高いの振るなよ！

　断片1の生徒KはFが打った打球を「ゴロ」と定式化したうえで、そうした状況下でなすべき次の行動をアドバイスしている。断片2の生徒Iからは「バットに当たる瞬間を見ろ」という助言が見られた。またこうした助言の「バットに当たる瞬間」（打つボールがバットに当たる場所と瞬間）は、生徒のあるプレーの流れのある時点を、言葉で「定式化」し対象化して、そのときに何をするべきかアドバイスすることで、身体の動きを改善させようとしたものである。また、断片

3のMはストライクゾーンを規準にしてその送球の高さを「高い」と定式化して、バットを振る判断基準についてのアドバイスをしていた。

これらのアドバイスは、実際のプレーの直後になされており、プレーに関わる事象を定式化して言語化し、プレーの問題点を指摘してアドバイスしたものである。

授業後、こうした生徒らの振る舞いについて授業者に聞いたところ、これまでは「ナイスバッティング」や「ドンマイ」などの声掛けはあっても、試合中の身体的な動きや行動の判断についての具体的なアドバイスは、野球部員以外からはほとんど聞かれなかったという。

こうしたアドバイスが、連携授業の後に多く見られるようになった要因としては、国語の授業の展開①において生徒らが体験した、個々人のプレーを観察し、それを改善の観点から定式化して助言する、という言語活動が、実際の試合の中でも活用されたためだと考えられるだろう。

### (2) 身体の動きを用いて定式化しアドバイスをする

国語の生徒の付箋のコメント（図3）にも言及されていたが、実際のところ、プレーにおける動きを野球の用語で定式化してアドバイスすることは、多くの生徒にとっては難しかったようだ。だが、こうした難しさは、連携授業の体育科の時間においては別の形で解決されていた。

### (断片4)
【試合直前の練習時にピッチャー生徒Aの投球が捕手の頭上を越えるほど外れる。】
生徒C（センター）：リリースポイント。
生徒X（サード）　：リリースポイント<u>もうちょっと前</u>。【図4：右腕を下から振り出しながら】<u>ここらへん</u>。

### (断片5)
【バッターの生徒Bが空振りをして】
生徒Y：【バットを持たずに腕を振って】バット<u>もっと下</u>から出した方がいいよ

図4　右腕を下から振り出すX

（断片6）

【センターを守備していた生徒Cが自分の頭上を越えたフライ球を捕れなかった場面の後、キャッチャーであるZ（野球経験者）が言う】

生徒Z：あのさあ、外野さあ、ボール高いの来たら【図5：①手を高く上げながら】こう下がっちゃう【図5：②自分の体を外野の方に向け手を上げてボールを捕る格好をしながら】と捕れないから、体を横にする【図5：③体をくるっと左に向けて】。

①       ②       ③

図5　捕球の動きを示しながらアドバイスするZ

　断片4の「リリースポイントもうちょっと前」（ピッチャーがボールを投げる際に手から離れる位置がもうちょっと前であるという意味）における「もうちょっと前」という定式化は、その前のAの投球を前提としなければわからない。だが国語のときとは異なり、その場面を再生しながらアドバイスすることはできない。

　そこでXが球を持って腕を前に振りながら「もうちょっと前」と定式化することで、実際の腕の動きのどの位置で球を手放すのかを示すことができ、アドバイスとして意味あるものになっていた。断片5で「もっと下」という表現で定式化しているYも同様であり、Yの表現と腕を振る動作がなければ、直前でなされたBのバントのフォームとの違い（「もっと下」）を定式化できないのである。

　断片6では、外野Cが球を捕り損ねたときの体の姿勢について、野球経験者であるキャッチャーのZが再現している。指示語である「こう」が、実際に下がってみせる身体動作（図5：②）と結びつくことで望ましくない外野の守備の仕方が明確に定式化されている。そして身体を「体を横に」と定式化しながら姿勢を変える（図5：③）ことで、その望ましくない姿勢との違いを示すことができている。

もちろん野球経験者なら、断片5では「ダウンスイングで」と言ったり、断片6では「電車バックしないよ」といった表現ができたりするかもしれないが、ここではメンバーの多くが野球やソフトボールのプレー経験が少なく、そうした言葉を使う方が、相手に伝わらない可能性が高い。むしろ、断片6のZはそうした用語を用いずに、自分の身体の動きを参照しながら定式化することで、プレーについてお互いに理解できる形でアドバイスできていたとも言える。

　このような方法は国語で、ビデオを見ながらお互いにコメントをしていたときのやり方を応用しているといえる。つまり、国語での経験を生かし、そこで得た言語能力を、実際に体を動かす中で活用していた結果なのだと考えられる。

## 4．生徒の行為能力をいかに深め、他教科で活用させるか

　さてここまでのところをまとめると、上記で見てきた連携授業では、国語科でICT機器を活用して得られた、「映像を見てプレーや身体の動きを言葉で定式化する」という言語能力が、体育のソフトボールのプレー中でのアドバイスの仕方においても活用されていることが読み取れた。またそこでの定式化のありかたは、言葉だけよりも、互いに理解しやすいものであり、プレーにも生かしやすい形となっている点で、アドバイスとしても有効であった。

　国語科を起点にした連携授業の成否を考える上で、国語で行われた言語活動のいかなる能力やスキルが次の授業の行為に生かされたのかという視点は重要である。本来は、授業を計画する段階からこうした点を意識的に設計しておく必要があるだろう。だが実際は難しく、また実施後も、このような分析を通じて観察を深めなければ、なかなか気づくことができないことも多い。

　本稿で行ったように、生徒のある一つの行為に着目して、それが連携先の教科でどのように行われたのか／行われるのかを考えていくことで、教科間の連携授業を行う際にはもちろん、そうした連携をしない場合でも、教科等横断的な視点で指導をしやすくなると考えられる。例えば、学習指導要領（平成30年度告示）では、情報活用能力は、教科横断的に育成を図ることが求められている（文部科学省2019）。本授業の機器利用で培われた、映像を言語化し事実に基づいて話し合う能力を、別の科目でも培われるように機器利用を構想することもできるだろう。

　さて、最後に改めて考えたいのは、ある授業である知識やスキルが得られたならば、それらがそのまま他の授業でも活用されると単純に考えていいのかという

234

ことである。教科等横断的な視点で指導をしていくためには、重要な点である。

　本稿で取り上げた実践で気になったのは、そうした知識・スキルが活用される基盤にある、生徒間の関係性についてであった。

　たとえば、国語科の連携授業がなされるまで、生徒らにはプレーについてのアドバイスの能力が全く無かったのだろうか。さすがにそう考えるのは無理があるのではないだろうか。ではなぜこれまでアドバイスが全くなされなかったのだろうか。その背後に生徒間の関係性の問題があると思われる。

　授業後、筆者（鈴木）が生徒らに普段の授業の様子についてインタビューした際に、「アドバイスって言われても、何かディスるようで言いづらいときもある」という意見が聞かれた。前述したように、ワークシートに書かれたコメントの半分ほどは、アドバイスではなく、評価的に褒めるような内容であった[5]。

　例えば、連携授業の以前に、ソフトボールの授業においていつも野球部員が部員ではない生徒にアドバイスをしていたなら、アドバイスするという役割行為を野球部員に期待してしまうだろう。そのことで、野球部員以外の生徒がアドバイスをすることが差し控えられるかもしれない。また、それ以外の生徒がアドバイスをすることが特別なこと（「ディスること」）だと感じられていたかもしれない。

　だが国語科の連携授業では、ビデオを見ながら付箋に「互いにアドバイスを書き合う」という活動をした。このことで生徒全員がアドバイスする経験を持つことになった。そこでは生徒間の関係が、「熟練者（野球部員）－初心者」の関係から「お互いにアドバイスをし合うチームメイト」に変化したと言える。

　加えて、チーム毎に、チームの課題とそれに向けた取り組みを考え、発表したことにより、お互いの関係が「勝つ」という共通の課題に向かうチームメイトへと組み変わり、より「アドバイスする－アドバイスされる」という関係性が生まれやすくなったと考えられる。こうして、体育のソフトボールの試合中には、野球経験者ではない生徒からも具体的なアドバイスが発せられたのだろう。

　当たり前のことではあるが、何か知識やスキルがあったとしても、それを活用するのに適合した互いの関係性や課題意識がないと、ある知識やスキルを使おうとするとは限らない。こうしたことを踏まえると、**教科等の横断や、教科間の連携を意識した授業を行うときには、その授業間で全く異なった参加者や場面を設定するよりは、ある程度同じような関係性において、同様の課題に向かわせるなど、ある学習活動で得た知識やスキルを、別の機会においても活用しやすくなるような工夫があると、指導が成功しやすくなると考えられる。**

　生徒の主体性や能動性にゆだねる授業を展開しようとするときに、それまでの

生徒間の関係性がその展開に影響を及ぼすことは容易に想像がつく。連携授業の計画では、連携する活動同士の類似性や連続性に配慮することが多いと思われるが、同様に学習活動の前提に横たわる、そうした生徒の関係性の連続性にも気を配る必要があることが、本連携授業を振り返ることで、示唆されていると言えるだろう。

## 【文献】

中央教育審議会，2008,「幼稚園、小学校、中学校、高等学校及び特別支援学校の学習指導要領等の改善について（答申）」.

─────，2016,「幼稚園、小学校、中学校、高等学校及び特別支援学校の学習指導要領等の改善及び必要な方策等について（答申）」.

Garfinkel, H. & H. Sacks, 1970 "On Formal Structures of Practical Actions," J. C. McKinney & E. A. Tiryakian eds., *Theoretical Sociology*. New York: Appleton Century Crofts, 337-366.

文部科学省，2010a,『高等学校学習指導要領（平成 20 年告示）』.

─────，2010b,『高等学校学習指導要領解説 国語編（平成 20 年告示)』.

─────，2012,『言語活動の充実に関する指導事例集』(高等学校版).

─────，2017a,『高等学校学習指導要領（平成 30 年告示)』.

─────，2017b,『高等学校学習指導要領解説 国語編（平成 30 年告示)』.

─────，2019,『教育の情報化に関する手引き（令和元年 12 月)』.

❖ 解 説 ❖

# 定式化実践

平 本 毅

　会話参与者はしばしば、事物をさまざまな仕方で言い表す。これが、「定式化 formulation」（Garfinkel & Sacks 1970）の実践である。と、いってもどうも抽象的なので、いくつか具体例を挙げよう。登校すると友達が、前日の出来事を語ってきたとする。これに「つまり、○○ってこと？」と返したら、そのとき、友達が語った前日の出来事を定式化する実践が行われている。あるいは、友達が「ちょっと質問していい？」と声をかけてきたとする。このとき、友達は自分が行うことを「質問」と定式化している。もしくは、女の子を母が「お姉ちゃん」と呼んだとする。言うまでもなく、その女の子は名前でも呼ばれうるから、他にも呼称の選択肢があるなかで、母は女の子を「お姉ちゃん」と定式化している。これらの例が表すように、定式化は要約、性格付け、呼称の選択などの非常に幅広い行いを包括する実践である。そのため会話分析研究が種々の定式化実践の詳細な分析を展開していくにつれて、「定式化」と呼ばれていたものは、要約や要点の提示、表現の仕方の選択、場所や人物の指示などのさまざまな行為の研究に細分化されることになった（cf. Deppermann 2011）。ここではその代表的なものをいくつか紹介しよう。

## 要約や要点の提示

　日常生活者はしばしば、「つまり、○○ってこと？」と相手の言うことを要約したり、「○○が言いたいの？」と要点を提示したりする（Heritage & Watson 1979）。こうした要約や要点の提示は、相手が述べてきたことへの累積的な理解を示すはたらきをもっている。「累積的」な理解とは次のような意味である。相手の言うこと一つ一つに「うん」「なるほど」と相槌を入れていくとき、聞き手は直前の発話への理解を示している。他方、「つまり、○○ってこと？」「○○が言いたいの？」は、これまで話されてきたいくつかのことの積み重ねに対して理解を示している。またこの際、聞き手は具体的に理解を例示している。「うん」「なるほど」は、相手が述べたことを自分が理解したことを主張するのみで、聞

き手が本当に理解しているかは明らかでない。他方、「つまり、○○ってこと？」「○○が言いたいの？」と要約したり要点を提示したなら、聞き手は自分が相手の発話をどう理解したかを、具体的に例示している（cf. Sacks 1992）。こうした要約や要点の提示に特徴的なことは、これを行う発話の多くが隣接ペア（2章解説「日常会話の連鎖構造」参照）の第一部分としてはたらくということである。「つまり、○○ってこと？」「○○が言いたいの？」は、「そう」「いや違う」というYes/No の応答を引き出す。こうした定式化の性質は、日常会話以外のさまざまな制度的場面で利用されることがわかっている（Drew 2003a）。たとえば会議中に意思決定を行うこと（Barnes 2007）、精神療法場面で施術者が患者の語りを受け取ること（Antaki 2008）、ニュースインタビューにおいてインタビュアーがインタビュイーの報告を受け取り、同時に次の報告を方向付けること（Heritage 1985）などが、定式化を用いて行われている。

## 表現の仕方の選択

　相互行為の中で何かを表現する際には、適切な正確さ（Drew 2003b）に気をつけた表現が選ばれる。人は時に「一生かかったってこんな量の宿題終わらないよ！」「こんな問題誰にも解けないよ！」といった「極端な定式化 extreme-case-formulation」（Pomerantz 1986）を使い、自分の主張を強める。このとき、表現が不正確であることが、その者の主張にとって重要である。他方、診察や法廷などの制度的な場面で報告を行う際には、表現をなるべく正確にすることが求められるだろう（cf. Drew 2003b）。

　また、表現したい内容によっては、身体動作を交えた表現が選択される。たとえば診察場面で痛みや苦しみを表現する際（Heath 2002）、まだ生じていない想像上の出来事を表現する際（平本・高梨 2015）、物語中の出来事を演じる際（西阪 2008; Sidnell 2006）などの場合において、身振りや視線などの身体動作が表現の肝になる。加えて、このように物事を視覚的に表す際に、その場の道具や物理的環境も利用される（Murphy 2011）。

## 場所と人物の指示

　会話の中で場所や人物に言及するとき、我々はさまざまな候補の中から特定のものを選ぶという課題に直面することになる。建物を名前で呼ぶこともできる

し、他の建物との位置関係で指し示すこともできるし、通りの名で言い表しても、大きさや形状で言い表してもよい（cf. Schegloff 1972）。こうした選択がどう体系的に行われているかを考えるのが「指示」の問題である。

　人物指示については、以下の決まりがあることがわかっている（Sacks & Schegloff 1979）。まず、その場にいない人に言及しようとするとき、その人物のことを聞き手が知っている場合は、そのことをあてにした呼び方（認識可能な指示表現 recognitional reference）を使うべきである。ふだんその場にいる人皆が「木村くん」と呼んでいる友人に言及したい場合、彼を「20代の男性」と指示することは不自然である。次に、可能なら指示に使う表現は少ないほうがよい。「木村くん」に言及したいときに、「20代の男性で、黒髪で、大学生で、東京に住んでいて、犬好きで、皆の友達の木村くん」とわざわざ呼んだなら、そのほうが情報としては正確であるにもかかわらず不自然なものと受け取られるだろう。この二つの決まりにより、皆がそう呼んでいる相手であれば「木村くん」という指示表現が選択されることになるが、「木村くん」で相手がわからなかった場合（たとえば「え？誰？」）、「指示に使う表現は少ないほうがよい」という決まりのほうが緩められる。つまり、「木村くん」と指示したときに「え？誰？」と返されたら、「ほら、犬好きな木村くんだよ」と、相手がわかるまで一つずつ指示表現が追加されていく。

　以上は会話の場で最初にその人物を指示する際の決まりだが、二度目以降の指示についても研究が進んでいる（Schegloff 1996）。いったん「木村くん」と指示された人物は、二度目以降の言及の際には「彼」や「あいつ」といった人称代名詞を使って指示してよい。しかしときどき、二度目以降の言及の際でも「木村くん」と呼んだり、逆に最初の言及であるにもかかわらず「彼」「あいつ」と呼ばれたりする。シェグロフによれば、このような人物指示を行う「機会」と使われる「指示表現」のミスマッチは、相手の主張に不同意を示す等々の、たんに指示すること以上の行いに従事する際に用いられうる。

## 【文献】

Antaki, C., 2008, "Formulations in Psychotherapy," A. Peräkylä, C. Antaki, S. Vehviläinen & I. Leudar eds., *Conversation Analysis of Psychotherapy*, Cambridge: Cambridge University Press, 26-42.

Barnes, R., 2007, "Formulations and the Facilitation of Common Agreement in Meetings Talk," *Text*

& *Talk: An Interdisciplinary Journal of Language, Discourse Communication Studies*, 27(3): 273-296.

Deppermann, A., 2011, "The Study of Formulations as a Key to an Interactional Semantics," *Human Studies*, 34(2): 115-128.

Drew, P., 2003a, "Comparative Analysis of Talk-in-Interaction in Different Institutional Settings: A Sketch," P. Glenn, C. D. LeBaron & J. Mandelbaum eds., *Studies in Language and Social Interaction: In Honor of Robert Hopper*, Mahwah, New Jersey: Erlbaum, 293-308.

———— 2003b, "Precision and Exaggeration in Interaction," *American Sociological Review*, 68(6): 917-938.

Garfinkel, H. & H. Sacks, 1970, "On Formal Structures of Practical Actions," J. C. McKinney & E. A. Tiryakian eds., *Theoretical Sociology: Perspectives and Developments*, New York: Appleton Century Crofts, 337-366.

Heath, C., 2002, "Demonstrative Suffering: The Gestural (Re) Embodiment of Symptoms,". *Journal of Communication*, 52(3): 597-616.

Heritage, J., 1985, "Analyzing News Interviews: Aspects of the Production of Talk for an Overhearing Audience," T. A. van Dijk ed., *Handbook of Discourse Analysis, Vol. 3:, Discourse and Dialogue*, London: Academic Press,: 95-117.

Heritage, J. & D. R. Watson, 1979, "Formulations as Conversational Objects," G. Psathas ed., *Everyday Language: Studies in Ethnomethodology*, New York: Irvington, 123-162.

平本毅・高梨克也, 2015,「社会的活動としての想像の共有——科学館新規展示物設計打ち合わせ場面における『振り向き』動作の会話分析」『社会学評論』66(1): 39-56.

Murphy, K. M., 2011, "Building Stories: The Embodied Narration of What Might Come to Pass," J. Streeck, C. Goodwin & C. D. LeBaron eds., *Embodied Interaction: Language and Body in the Material World*, Cambridge: Cambridge University Press, 243-253.

西阪仰, 2008,『分散する身体——エスノメソドロジー的相互行為分析の展開』勁草書房.

Pomerantz, A., 1986, "Extreme Case Formulations: A Way of Legitimizing Claims,". *Human Studies*, 9(2-3): 219-229.

Sacks, H., 1992, *Lectures on Conversation, Vol. 2*, Oxford, England: Blackwell.

Sacks, H. & E. A. Schegloff, 1979, "Two Preferences in the Organization of Reference to Persons in Conversation and Their Interaction," G. Psathas ed., *Everyday Language: Studies in Ethnomethodology*, New York: Irvington, 15-21.

Schegloff, E. A., 1972, "Notes on a Conversational Practice: Formulating Place," D. Sudnow ed., *Studies in Social Interaction*, New York: Free Press, 75-119.

————. 1996, "Some Practices for Referring to Persons in Talk-in-Interaction: A Partial Sketch of a Systematics," *Typological Studies in Language*, 33: 437-485.

Sidnell, J., 2006, "Coordinating Gesture, Talk, and Gaze in Reenactments,". *Research on Language and Social Interaction*, 39(4): 377-409.

━━━━━━━━━━ ❖ コラム ❖ ━━━━━━━━━━

# 授業における定式化実践

五十嵐 素子

　「定式化実践」(formulation) とは、私たちが物事や状況を言い表す（＝
定式化する）実践のことである。7章の解説で説明されたように、定式
化実践は日常的に行われている。そして定式化実践は、その表現にだけ
着目してしまうと、ある事柄や物事や状況等々の対象について単に言葉
で表現していることのように思えるが、私たちは定式化を資源に行為
し、また定式化自体がその行為に適った形でなされているのである。

　解説では、その定式化のされかたと、それが資源となって遂行される
行為の代表的なものとして、(1) 要約や要点の提示、(2) 表現の仕方の
選択、(3) 場所と人物の指示、が先行研究と共に紹介されていた。この
コラムでは、このことを踏まえて、授業における定式化実践のありかた
について話を広げていこう。

　実のところ、教育実践における定式化実践のありかたは、エスノメソ
ドロジー・会話分析の教育研究において、日本はもちろん海外でも、
これまで正面から取り扱われたことがないテーマの一つである。だが、こ
うした視点からこれまでの研究事例や、実際の教育実践の事例を見てみ
ると、日常生活と同様に授業でも、定式化実践が様々な場面で重要な働
きをしていることが分かる。

　まず (1) の要約や要点の提示について考えてみよう。解説にも書か
れているように、日常生活において私たちは、しばしば、「つまり、○
○ってこと？」と相手の言うことを要約したり、「○○が言いたいの？」
と要点を提示したりするが、これは、授業における教師の質問と生徒の
応答の連鎖のなかで、あるいは I-R-E 連鎖（1章参照）のなかで、教師
が頻繁に行っていることの一つでもある。

　例えば、発問のあとの生徒の答えが、長くまとまりがなかったとき
に、「○○ってことかな？」などと教師が生徒の答えを要約しながら確
認している場面がみられる。生徒の答えの内容はその後の授業の展開に
直接関わってくるため、次の展開に結びつけやすいように、教師は言葉
を慎重に吟味して生徒の答えを要約していく。

このとき、生徒の答えの内容の要点まで修正している場合には、教師が主導している授業だと批判されることもあるかもしれない。その逆に、なるべく教師が生徒の発言を修正しないような形で要約をデザインする場合もある。4章の齊藤論文の断片3の教師は、児童の発言と並行し、黒板に心情曲線を書きながら、また児童に確認しながら、生徒の発言を黒板上で心情曲線として定式化し「要約」していた。こうした実践のデザインは、児童の発言をなるべく修正しないことで、生徒主導の授業を展開しようとする配慮の結果のようにみえる。

　では（2）表現の仕方の選択に関してはどうだろうか。ここでは説明の実践を例にして考えてみたい。例えば、ある事柄が具体的にどのようなものであるのかが生徒に分かってもらえないと、展開上後で困ったことになるような場合、教師はその事柄について、細部に至るまで詳細に言葉を尽くして表現したりすることがある。その際に、言葉だけでなく、身体表現や道具や物理的環境（映し出されたスライドなど）を用いたりすることもあるだろう。その逆の配慮の仕方もある。例えば、4章の齊藤論文の授業において、教師は「アレクサンダの気持ち」を言葉で説明し尽くすのではなく、「心情曲線」上で定式化し、その変化を曲線として定式化することで、説明の冗長さを排していた。これは、小学校2年生の児童にとっての理解に合わせた定式化であったといえるだろう。

　（3）の場所と人物に代表されるような、指示の問題についてはどうだろうか。

　解説にあるように、私たちは、相手がその対象を知っていることをあてにして、あるいは知らないことに配慮して、呼び方を選択している。例えば、3章の下村・五十嵐論文の4.1.の断片1における児童らは、「ケイコちゃん情報」と教師に話をせがんでいる。また教師も、生徒の前で、それが「自分の娘」であり、どういう人物なのかの説明もなしに、「ケイコちゃん」について語り始めている。これは、互いに「ケイコちゃん」と呼んだだけで、その人物について分かるという期待を前提にして、呼び方を選択しているからだ。また教師は、同じ一つの三角形を名指すのであっても、そのとき想定している生徒の知識水準に応じて、それを三角形なのか——二等辺三角形なのか、直角二等辺三角形なのか、といったように呼び方を変えて用いるかもしれない。

　また解説の先行研究には出てこないが、教師は、生徒の経験を方向づ

242

けるために、あるカテゴリー（概念）を用いて指示することもある。

　例えば、Lecture2 の 6. で取り上げた場面を見てもらいたい。教師は種子にじょうろで水をかける実験場面で、「雨が降ったらどうなるかな？」といった発言をすることによって、単なるじょうろの「水」を「雨」とカテゴリー化している。このことで、種子が置かれている場所は「土」とみなされるようになり、そこに居合わせた生徒は、実験を「雨」が降っている状況を経験しているように感じることができている。

　また、高校の物理の授業を分析したリンチとマクベスは、実験をしながら教師が現象を説明していくときに、生徒に伝わりやすいように、まずそれが物語かのように、対象に名前をつけて表現しておき、あとからその対象を科学の概念で表現しながら、格上げしていくやり方がなされていることを指摘している（Lynch & Machbeth 1998）。

　他方、生徒が行っている定式化実践に着目するとどのようなことが見えてくるだろうか。

　説明実践の例で考えてみると、例えば、Lecture2 の事例に出てくる児童たちは、カラスムギの種子を観察して、比喩を用いて、種子を定式化してその特徴を説明していた。比喩を用いた定式化に課題として取り組むことで、生徒らは観察を通じて適切な表現の選択をしながら対象を定式化し説明することを学んでいるといえる。

　他にも、言語活動の充実を意識した、対話的な学びの事例でもある、6 章の團論文の児童や、7 章鈴木・五十嵐論文における生徒らは、相手に言いたいことが適切に伝わるように、言葉だけでなく、身体動作や物理的環境を交えて定式化することで、説明やアドバイスを巧みに行っていた。このように、言語以外の資源に着目して生徒同士の対話を捉えることで、生徒の学習活動をより実態に即して評価できるといえるだろう。

　このように普段見慣れている教室の実践も、定式化実践として捉え直すことで、また違った角度から洞察ができるようになるのである。

【文献】

Lynch, M. & D. Macbeth, 1998, "Demonstrating Physics Lessons," J. G. Greeno & S. V. Goldman eds., *Thinking Practices in Mathematics and Science Learning*, Mahwah, NJ: Lawrence Erlbaum, 269-297.

# *Part3*
# 授業を読み解いた後に

　本 Part では、これまでに紹介してきた視点をもとにしながら、いかに教師が授業を振り返り、改善したり、評価したりすることが可能なのかを、具体的な事例に沿って示していきます。

# ─8章─

# 授業を分析的に振り返り、
# 考察を次の実践に生かす

齊藤和貴・鈴木美徳・五十嵐素子

## 1. 授業を振り返る──授業を観察し考察するまで

### 1.1. ハイブリッドな振り返りのススメ

　本章では、これまでの章で示してきた知見を踏まえながら、授業のデータを、相互行為に着目しながら観察・分析して考察する仕方について、実例を交えながら紹介していきたい。

　授業のビデオデータを観察・分析して考察するといっても、様々なケースがある。教師が、研修や研究会での自分の授業を撮影し、実践の改善点を探ろうとする場合もあるし、大学院生として相互行為に着目して教育実践についての分析や考察をして修士論文を書こうと考えている人もいるかもしれない。すでに研究者で、自分が携わってきた教育実践の特徴を明らかにするのに、会話分析・エスノメソドロジーが分析の方法論として使えるのではないかと考えている人もいるだろう。

　本書執筆者の研究歴や動機も様々であった。平本、五十嵐、團などは会話分析・エスノメソドロジーの方法論を専門とする研究者であり、授業の進行や学習活動のあり方を共同研究してきた。巽、下村は、教師を目指していた修士課程の院生であったときに、分析・考察を通じて、教育実践の特徴を明らかにすることで、実践力を増そうと考えていた。また、鈴木、齊藤は、現場の教師で大学院に研修として派遣され、講義等で会話分析の方法論に触れる機会があった。その知識を生かし、現場に戻ってきてからの授業の振り返りに、会話分析・エスノメソドロジーの方法論を用いることに取り組んでいた。

だがこれらの執筆者は、各章を書くにあたって、自分一人でデータの分析・考察をしたというわけではない。教育実践を観察し、分析・考察するにあたっては、データセッションを繰り返し、現場をよく知る教師として、また会話分析の専門家として意見を出し合い、ときには外部の教育学の専門家を交えつつ、分析や考察を積み重ねてきた。

　実際のところ、エスノメソドロジー・会話分析研究では、教育実践に限らず、医療や介護など、専門的な技能を持つ実践家が従事する各種の現場において、研究者と現場の人たちが共同で研究を進めていくことが多い。研究者が現場を分析するにあたっては、当該の状況の理解が欠かせない。このため現場の実践家と交流して状況についての理解を深め、現場の関心に寄り添いながら観察・分析していく。そして、研究者によって示された実践の詳細を知って、実践家の側も、新たな現象や視点を見いだしたり、今後の課題を見いだしたりすることもできる。このように協働的に進めていく研究は、専門領域のエスノメソドロジー研究の中でも、ハイブリッド研究といわれている（池谷 2019）。

　授業を分析・考察する際に、わざわざ「ハイブリッド研究」としてプロジェクトを組む必要はないが、本書の各章の執筆者がそうであったように、「ハイブリッド性」を意識することをお勧めしたい。**ここでいう「ハイブリッド性」とは、例えば、現場の教師が授業を振り返るときには、会話分析の観点を自分の問題意識や考察に生かす、といったことであり、研究者が授業を分析する場合には、現場と交流し背後知識を得ながら分析する、といったことである。**

　現場の教師であれば、生徒の性格や人間関係にどうしても目が行き、そうした文脈から生徒の振る舞いを説明してしまうかもしれない。他方、会話分析の専門家が教育実践を観察・考察すると、教育実践の特徴や形式は分析するものの、それらが成り立っている背景にある、現場の教育課題や当該の実践のねらいを無視して考察をしてしまいがちである。だが、互いの見方をぶつけ合いながら観察を繰り返していくことで、教育実践の特徴を見いだしつつ、それがいかにその場に特有の状況を生み出しているのか、さらにそれが、そこでの参加者同士の解釈や意味づけにいかにつながっているのかといったことが理解できる。このように、現場の実践家にとっても、会話分析の専門家にとっても、交流しながら実践を振り返ることはメリットが大きい。

　とはいえ、現場の教師や修士の学生といったエスノメソドロジー・会話分析の初学者は、交流する相手が見つからないということもあるかもしれない。会話分析の専門家と一緒に分析・考察する環境に恵まれた人は少ないだろう。そもそも

初学者が一人で分析以降の段階を進めていくことは難しい。こうした場合には、データセッションを行っている研究会に参加し、データの見方や着眼点を体感してみることをお勧めしたい。少し慣れてきたら、観察したい場面のデータを書き起こしとともに持参して、参加者同士でディスカッションしてもらうとよい。また、会話分析についてより深く学びたいと思うのであれば、「エスノメソドロジー・会話分析研究会」（http://emca.jp/ 『エスノメソドロジー・会話分析研究会』公式ウェブサイト）が定期的に開いている、初学者向けセミナーに参加することもできる。

このように参加できる研究会を探したり、本書の執筆者をはじめとする、研究者にアドバイスを求めたりする場合には、研究会のウェブサイトにアクセスして「EMCA を専門とする教員がいる大学」（http://emca.jp/learn/researcher 『エスノメソドロジー・会話分析研究会』ウェブサイト内、2023 年 5 月 1 日取得）等を参照し、直接担当者に連絡してもらえればと思う。

## 1.2. 授業を振り返る──観察から考察までのプロセス

さてここからは、ベテラン教師が実際に学校現場でビデオを見返すような機会を想像しながら話をすすめていきたい。校内研修や研究授業の振り返りのほかにも、初任者や実習生の指導担当として、撮影したビデオを見返すこともあるかもしれない。このような機会に撮影されたビデオが手元にあるとしよう。

その際、**相互行為に着目しながら振り返るには、どのように進めていったらいいだろうか。便宜上、その流れを 5 段階にして示しておく。実際にはこの行程を行ったり来たりしながら行うことになるだろう。**これらの各段階の詳細については次頁以降で説明していきたい。

表1　授業のビデオデータを用いた振り返りの5段階

| |
| --- |
| 段階 1　授業の展開を教師と生徒のやりとりに即して観察し、授業の全体像をつかむ |
| 段階 2　気になる場面の活動の詳細を明らかにする |
| 段階 3　分析の対象を定める |
| 段階 4　分析を進める──やりとりの流れのなかで対象を捉え直す |
| 段階 5　分析を踏まえて考察をまとめる |

**段階1　授業の展開をやりとりに即して観察し、授業の全体像をつかむ**

　まず授業を振り返るときには、授業の展開を把握しておくことが欠かせない。

　通常の授業では指導案がないことも多く、研究授業であっても指導案の展開から大きく変更される場合もある。実際の授業がどのようなものであったのかについて確認しておくことが必要だ。

　「授業の全体像をつかむ」といえば、指導案があればそれを見たり、またそれと照らし合わせながら授業がどのようになされたのかを確認したり、児童生徒の取り組みを見ながら、児童生徒の思考の軌跡を把握したりすることだ、と思われるかもしれない。もちろんそれも大事ではあるが、ここでは、**教師と生徒のやりとりに即して授業の展開をつかむことで全体像を把握する**ことが、振り返りの手始めに重要だと考えている。

　例えば、授業の冒頭で誰が発言し、どのようなことが問題になり、それがどう扱われ、その後どう展開していったのか――こうしたことを、ビデオを再生し、教師と生徒のやりとりを確認しながら、把握していく。一見、教師の指示から学習活動が開始されているように見えても、また指導案にそう書いてあっても、よくよくビデオを見ていくと、教師の発言以前に生徒から意見が出されていたり、生徒が次の活動を開始していたりすることがある。教師の指示があったとしても、教師が指示を出す前に、生徒が自ら学習活動の内容を方向づけていたならば、生徒にとってその教師の発言は、支援的な意味合いが強いかもしれない。

　このように、**教師と生徒のやりとりに即して授業の展開をつかんでおくことは、この後に、生徒らの学びの経験を理解するためのベースとなるため、欠かせない作業なのである。**

　この基本的な方法については、Lecture2 に書かれているので、これを参考にして、ビデオデータを見ながら行っていただければと思う。


**段階2　気になる場面の活動の詳細を明らかにする**

　段階1の作業中に授業のビデオデータを繰り返し見ていると、教師としてちょっと気になる場面が出てくるかもしれない。

　それは、生徒指導の観点からみたときの、生徒の不適切な態度かもしれないし、教科教育の観点からみたときの、展開のほころびかもしれない。

　例えば後述する考察例1（高校の国語総合の古典の授業）の断片5「生徒の発言に対応せずに問題の共有ができなかった例」は、授業者である鈴木（筆者）がビデオデータを見直すきっかけとなった部分である。

この断片は、生徒にワークシートを記入させる場面であり、そこでは生徒らが私語のような発言をしていたが、鈴木は自分の指導の仕方に自信を持っていたため、自分の判断で毅然と対応し、そのまま問題がないものと感じていた。しかし、当時派遣されていた大学院の観察実習において、改めてビデオを見直してみると、生徒への自分の対応とその後の流れに、何か、ひっかかりを感じた。このため、この部分を繰り返し検討してみることにしたのだった。

このように、**授業者としての素朴な感覚を大事**にしたうえで、**気になる部分のより詳しい状況把握をしていくと、スムーズにデータの見直しに取りかかれる。**

具体的な見直しの方法としては、まずは「その場面で何が起こっているのか」ということに集中し、繰り返しメモを取りながら見ていく。このとき、Lecture3に書かれているように、個々の行為とその連鎖に着目しながら見ていくのがよい。そして、「自分が思っていたようなやりとりの流れとは違っている」と感じる部分や、授業をしているときには気がつかなかった生徒の発言が聞こえてきた瞬間や、生徒の態度で「おや？なんだろう」と思った状況や、「前後のつながりがみえないな」と感じた箇所があれば、それが、**より丁寧に**やりとりを見直す部分である。

そうした部分が見つかったら、8章コラム「データセッションの仕方」に書かれているように、**手を動かしながらデータの「書き起こし」をしてみよう。そうすると、聞こえなかった部分や気づいていなかった部分が徐々に埋まり、そこで生じている活動の詳細が見えてくるようになる。**

具体的には、本章2節の断片1として15行ほど書かれた、やりとりの詳細ぐらいの内容が書き出せると良いだろう。こうした作業は、会話分析の作業のなかでは「トランスクライブ（transcribe）」、「書き起こし」と呼ばれるものに該当する（本来は、会話分析では気になる部分だけでなくデータの全体を書き起こすことが求められている）。

こうした書き起こしの作業では自分の考え等を記すことはなく、観察を詳細化し、行われている活動について理解を深めていくプロセスとなる。**次第に気になる場面について、疑問に思うところが無くなって、その場面が、教師や生徒らのやりとりから成り立つ活動として、十分理解できるようになったところで、具体的な分析や考察の作業に入っていくことになる。**

## 段階3　分析の対象を定める

活動の詳細が見えてきた段階で、さらに教師としてあれこれと気になる部分が

出てきているかもしれない。それらの「あれこれ」についてそれぞれ振り返ることも決して悪くないが、**対象を一つに絞ったほうが、まとまった考えにたどり着きやすい。**このためには、まずはどこかに軸足となる分析の対象を定めることをお勧めしたい。

　すでに述べたように、**実際の場面では、教師の行為と生徒の行為のつながりは切っても切れないものだが、この軸足を定めるために、便宜上、教師と生徒のどちらに焦点を当てて分析するのかを考えてみよう。**

　例えば、本書 Part1 では、どちらかといえば、教師の振る舞い方に焦点を当てているのに対して、Part2 では、生徒の振る舞い方に焦点を当てている。

　例えば、Part1 の 3 章の執筆者である下村は、当時は教職を目指す大学院生であり、参観した教師の実践力に感激し、分析してみたいと考えた。このように、新任の教師や教育実習生などが取りかかりやすいのは、教師の振る舞いに焦点を当てる道筋だろう。教師の行為はどのような生徒の振る舞いに応じたものだったのか、そしてその行為がその後の児童生徒の行為をどのように引き出しているのか。こうしたことに着目することが可能である（詳しくは 3 章を見てほしい）。

　他方、Part2 の 6 章を執筆した團は、教師ではなかったが、分析に際して現職教員の齊藤とデータセッションを重ねていた。そこには、生徒が主体となって活動しているその内実にもっと迫りたいという齊藤の強い関心があった。このため、團もそうした観点から分析を進めていくことになった。こうした関心を持つことで、6 章のように、生徒同士がどのような相互行為の能力を持ち、いかに関わり合うことで、互いに活動を作り上げているのかに着目することが可能になった。

　とはいえ、後者の関心から分析をしようとしても、近年の探究型の授業では、授業の途中で一斉授業からグループ活動に切り替わり、分業による個人作業が続くなどすることで、生徒らの活動が見えにくいことも多い。このため、生徒を対象に据える場合であっても、まず教師の振る舞いに着目し、ある程度全体を見渡しながら考察をしておき、そのあとで児童生徒の振る舞いに目を向けるとやりやすくなる。

　**このようにある対象に焦点を当ててから、別の対象に焦点を当てて考察していくと、一つの実践に対して多角的に分析を深めることができるのである。**

## 段階 4　分析を進める──やりとりの流れのなかで対象を捉え直す

　ビデオを振り返る目的は様々であろうが、教師であれば、生徒の学びをもっと

良くしたい、あるいは、自分の実践のありかたを改善したい、と思いながらビデオを見ることが多いだろう。とはいえ、その思いをそのままビデオに対して持ち込んで見てしまうと、見失うものが出てきてしまう。

　ここでは、後に紹介する鈴木（筆者）の分析事例を例にしよう。鈴木とその同僚は、日頃から、生徒の受け答えが単語でなされることに問題があると認識していた。こうした状況を改善するために、プログラミングと国語が教科間連携をした授業を企画した。鈴木は、この連携授業を撮影後、何気なくビデオを見返していたのだが、連携授業中でも、生徒が文で発言をしない場面が多々あることに気がついた。例えば、後述する断片2の生徒らは、教師からの質問に対して単語でしか答えていない。断片3もそうである。一体なぜなのだろうか。

　教師がそうした場面に遭遇したならば、それらの生徒の学習意欲や、性格などについて思いを巡らすかもしれない。その場で生徒らに指導する際には、そうしたことを考慮する必要もあるだろう。

　しかしビデオデータを見返しているときには、指導はさておき、その要因を探って何度も見返すことができる。そこでは生徒の発言の前後を中心的に見返すとよい。分析では、気になる対象を、やりとりの流れのなかに位置づけて、見直すことがポイントになるのだ。

　例えばこの断片2や3の場面は、会話分析の知見でいえば、質問－応答－評価の連鎖（I-R-E連鎖）の典型的な場面である（I-R-E連鎖については、Lecture2，Lecture3、1章を参照してほしい）。鈴木は、こうした連鎖があることを、派遣されていた大学院の講義で学んで知っていた。この連鎖を念頭においてビデオを見ていると、生徒の応答の直前の教師の発問が、生徒が単語で答えることが適切であるような仕方でなされていることに気がついたのである。**生徒の応答だけでなく、その前からの「やりとりの流れ」に着目することで、生徒ではなく、教師自身の働きかけの仕方に問題があったことを発見できたのだった。**

　このように、あくまでも、**注目した対象を、その前からのやりとりの流れのなかで捉え直すことが大事なのである**（その際にはなんどもビデオを繰り返し見ることになる）。具体的な分析の仕方は、紙幅の関係から指南できないが、まずは各章の論考が、先行研究を用いながら、いかに教師や生徒の振る舞いを分析しているのかを確認して参考にしていただければと思う。そこで困難を感じたならば、冒頭で紹介した研究者や研究会へアクセスし、データセッションを重ねていただくことをお勧めしたい。

## 段階5　分析を踏まえて考察をまとめる

　これまでのような作業を繰り返していくと、色々な気付きを得ることができ、それを列挙するだけでも振り返りとしては十分な意義が生まれてくるだろう。

　とはいえ、授業者として報告書をまとめたり、研究報告書や学校紀要等に実践論文を書いたりするような場合もある。以下では筆者らが相互行為に着目した分析を行い、考察したケースを二つ紹介しよう。

　この二つは、書き手が考察に取り組んだ動機やきっかけが大きく異なっている。

　最初に紹介する鈴木の場合は、派遣されていた大学院の講義内の実習課題を行うにあたって、自分が撮影した授業のビデオを見始めたのがきっかけである。見始めた当初は、何を考察するのかについて、特に決めずに漫然と見ていた。だが、段階1の観察と段階2の書き起こしの二つの作業に取り組んでいるうちに、以前から課題として感じていた、生徒が単語でしか話していない場面（断片2、3）において、教師の発問の仕方に原因がある可能性が見えてきた。またそれだけでなく、授業内で生徒同士が交わしていた発言内容への自分の対応が、結果的には良くないものであったことも感じられた。そこで、段階3の分析の対象については教師側に設定し、段階4で分析していくことにした。そして段階5の考察では分析を概観しつつ、「教師の発問のデザイン」と「生徒への対応の基準」をテーマに据えて、教育上の課題意識やねらいに照らして考察をまとめていったのである。

　このように、まずは段階4で得た分析の結果を概観し、教育上の課題やねらいの観点に照らし、事例の共通点や相違点、相互の関係性について検討しながらテーマを設定し、そうした観点から教師として反省的に考察するというやり方は、比較的誰でも行いやすい考察の進め方だろう。

　これに対して齊藤の場合は、その動機から大きく異なっていた。執筆当時、学校現場で働いていた齊藤は、ある教師の授業の進め方に、特別な良さを感じており興味を持っていた。そして、同僚と児童が作り出す教育実践そのものの特徴を、大学院で学んだエスノメソドロジー・会話分析の手法で明らかにして、実践論文として発表したいと感じていた。そこで、ビデオでその教師の授業を撮影し、そのビデオデータをデータセッションで繰り返し見ながら（段階1）、書き起こしをするなどし（段階2）、教師の働きかけを対象にしながら分析を重ねていったのである（段階3）。段階4の分析では、教師の働きかけに焦点をあてながらも、そこで生み出される児童とのやりとりの組織のされ方を検討している。分析

を通じて、教師と児童がどのように当該の状況を理解し、その結果としてどのように学習活動が展開しているのかを明らかにすることを試みた。段階5の考察では、教師の手立てとそこでのやりとりの特徴を教育上のねらいの観点からまとめていった。

このようにみてみると、前者（鈴木）は「課題意識に沿ってまとめるアプローチ」であり、後者齊藤は「実践の特徴をまとめるアプローチ」とでもいえるかもしれない。

実は本書の各章の論文は、後者のアプローチでなされているものがほとんどである。それは前者と後者を比べたときに後者のやりかたのほうが優れている点があるからだ（これについては後述する）。しかし、前者のように、教育上の課題の観点から、分析結果についてまとめていくやり方は、鈴木が後に、同僚のRとその分析結果を共有したように、課題を解決する目的に照らして、同僚と共有しやすい考察の仕方であるといえるだろう。では、以下では両者の考察例を紹介していくことにしよう。

## 2．教育上の課題意識から生徒の行為を理解し教師の実践を反省する

### 考察例1：発問のデザインと生徒への対応の基準を見直す（鈴木）

教師は普段の授業の中で生徒の活動を注視しており、授業の後にもその活動を振り返ることがある。もし生徒の学習活動が停滞していた場合は、生徒が教師の発言を理解できていなかったか、学習意欲が喚起されていなかったものと捉え、更に分かりやすい説明や興味を惹くような教材や授業形態の工夫をしていこうと考えるかもしれない。

だがそれだけではなく教師自らの意図しない言動が、生徒の活動に影響を与えているということがある。長年教師を続けていると、普段教えている方法が当たり前になってしまい、教師の意図は生徒に伝わっていると思い込み、自らの振る舞いについてそれほど問題意識を持たなくなることもある。こうしたとき、生徒の反応や教育のねらいに即して、改めて自らの行動を振り返ってみると、授業を改善する多くの示唆が得られる。

以下の事例では、筆者（鈴木）の元同僚である教師Rと筆者（鈴木）の授業をそれぞれ振り返る。特に授業のねらいに照らして（1）発問のデザインをどうするのか、（2）生徒のどのような発言にいかに対応すべきか、という教師にとって比較的日常的に直面する課題意識に照らして、事例を分析していきたい。

## (1) 生徒の反応をうまく引き出したい──自分の発問のデザインを振り返る

　以下で紹介するのは、教師 R が、授業のねらいの観点から生徒とのやりとりを振り返ることによって、教師自身が自らの対応や発問の仕方に問題があったことを発見するという事例である。

　事例は高等学校のプログラミング技術の授業で、C 言語（構造体）を取り扱っている。コンピュータ室で実践を行う場合もあるが、本時のように普通教室で学習することもある（図 1）。

　教師 R は日頃から生徒の受け答えが単語でなされることに問題があると認識しており、生徒が単語ではなく文で話せるようになることが必要であると考えていた。そこで 2013 年に国語科とプログラミングの教科間の連携授業において、国語総合で単語を繋いで文を作る学習をした後に、プログラミング技術の授業でそれを実践するという取り組みを行った。

　国語総合で行った授業のねらいは、「『平家物語』を題材にして、生徒同士で推敲し合い、キーワードを結びつけた文章作りをする」であり、学習目標は「木曾義仲が戦場から巴を去らせた理由を理解する。キーワードを用いて（理由を説明するための）文章を作る」というものだった。

　この授業に連携した本時は、「構造体配列を理解し、プログラムを作成する」と「内容を答える際には単語ではなく文で説明する」という目標を立てた授業であった。

　以下は教師 R と、前時で配布されたプリントを所持していない生徒 A、その周囲の生徒 B、C、D とのやりとりである。

**（断片 1：進行を優先する生徒 A と教師 R と授業のねらいに志向した生徒 BCD）**
【授業開始時に生徒 A が教師に前時のプリントを要求している】
01　生徒 A：【教師の前に歩み寄り】先生ください。
02　教師 R：ん、何を？
03　生徒 B：理由を言えしっかり。
04　生徒 A：昨日いなかった。
05　生徒 C：しっかりと言え。
06　教師 R：昨日いなかった？じゃあ見してもらってくれ。
07　生徒 A：【自分の席に戻りながら】見してくれ。

08　生徒D：何を、何を見せればいい？
09　生徒A：プリント。
10　生徒B：昨日休んでしまったからプリントを持っていません。だから見せて
11　　　　　くださいだろ。全然だめ。
12　生徒A：【生徒Bの発言に応答せず、生徒Dから借りたプリントを別のプリ
13　　　　　ントの裏に写し始める】
14　教師R：写さなくていいぞ。全部書くと大変だから見してもらって。

図1　プログラミング技術の授業風景

　生徒Aの「先生ください」という要求に、教師は生徒Aが何を要求している
かわからず「何を？」と質問している。このあと、生徒Aの回答が来る前に生
徒Bが「理由を言えしっかり」とすかさず要求している。これは、連携授業の
国語総合で学んだ、文末に「〜だから」という表現を用いて理由説明をすること
を踏まえ、その表現を生徒Aに使わせようとしているとみられる。
　次に生徒Aは、生徒Bの発言を受けて、教師Rに「昨日いなかった」（04行
目）と要求の理由を説明している。教師Rはこの発言で、生徒Aが前時に休ん
だことによりプリントを受領していないことを理解し、「見してもらってくれ」
（06行目）と解決策を示している。一方、生徒Cは「しっかりと言え」（05行目）
と生徒Aへ言っている。これは、生徒Aが「〜だから」という表現を用いて理
由を述べていないため、説明の仕方が不足であると判断したのだと思われる。
　教師Rに隣の生徒に見せてもらうよう指示された生徒Aは自分の席に戻りな
がら、隣席の生徒Dに「見してくれ」とプリントを要求した。だが生徒Dも

「何を見せればいい？」（08 行目）と生徒 A に対して質問する。生徒 D は、生徒
A が「プリント」と単語で答えたのに対して、生徒 B は「昨日休んでしまった
からプリントを持っていません。だから見せてくださいだろ」と文章で理由を説
明してみせ、生徒 A の単語だけを用いた発言を「全然だめ」（11 行目）と評価し
たのだった。

　このあとの教師 R は、生徒 A、B、C、D のやりとりには触れず、生徒 A が
プリントを写し始めたのを見て、「写さなくていいぞ」（14 行目）と指示をしてい
る。

　ここまでのやりとりからは、生徒 B、C、D は、国語科との連携授業であると
いうことで、国語総合の授業で学んだことを踏まえて、生徒 A に単語ではなく、
文で理由を話すことを求めているのだが、教師 R と生徒 A は、発言における表
現よりも、本時の学習が滞りなく進行していくことに志向性があることがわかる。

　生徒 A が教師に依頼した内容は、授業の学習内容の範囲ではないが、本時の
目標「内容を答える際には単語ではなく文で説明する」を参照しながら要求をし
ていた生徒 B、C、D らと、そうしたことを無視している教師 R 及び生徒 A との
の間には食い違いが見られていた。本時の目標に一貫性を持って授業に臨むべき
教師の対応がこれで良かったのかは一考の余地があるだろう。

　次に授業の内容に関するやりとりを見ていく。以下の例は前時の既習事項を確
認する場面で、教師 R と教師 R に指名された生徒 E とのやりとりである。


**（断片 2：生徒の回答形式を限定した教師の発問の仕方 1）**
【導入時に教師が既習事項を確認しているところである】
→01　教師 R：【クラス全体に向けて】代入したの何人分？
　02　生徒　：【生徒全員が発言しない】
→03　教師 R：【生徒 E を指差し】何人分のデータを入れたか
　04　生徒 E：【発言がない】
→05　教師 R：何人分のデータ入ってた？
　06　生徒 E：7
　07　教師 R：ん、いや最初に表には 7 人分のデータがあるよと。
　08　　　　　じゃあ前の時間の、その 2【「構造体その 2」というプリント名】
　09　　　　　ていうあれでやったやつは何人分のデータが扱えてる。それで？
　10　生徒 E：1 人
　11　教師 R：1 人だよね

01 の教師 R の質問自体の難易度は低く、前時のプリントを見れば即答できる内容であったが、生徒からの発言はなかった（02 行目）。そこで教師 R は生徒 E を指名して再び質問をした（03 行目）。生徒 E がすぐに答えないため、再度質問した教師 R だが（05 行目）、その答えが、教師 R の意図したものとは違ったため、教師 R は「ん、いや」と否定し（07 行目）、質問の内容と表現をさらに変えている（08-09 行目）。生徒 E は改めて「1 人」と答え直し（10 行目）、教師 R は「1 人だよね」と確認した（11 行目）。

ここで注目しておきたいのは、生徒 E は教師 R の質問に対し「7」、「1 人」とそれぞれ単語で答えているが、実は、教師 R の発問（01、03、05 行目）自体が「何人分」と単語で答える問いかけになっていたという点である。

日常会話では、「何人」「何故」などのいわゆる WH クエスチョンの形式での質問には、文章ではなくて語句の単位で答えることが優先されている（Fox & Thompson 2010）。つまり、そのような質問の仕方では、日常会話において、単語などで簡潔に答えるほうが自然であるため、回答が文になりづらいのである。文で答えさせたいのであれば、「どのように考えたのか」「どのように行ったのか」などといった、思考や作業のプロセスを問うたほうが良かったかもしれない。

この後、更に授業が展開していく中で、同様のやりとり（教師が質問をして、生徒が単語で答える）が続き、途中からは教師が指名をしなくても生徒が自発的に発言するようになっていった。

**（断片 3：生徒の回答形式を限定した教師の発問の仕方 2）**
【展開時に教科書を用いて構造体の命令を確認している】
→01　教師 R：【生徒全体に向けて】出力するときに使う命令は何ですか？
　02　生徒 B：プリントエフ【printf】
→03　教師 R：printf ですね。まあ、printf はいいでしょう。【生徒全体に向け
　04　　　　　て】で、じゃあ、次 printf の中、どうなるかってわかる？名前を
　05　　　　　出力するんで、このダブルコロンの後
　06　生徒 B：パーセントエス【％ s】
　07　教師 R：すばらしい。この後はパーセントエスがきますね。


断片 2 と同様に、教師が全体に投げかけた質問（01 行目）に対して、答えられる生徒 B が発言し、理解を示している（02 行目）。この生徒 B は、国語総合の時の断片 1 のやりとりでは「内容を答える際には単語ではなく文で説明する」こと

を意識して生徒Aに接していた（03行目「理由を言え、しっかり」）のだが、この場面では単語で答えてしまっている。授業後になされた生徒への授業アンケート（教師Rは見ていない）で複数の生徒が「文で答える質問がなかった」と書いていたように、生徒らには、文で回答するような発問がなされていなかったと感じられていたようだ。

　この後、教師Rはビデオを見て授業を振り返った際に、自身の質問が単語で答えることを促す形式と内容になっていたことに気づいた。教師Rが問題として捉えていた生徒の受け答えが単語でなされたことの一因は、実は自分の発問のデザインにあったのである。この01行目の教師の質問が、「出力するときに使う命令はどのようになりますか？」だったら、生徒の答えは少し異なる形式だったかもしれない。

　教師Rは常日頃から向上心に富み、教材研究にも熱心であるが、自身の振る舞いを振り返る機会には恵まれていなかった。教師Rはこの振り返りの後、早速授業の改善に取り組み、生徒に説明させる内容を取り入れた発問の仕方をするなどの工夫をしていった。

## (2) 授業をスムーズに展開したい──生徒の発言に対応する基準を振り返る

　次に紹介するのは筆者（鈴木）が国語教師として行った授業での実践である。筆者は授業において、生徒の質問に答えなかったり、生徒の自発的発話を拾わなかったりすることがよくある。もちろん、意図があってのことであり、筆者はそれにより授業をうまくコントロールしていると自負していた。しかし今回、ビデオ映像を見直すことにより、実は過信であることが明らかになった。

　その理由の一つは、生徒の発言に対応するかどうかの判断の基準が複数あり、その基準の間で迷ったために、生徒の発言を全体で共有すべきトピックとして取り上げることができなかったことである。

　以下で取り上げるのは、2013年の旧指導要領下で行った高等学校の国語総合（現在の「現代の国語」と「言語文化」に該当）の古典の授業であり、そこでは『平家物語』の「木曾の最期」を取り扱っている。本時は古典読解としては「木曾義仲が戦場から巴を去らせた理由を理解する」という目標を立てている。また、本時はプログラミングの授業（前節参照）と連携した授業として、共通の言語活動として「単語（キーワード）をつないで文章を作る」ことが設定されていた。このため、これを行うことが二つ目の目標となっていた。具体的には、木曾義仲が

戦場から愛人の巴を去らせた理由を理解するという内容読解を踏まえ、キーワードを用いて文章を作るという実践であった。生徒は「義仲はなぜ巴を行かせたのか」というタイトルで4つのキーワードをそれぞれ考え、それを繋ぎ文章を書いた。

**（断片4：生徒の発言へ対応することで問題を全体で共有できた例）**
01　　　筆者：さっきも言いましたが、他の人の良かった点を参考にしてみましょう。
02　生徒A：【グループ内の生徒に向けて】ない
03　生徒B：はっ？
→04　生徒C：【隣席のDに向けて】キーワードどこに書こう
→05　生徒D：【沈黙】
→06　　筆者：はい、リライトでキーワードを変えるよ、って人は、リライトの下の
07　　　　　　スペースに、書いておいてください。


　筆者の発言（01行目）を受けて生徒Aは、同じグループ内の生徒に向けて「（良かった点は）ない」と発言した（02行目）。同じグループの生徒Bは発言した（03行目）が、筆者はそのやりとりに触れなかった。別のグループの生徒Cが隣席の生徒Dに「キーワードどこに書こう」（04行目）と相談を持ちかけ、生徒Dは即答しなかった（05）が、筆者は生徒Cの疑問を解消すべく、クラス全体に新しいキーワードを書く場所を指示した（06-07行目）。
　筆者は生徒A、Bのやりとり（02-03行目）を聞いてはいたが、作業を進めていくにあたって、問題となるとは思わなかったため対応をしなかった。しかし、生徒Cの発言（04行目）については、図2のプリントのレイアウトを見て分かるように、リライト（書き直し）の部分にキーワードを書く枠がないために、生徒Cと同様にどこに書くか迷う生徒がいると判断し、生徒Dの応答を待たないタイミングで、生徒Cの疑問に直接答える内容を、クラス全体に向けて指示を出すことで共有した（06-07行目）。
　筆者は断片4の例のように常に生徒の発言の内容を聞き取り、対応すべき発言を取捨選択しているのであるが、次の断片5は生徒の発言に対応しなかったことで生じた失敗例である。以下の場面は授業の前半で、生徒が4つのキーワードをそれぞれ考え、それを繋いで文章を作る場面である。

**（断片5：生徒の発言に対応せずに問題の共有ができなかった例）**

```
01    筆者：まず、この4つは入れなきゃいかんというものをプリントに書き込
02        んでください。キーワードをあと3分くらいで
→03   生徒E：キーワード巴（ともえ）
04    生徒：【数人が笑う】
05    筆者：文章は10分くらいで
→06   生徒F：【隣席のGに向かって】義仲ってキーワードになるの？
→07   生徒G：【沈黙】
08    筆者：キーワード書き込んだ人から文章を書きましょう。13分後に一旦切
09        りますので、それまでに文章を書き終わりましょう。
```

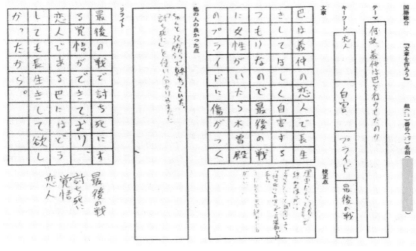

図2　授業プリント「文章を作ろう」
（※リライト時にキーワードを書く欄がない）

　筆者の説明（01-02行目）を受け、生徒Eはクラス全体に聞こえる声量で「キーワード巴」と発言している（03行目）。生徒Eの発言で生徒数人が声に出して笑った（04行目）。このEの発言（03行目）は、1章平本・五十嵐論文で分析されている、生徒の自発的発話（「ガヤ」）のなかでも、教室全体に聞こえる声の大きさである。しかし、「書く」という教師の指示に従ってないという点で、公的な発言として取り上げられるようにデザインされているとはいえない。また筆者

は、その内容も不適切だと考え、Eの発言には対応せずにそのまま説明を続けた。生徒Fは生徒Eの発言を受け、隣席の生徒Gに向けて発言している（06行目）が、生徒Gは答えず（07行目）、筆者もこれにも対応することなく更に説明をしている（08-09行目）。

　筆者には、生徒に問われている「何故、義仲は（戦場から離れるよう）巴を行かせたのか」というテーマ自体に「義仲」「巴」という人名が使われているために、それらがキーワードにならないことは自明のものであるという認識があった。このため、生徒Eの発言（03行目）に対応しないことによってその発言の内容が不適切であることを示そうとした。また、数人の生徒が笑ったのも、その不適切さを理解していたからであると判断していた。しかし、生徒Fの発言（06行目）は生徒Eと同様の内容であるが、生徒Fはその認識の不適切さを理解しておらず、生徒Gもこれに対して修正をしていない（07行目）。

　授業後にプリントを確認したところ、数名の生徒が「義仲」「巴」「戦」のような、登場人物の人名や状況そのものを表す語をキーワードとして、本文の内容の理解が不足した文章を書いていた。そして「武士の面目」「本音」「愛情」「命」などの語を書いた生徒達との間に理解の大きな差が生まれていた。

　筆者がこの生徒E、Fの発言（03、06行目）に対応しなかったことにより、全体で認識の共有を図ることはできなかったといえる。

　さて、ここまで生徒の発言への筆者による対応を見てきたが、断片4、5の生徒の発言はいずれも筆者に直接向けられたものではなく、他の生徒に向けられたものであった。以下では、生徒から筆者に向けられた発言に対し、筆者が応答しないという例を紹介したい。

　以下で取り上げるのは、高等学校の国語表現Ⅰ（現在の「国語表現」に該当）の授業で、図書室でグループによる意味調べを行っている場面である。これも教科間の連携授業の一つであり、国語表現Ⅰで辞書や関係図書を用いて、木造在来工法の構造物の用語の意味を調べ、次の設備計画の授業で、プロジェクターで映し出された実際の建築工程の写真を見て、各部の名称を確認するという活動を行うことになっている。本時は「辞書を引き、状況に応じた意味を選びとる」と「手持ちの辞書に掲載のない語句について、図書館内の資料を探す」という目標を立てた授業であった。以下は生徒が用語の意味を調べている場面である。

**（断片6：教師に向けられた生徒からの発言に応答しない場面）**
→01　生徒A：先生、軒桁【のきげた】ない【調べながら】。

02　　筆者：【生徒Aの顔を見て何も言わない】

03　生徒B：広辞苑調べて見ろよ。

04　生徒A：広辞苑どこ？【生徒Bに向けて】

　生徒Aが教師（筆者）に辞書を調べても記載のない単語があったことを発言（01行目）し、筆者は、生徒Aの顔を見て発言を聞いたことを示すが、その発言には応答していない（02行目）。生徒Bは生徒Aの発言を受けて、生徒Aに「広辞苑調べて見ろよ」と提案し（03行目）、生徒Aはその提案を受けて、広辞苑の場所について生徒Bに質問している（04行目）。

　ここで筆者が生徒Aの発言（01行目）に対し応答しなかった理由はこの生徒Aの言葉遣いが適切ではないと判断したからである。生徒が教師に対して友達口調を使用することを良いとは思わない筆者は、応答しないことによって生徒Aに発言の修正を促したつもりであった。これは教科教育的な判断によるものではなくて、あくまでも生徒指導の水準における判断である。教師は、教科教育的な判断と生徒指導的な判断を、水準がちがうものとして判断し分けている。

　しかし、それを聞いていた生徒Bは、筆者が応答しなかった理由を、既に説明されたことについて、生徒は理解していなければならず、教師は再び同じことを説明することはないからだと捉えたようだ。生徒Bは、数分前に筆者が「辞書に載ってなかったら辞書を替えてみましょう。でかい辞書や専門書には載ってるかも知れません」と発言していたことを踏まえ、生徒Aに対し「広辞苑調べて見ろよ」と生徒Aが使っていた辞書よりも収録語彙数の多い辞書を使用することを提案した（03行目）。生徒Aは生徒Bの提案を受け、その後も筆者に見えるように意味調べを続けていった。結果的に生徒Aの意味調べの問題は解決されたのだが、筆者が気になっていた言葉遣いの問題は棚上げになってしまった。

　教師が、生徒の発言に特に対応しなかったり、受け流したりすることは、内容や表現等がその場に相応しくないことを自ら気がつかせることを意図していることがある。しかし、生徒は応答がなかったことは理解できても、教師がその説明をしない以上、生徒がその意図を理解するとは限らない。ここではそうした問題状況が顕在化している。

　生徒が他の生徒に向けた疑問などの発言などに対して、教師が介入して対応することがいつも良いことではないだろう。言語活動を充実させていくためには互いに主体的に発言し合ったり、生徒同士で解決させたりすることも大事である。また、教師に向けられた発言に対してすべて対応し、注意したり、あるいは説明

や指示を加えたりするといったことをしすぎることで、授業の目標から乖離していくこともある。教師は当該の授業の目標に照らして、生徒の発言の利用が適切かどうかの状況判断を行い、対応するかどうかの基準を使い分ける意識が必要だろう。

## 3. 教育実践の特徴を振り返り、その教育上の効果を考える

ここまでみてきたように、考察例1では、教師が事前に持っていた教育上の問題意識に基づいて、相互行為の方法に着目しながら、生徒の行為の意味（生徒の発言内容や生徒の発言の宛先など）を理解し、そのうえで、それに対する教師の発問のデザインの適切さや、生徒に対応する基準について反省を行っていた。

こうした振り返りのやり方は、生徒理解を深め、また実践家として教師が反省しながらスキルアップしていく助けになる点で、十分に現場に貢献できるものだといえるだろう。

だが可能ならば、**これをもう一歩進めて、当該の実践そのものについてより理解を深める考察を目指すことをお勧めしたい。それは本書の章の多くがそうであるように、教師と生徒のやりとりとそこから生まれる実践そのものを分析し、その特徴を考察するもの**だからである。

もちろん考察例1でもそうした作業はある程度行われている。しかし生徒の行為に対する教師の対応がそこでどのような意味を持ち、その後いかに展開していったのかを追う形で対象化して考察はしていない。その実践のある段階において、教師のねらいからみたときに、「失敗している」と捉えているため、当該の実践の帰結まで考察をしていないからだ。もちろん実践が失敗したこと、あるいは成功したことを前提にして分析することは、決して悪いことではない。生徒の行為の意味を改めて考え、反省的に考察を進める原動力となる。

だがこのようなアプローチでは、そもそも教師と生徒がそこでどのように状況を理解して授業を進めていったのかを考察することは難しい。

例えば、考察例1の断片2は、教師Rの発問が、生徒が単語で回答することが望ましい状況を生み出すデザインとなっている点で、授業のねらいからみると反省すべき発問だったかもしれない。しかしよくよく見ると、ここでの教師は、長い文章で答えさせることをしない代わりに、生徒が自分の発問に適切に答えなかったことに志向して、説明を加え、より答えやすいように発問を続けている（「代入したの何人分？」→「何人分のデータを入れたか」→「何人分のデータ入って

た？」)。そして、そのようにすることで、前時でやったことをみんなで思い出すことに取り組んでいるようにみえる。

このように最後まで教師と生徒のやりとりを丹念に追っていくことで、「失敗だとみえるやりとり」が、「教師と生徒がその場で別の何かを成し遂げようとしたために、そのようなやりとりになっている」可能性が見えてくるのである。

このため、最後まで教師と生徒のやりとりを丹念に追い、その場における状況の理解を読みとる第二のアプローチのほうが、当該の実践の評価をするにあたっても、より深い洞察ができるのである。この考察例を見ていこう。

### 考察例2：挙手ルールの導入から自発的発話へ（齊藤）

まだ学齢が低い小学校の授業において、児童の発言を引き出しつつ、他方で授業の内容に関連しない言葉や、不適切なタイミングでの言葉を抑制しながら教室内の秩序を形成し、児童の認識形成を図っていくことは、教師にとって容易なことではない。このため、児童の発言を管理していく一つの手法として、児童に挙手で発言への意志を示させ、それによって教師が児童の発言への意思と用意をみとり、指名することによって児童に発言する権利を与える、という方法が採られることがある。このような授業における発言権の割り振りの方法を、ここでは「挙手ルール」（鶴田 2010, 2018）と呼ぶことにしよう。[1]

けれども、いったんこの挙手ルールが導入された授業においては、このルールに基づいて発言の割り振りがなされ続けていくのかというと、必ずしもそうではない。以下に示す事例のように、挙手による発言への意思表示が次第に省略され、教師による指名を経ることなく児童が発話を開始し、それが教師に受けとめられ、次の展開に生かされていくことは決して少なくない。

では、教師はどのようにそうした児童の発話を管理しながらも受けとめ、それを授業の展開に利用していくのだろうか。以下では、(1) 教師が発問時にどのように挙手ルールを導入しているのか、(2) 教師が挙手を伴わずにいかに児童の自発的な発話を促しているのか、(3)－(5) 児童の自発的発話を教師がどのように

---

[1]　鶴田は、「挙手→指名→被指名者が発言」という授業秩序・相互行為秩序を生成させるルールを「挙手ルール」と言っている。それによって、教師は次に「誰を」指名するかという話し手の選択権をもち、相互行為秩序を生成することによって、一種の統制機能をもつことを可能にする。その一方で、児童の立場から見ると、挙手によって自身の発話を「私語」や「独言」でもない公的な「発言」や「発表」として構成し、「学級＝社会」へとアクセスするためのチャンネルを開く機能をもっていることを指摘している（鶴田 2018）。また、森は、「挙手」が児童の発言の機会を公平に配分するための道具であることを指摘している（森 2014）。

利用していくのか、という点に焦点をあてながら、その方法の特徴と教育上の効果について分析していくことにしたい。

## (1) 発問しながら児童に挙手を求める——会話フロアを再構築する

　以下で取り上げるのは、小学校2年生の国語の授業であり、児童が教科書（教育出版）に掲載されているレオ・レオニの『アレクサンダとぜんまいねずみ』を読んで、主人公の心情を話し合っている場面である。単元の目標は、「場面の様子や人物の行動について、想像を広げながら読む」ことであり、4章（齊藤論文）で検討した授業と同じ単元の授業である。授業の冒頭では、教師（T）が本時のねらいに関連して、「谷川俊太郎さんやレオ・レオニさんは、どんなかき方をする人なんだろうか？」と問いかけることから開始された。なお、児童の名前はすべて仮名で、特定できない児童はSと表記しており、教師は教職10年目の女性である。

### （断片1：発問しながら、児童に挙手を求める）
【直前まで児童の挙手を伴わない自発的な発話がしばらくの間続き、児童誰もが自由に話し合いに参加することができる状態であった】
→01　　T：レオ・レオニさんて、【右手を上に挙げて挙手を求める動作をしな
→02　　　　がら】こんなかき方するな〜とかさ、何か気が付いたら教えて。
　03　　T：【桑田が挙手したのを見て】桑田くん。
　04　　桑田：なんか、絵が紙をちぎったような。
　05　　T：あ〜、絵、あの教科書見てみよう。レオ・レオニの。

　断片1の01-02行目では、教師が「レオ・レオニさんて、こんなかき方するな〜とかさ、何か気が付いたら教えて」と発問をする際、右手を挙げていることからも分かるように、教師は児童に挙手をすることを求めている。そのような教師の意図を理解して、発問の後に桑田が挙手をした。教師は挙手をした児童が桑田しかいなかったので、間を空けることなく指名している（03行目）。それによって桑田は起立し、「なんか、絵が紙をちぎったような。」と応答している。これを受けて、教師は「あ〜、絵、あの教科書見てみよう。レオ・レオニの」と応答した（05行目）。この教師の応答は、まず「あ〜、絵、」と言って、桑田の発言の内容が絵に関するものであることをいったん受容している。そして、教科書の挿絵

を見て確かめてみようと、他の児童に指示している。ここでの教師は、発問に対して児童の答えが適切かどうかを評価するのではなく、学級全体で確かめてみることを促すための指示を行っている。このような教師と児童のやりとりは、教師の発問に児童が応答し、その後に教師が評価を行うという I-R-E 連鎖（Mehan 1979）（Lecture2，Lecture3，2章の平本・五十嵐論文を参照）や、I-R-F 連鎖（Heap 1988; Cazden 2001）[2] が、E や F を差し控える形で拡張し、教科書を見る活動に展開している。

　ここで、教師の発問のやり方に注目してみよう。教師は 01-02 行目で右手を上に挙げるという身振りをしながら発問している。この身振りは、児童が発言する準備が整っている意思を表示する際に行う「挙手」と同じ動作である。そのような身振りを教師が発問と一緒にすることによって、この発問に対しては、児童が挙手して指名された後に発言する必要があることを示している。実際、桑田がすぐさま挙手をしているように、児童もこのことを理解している。

　ここで考えたいのは、教師が挙手を求めて発問したことの効果である。実は、断片1の直前までは、児童の挙手を伴わない発話がしばらくの間続き、児童が自由に話し合いに参加することができる状態であった。そのことは、各自のアイディアを出し合うことができても、逆に互いの言葉を聴き合うことを妨げ、話し合いの成立を難しくさせていた。教室内が一つの「会話フロア」[3] にまとまらず、多くの小さな会話フロアが並立し、互いの発話が重なり合っていたのである。そのため、教師にとってのこの局面の課題は、児童の発話をコントロールし、発言者を限定し、一つの会話フロアを再構築することだった。

　教師がここで「挙手ルール」を導入したことで、そのルールを守らない発話に対して教師は応答せず、ルールを守っている児童だけが教師の指名によって発言機会を得ることができる、という相互行為のフレームを設定したことになった。児童が発言したければ、教師や仲間の児童からサンクションを受けないように、挙手をして、教師から指名されるのを待つことになるからだ。

　つまり 01-02 行目の教師の身振りを伴った発問は、話し合いという場に児童が参加する仕方を秩序立て、会話フロアを一つに再構築し管理しようとする実践と

---

［2］　Heap（1988）や Cazden（2001）は、学習者の発話に対する教師の応答が必ずしも（E）だけではないことに着目し、E ターンの代わりに F（feed back）ターンを用いている。

［3］　金田（2001）によると「会話フロア」は、話し手が発言権を維持し、聞き手がそれを承認している際に形成されている会話の権利と義務の関係を指している。それによって、教室内の会話連鎖を平面的に捉えるのではなく、多層的・多元的に捉えようとする試みである。金田はタイプⅠ～タイプⅣの4つに類型化している。

してみることができるのである。

　一般的に授業研究では、教師の発問が児童の思考を促し、新しい知識の獲得や確認をするための直接的な契機として機能していると考えられている。だがそれだけでなく、挙手を伴う発問の仕方の効果に着目すると、児童がどう応答するべきかという相互行為のフレームをつくるための一つの方法として見ることができる。このように、教師は身振りを伴った発問を通じて、発言を聴き合うことができるような授業のやりとりへと転換を図っていたのであった。

## (2) 児童のつぶやきを板書し始める──児童のつぶやきを促す

　次に、断片1の教師の指示（05行目）の後、何が起きたかを見ていこう。

**（断片2：児童のつぶやきを板書する（断片1とその続き））**

```
01    T：レオ・レオニさんて、【右手を上に挙げて挙手を求める動作をしな
02        がら】こんなかき方するな〜とかさ、何か気が付いたら教えて。
03    T：【桑田が挙手したのを見て】桑田くん。
04  桑田：なんか、絵が紙をちぎったような。
05    T：あ〜、絵、あの教科書見てみよう。レオ・レオニの。
→06   堀：ちぎり絵っぽいよね。
→07   T：【「絵がちぎり絵っぽい」と板書を始める】
08    柳：うん、ちぎり絵っぽい。
09   S1：確かに。
10    T：【板書を続けながら】ちぎり絵っぽい。【図3】
11   SS：【9秒間、児童から挙手がないまま発話が多数なされる】
```

　教師は05行目で学級全体に向けて教科書の絵を見るように指示をしている。その後、06行目で堀がその絵を見ながら、「ちぎり絵っぽいよね」と自発的発話を行っている。これは1章平本・五十嵐論文で言うところの「ガヤ」であり、現場で言うところの「つぶやき」にあたるだろう。[4] 教師は教科書を見てみようと指

---

[4]　1章（平本・五十嵐論文）では生徒が教師に求められていないにもかかわらず、自発的に発話するものを「ガヤ」と定義し、それが教師と生徒の相互行為の中で「公的な発言」として扱われることによって、授業での相互行為秩序の形成やI-R-E連鎖に利用される様相について詳しく分析している。

示をしただけなので、児童は発言することを求められていないし、01-02 行目の元々の発問に答えるのであれば挙手をする必要がある。

　06 行目の堀の発言は 04 行目の桑田の答えと同じ趣旨であり、別の答えとして挙手して回答するほどの内容ではないが、桑田の発言に同意しつつより明確な表現に言い換えている。こうしたことから堀はあえて挙手せずつぶやいたと思われる。

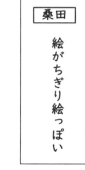

図3　教師によって書かれた板書（10T）

　ここで着目したいのは、教師が桑田の発言そのものではなく、この堀による言い換えによる同意のつぶやき「ちぎり絵っぽいよね」（06 行目）、またその後に続く柳によるさらなる同意のつぶやき「うん、ちぎり絵っぽい」（08 行目）を、板書したことである（図3）。そしてこの教師の板書の開始の後には、次々と他の児童のつぶやきが挿し込まれていく（11 行目）。こうしたことが起きたのは、一つには教師が児童のつぶやきを板書したことで、そうした自発的発話をしてもよい場であるということを児童が感じとったということであろう。

　またここでは、児童が教師の指示どおりに絵を見ただけでなく、桑田の答えを聞いて、その答えを自分で評価していることも指摘できる。教師が児童の回答への評価を差し控えて指示をし、堀の評価的なつぶやきを板書したことで、生徒らも堀と同様に桑田の回答を評価しようとしていると言える。

　ここでの児童の自発的発話のなされ方にはもう一つ特徴がある。それは互いの声を聴き合い、声が重ならないように発話のタイミングを計ることで、発話が順番に関連しながらなされていることだ。このことは、01-02 行目の教師の発問の前が、互いの声と発話の内容を判別することのできない教室の状態であったこととは大きな相違である。堀（06 行目）や柳（08 行目）や S1（09 行目）の発話は、教師の発話にも互いの発話にも重なっていない。他者の発話を聞き、他者の発話に自らの発話を重ねない、そして、発言する権利をもつものを一人に限定しながら、授業を進行するという規範を保ちながら、児童の発話が適切に進行・展開していると理解することができる。この場面において児童はつぶやきという授業参加の方法を巧みに利用しながら、適切に振る舞っているのである。

## (3) 児童のつぶやきを利用して板書を少しずつ作り上げる

　もちろん、このような児童のつぶやきによる参加を、教師自身も板書しながら聞いている。聞きながら、さらに児童の中からどのような言葉が、つぶやきが出てくるのかを期待しつつ待っている。だからこそ06行目以降のやりとりの中で、教師は自発的に発話がなされても注意することはなく、板書が終わるのを待ってから発話することを指示することもないのである。この後、教師は児童のつぶやきを利用しながら板書をしていく。この様子を見ていこう。

**（断片3：つぶやきから板書を作り上げる（断片2の続きから））**

```
10    T：【板書を続けながら】ちぎり絵っぽい。
11    SS：【9秒間、生徒から挙手がないまま発話が多数なされる】
12    T：【児童の方を向く】
→13   柳：ちぎり絵みたいだから、結構細かい。
14    T：あっ、【黒板の方を向き、「細かい」と板書しながら】細かいんだ。
→15   三宮：細かいのが好きなんだ。
16    T：【「細かい」に「のがすき」と板書を加えて変更しながら】細かいのが
17        好きなんだ。【図4】
```

　板書を終えた教師が児童全体に向き直った12行目は、01-02行目の発問時に設定された挙手ルールが継続されてよいタイミングであったと言えるであろう。だが、教師は13行目で挙手せずに発言した柳に対して、注意することなく復唱しながら板書をし始めている（14行目）。この振る舞いから、児童に挙手ルールが求められてないことが示されることになる。そしてその結果、三宮（15行目）もその後に続くが、教師は、こうした児童の「つぶやき」を取り上げながら板書の文章を加筆しながら徐々に作り上げていく。

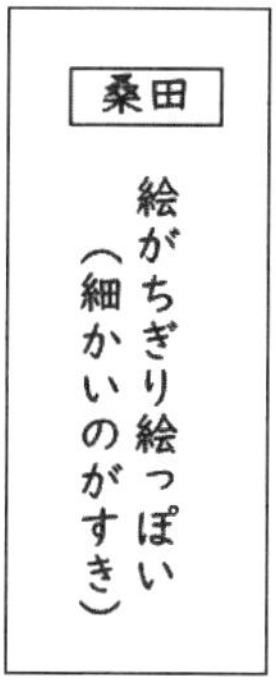

　まず、13行目の柳は、断片1の06行

**図4　教師によって加筆された板書(16-17T)**

目の「ちぎり絵っぽいよね」という堀の発話を受けながら、「ちぎり絵みたいだから、結構細かい」と教科書に掲載されている挿絵の特徴をさらに付け加えている。このことは、01-02行目の「レオ・レオニさんて、こんなかき方するな〜とかさ、何か気が付いたら教えて」という教師の発問とも強く結びついている。この発話の中の「かき方」とは、レオ・レオニの原作が絵本であることからも分かるように、文章の「書き方」であると同時に絵の「描き方」でもある。挿絵の描かれ方について指摘している柳の発話は適切なものとしてみなされ、14行目で教師は「あっ」という驚きを示している。さらに、「細かいんだ」と繰り返しながら板書することによって、黒板上に柳の発言を位置付けようとした。

　続く15行目の三宮は「細かいのが好きなんだ」と、柳の発言に付け加えるようにつぶやいている。このつぶやきは「かき方」を指摘したものではないものの、このような「かき方」をするレオ・レオニの「人となり」について推測したものとして聞くことができる。そのため、先の柳の「結構細かい」の発話を受けた板書と結びつけ、「のがすき」という言葉を付加して、「細かいのがすき」という表現に変更している（16-17行目）。つまり、柳の発話も三宮の発話も、どちらも板書するという行為によって同様に価値付けられているのである。

### (4)「独り言」をどう扱うか——修復の求めと指名で発言権を与える方法

　ここまで柳（13行目）、三宮（15行目）が指名を受けることなく発話していたが、以下の吉川（18行目）の発言に対しての教師の対応の仕方は大きく異なっている。

**（断片4：「独り言」に発言権を与える）**

→18　吉川：【下を向きながら】ねずみに詳しいのかな〜？【小さい声で、語尾になるほど小さく伸ばされている】

　19　　　　るほど小さく伸ばされている】

　20　　T：えっ、【黒板から目の前の吉川の方へ向き直って】なになになに？

　21　　T：【右手を差し出して】吉川くん。【図5】

→22　吉川：ねずみに詳しいのかな〜？【小さな声で教師の方を向いて】

　23　　T：えっ。

→24　吉川：ねずみに詳しい？

　25　　T：ねずみに詳しいのかな〜と。

　26　　T：【「くわしい？」と板書する】

| 27 | S2：好きなんじゃないの？ねずみが〜。 |
| 28 | T：あっ。 |
| 29 | S3：アレクサンダの味方じゃん。 |
| 30 | S4：ねずみを飼っているのかな〜？ |
| 31 | S5：アレクサンダの味方だよ。 |
| 32 | S6：ペットでねずみ飼っているかな〜？ |
| 33 | T：あ〜、ねずみを飼っているかもしれない。ペット。 |

図5　黒板から目の前の吉川の方へ向き、右手を差し出す教師（21T）

　18-19行目の吉川の「ねずみに詳しいのかな〜？」という発話は、柳や三宮と同じように、指名を受けずになされている点は同じである。しかし、教師の対応の仕方は大きく異なっている。吉川の発話の後、20行目で黒板の方に向いていた教師は、「えっ」という発話で不意の発話に対する驚きを表現し、「なになになに？」と吉川の方へ身を乗り出すようにしながら、聞き返すことで強い関心を示し、発言の修復（言い直し）を求めている。このことは、次の発言をする者として吉川が選択することを意味するが（Schegloff, Jefferson & Sacks 1977=2010 西阪：73-74）、吉川はすぐには発言していない。

　そこで教師は、続けて21行目で「吉川くん」と右手を差し出して呼びかけ、明示的に指名することで発言を促した（図5）。これを受けて吉川は、22行目で再度「ねずみに詳しいのかな〜？」と発言している。しかも、学級の他の児童もそのことを理解していて、誰も吉川の発言に発話を重ねたり遮ったりせず、聞き手として適切に振る舞おうとしている。そのため、吉川は発言権を誰とも競うことなく発言することができている。けれども、22行目の吉川の発言は声が小さかった。そのため、23行目で教師は「えっ」と聞き返し、24行目で吉川が声を

大きくして「ねずみに詳しい?」と言い直している。そして、25行目の教師は「ねずみに詳しいのかな〜と」と繰り返し、26行目で「くわしい?」と板書しているのである。

このように、断片4では、吉川の場合にだけ、修復や指名等により、発言する機会が明示的に与えられているように見える。そのような違いがなぜ生まれたのであろうか。柳や三宮と、吉川の発言の間には、教師が扱い方を変えるべきどのような違いがあったのであろうか。

まず18-19行目の吉川の「ねずみに詳しいのかな〜?」という発話は、吉川の確定的な解釈として投げかけられているのではなく、疑問形として提示されている。声量は小さく、文末はさらに声量は下がりながら、語尾が長く伸ばされている。このような発話の特徴は、先の柳や三宮の発話形態とは大きく異なっている。柳は力強く明瞭に発話し、三宮も「細かいのが好きなんだ。」と疑問の余地をもたずに断定的に言い切っていた。二人に比べると吉川の声は明らかに小さいのである。また、このとき、教室の一番前に座っていた吉川であるが、黒板の前にいる教師の方を向かず、机の上の教科書を見ながら発話していた。教師が「えっ、なになになに?吉川くん」(20-21行目)と問いかけたことによってはじめて、吉川は教師の方を向いて発話している(22行目)。このような吉川の発話は、教師や特定の誰かに聞かせるべく発せられたというよりは、吉川自身の「独り言」として捉えられるようにデザインされている。

このように、吉川の発話(18-19行目)は、挙手ルールに則らず、特定の宛先をもたず、声も小さく、教師の方を向かずに教科書を見ながら言っていたため、他の誰かに応答してもらうことを意図したデザインとはなっていなかった。このため、教師は公的な発言になりうる発話として見なす必要はなく、聞き流すことも可能であったのである。けれども、実際の教師は聞き流すことなく吉川の発話に積極的にかかわり、応答することで公的な発言に組み込んでいこうとした。そうするためには、吉川の発言に対する修復や、指名等の一工夫をする必要があったのである。

## (5) 発話を拾う判断の基準──協働的な参加に基づく展開のために

22行目の吉川の発言の後、その声が小さかったので、23行目で、教師は「えっ」と再度吉川に言い直すことを要請した(ここでの聞き返しは教師にとって聞き取りにくかったというよりも、吉川の発言を学級の全員に吉川の声で聞かせること

を意図したものと考えられる）。これにより 24 行目の吉川は声を大きくして「ねずみに詳しい？」と言い直した。さらに、25 行目の教師も「ねずみに詳しいのかな〜と」学級全体に聞こえるようにくり返している。そして、「くわしい？」と板書することによって、この発言を吉川から生まれた「問い」として変化させ、黒板に明示したのである（板書にも「？」が書かれている）。このような教師の対応は、柳や三宮はもちろん、断片 1 の堀のつぶやきの時にもなかった。

　ここでの教師は、あえて吉川の発言を取り上げることに価値を見出していると思われる。それはなぜであろうか。

　第一に考えられるのは、教師が発言機会を均等化して、多様な児童の発言を授業に取り入れたいと考えていることだ。このことは、授業を協働的で創発的に展開させ、そして授業において一人一人の児童に自己有能感や達成感を味わわせる上で、教師が配慮することの一つである。吉川は、発言であろうとつぶやきであろうと、授業の中で発話することが多くない児童であった。そのような吉川の発話であるからこそ、吉川の発話をすくい上げ、学級の全員に聞かせ、学級の中に有意に位置付けることを優先すべきであると捉えていたと推測できる。その意味では、教師の意図が強く反映された指導場面として見ることができる。

　第二に、それまで話し合われていた内容が、挿絵が「ちぎり絵っぽい」ことについてであったのに対して、吉川の発話内容はそれとは異なっていることが挙げられる。柳のつぶやきは直接的に「ちぎり絵」の形態的特徴を視覚的に判断することができる内容であり、三宮のつぶやきは、柳の「結構細かい」という発話から推測される作家性、あるいは「人となり」についてであるが、あくまで「ちぎり絵」に関連するものである。けれども、吉川の発話は、柳と同様に作家としての特徴、あるいは「人となり」に関心を向けてはいるが、直接的に「ちぎり絵」には関連付けられていない。つまり、吉川の発話内容は、そもそもの教師の発問から展開されてきた話題を転換するものでもあった。

　第三に、吉川は柳や三宮の断定的なつぶやきに触発されて、作者の「人となり」に関して推論しており、その意味で柳や三宮の発言内容とは大きく異なっている。また児童間の「聴き合い」のなかで生成されて自発的に発せられた「問い」でもある。そのような問いを学級全体の問いとすることは、授業の展開を児童の興味や疑問に根ざしたものとしてリ・デザインする上で重要な資源となる。授業の文脈の中から生まれてきた児童の問いは、教師が主導する発問とは異なった価値をもつ。それは、児童の主体的な学びの場、問題解決の過程を生成することとにある。

以上のような理由から、教師は吉川の発話を「独り言」として聞き流さず「つぶやき」として受け止め、さらに発言権を与えることによって、最終的に「公的な発言」として位置付けることを選択したのだと考えられる。

その結果、吉川と教師のやりとりの後に、27、29、30、31、32行目のようなレオ・レオニの「人となり」に関する児童のつぶやきが、矢継ぎ早に生まれてきている。学級に共有された吉川の新たな問いが多くの児童の思考を引き出し、授業を協働的に展開するに至ったのである。

### (6) 考察——児童が聴き合い主体的に参加するための教師の方法

これまでの分析から、どのような知見が見いだせるだろうか。

一つ目は児童に自発的な発話を控えさせ、教師による指名によって発言者を限定することで、教師の発問を児童に聴かせ、話し手と聞き手の関係を整序することで会話フロアを再構成できることである。発問とは、教師の質問を児童に端的に伝え、児童からの応答を引き出し、認識形成を図るための意図的な発話である。しかしそれがどんなに優れた発問であっても、児童の応答が秩序立ってなされなければ、その後でうまく展開しない。まずは発言者の発言を聴こうとする体勢をつくることが必要であり、この事例では、教師の発問時の「挙手ルール」の導入がそうした秩序づくりの効果をもっていたといえるだろう。

二つ目は、互いの声を聴き合うことができない状態からの転換を図るには、「静かにしなさい」や「発言は手を挙げてから」といった直接的な注意や指示が、必ずしも必要ないということである。注意や指示の挿入は、展開していた会話の流れを中断することになる。また、児童がその場で話し合われている内容ではなく、「手を挙げるタイミング」といった話し合いの進行に関わるルールに注意を向けてしまうと、物語世界に浸る児童の気持ちに水を差すことにもなる。

本データでは、教師が注意によって授業の会話の流れを止めることなく「挙手ルール」を導入したことで、児童の思考が一貫して話し合いへと向かうことができていた。このように、児童が他者の発話を聴き合う力を発揮させる方向へ誘導していくことも、注意に代わる一つの方法であることがわかる。[4]

三つ目は、授業において、教師によって主導されつつも、その過程で自発的な児童の問いが生まれ、その児童の問いをすくい上げ、位置付けることによって、児童主体の授業へとリ・デザインすることができることである。本データでは、吉川の独り言ともとれる発話を教師が聞き取り、それに応答し、板書していくこ

とで、他の児童と共有していた。

これまでの分析において、教師による発問で展開する授業から、児童の問いを位置付け展開する授業に移行する方法を見ることができた。授業のねらいは教師の側にある。そのための発問や計画も教師の中にある。けれども、そのような発問や計画は、授業の中であっても絶えず見直されることが求められる。児童を教えの客体から学びの主体へと転換するために、言い換えれば、児童の主体性が発揮される授業場面となるように、教師は児童との相互行為の中で絶えず即興的にリ・デザインしていることがわかる。

## 4. 授業を振り返り、次の実践に生かすには

ここまで鈴木と齊藤による考察例を紹介してきた。鈴木の考察例1とは違って、齊藤の考察例2では、児童の行為に対する教師の対応がそこでどのような意味を持ち、その後いかに展開していったのかを追う形で考察されていた。具体的には、教師が発問し主導する授業から、児童の「問い」を位置付け展開する授業へといかに移行していったのかが示されていた。そこからは、教師が児童主体の授業を展開していく際に使っていた、思慮に富む方法が示されており、ベテランならではのそうした方法が、「児童主体」の授業を支えていることがよく理解できる。

教育学における多くの授業研究では、生徒の認識の道筋を具体的にたどりながら、教育目標や教材、指導法、カリキュラムなどの適切性や効果を検証することに関心がもたれている。なぜなら、このような教授学レベルの工夫や改善・開発によって、生徒の思考力の育成や知識の獲得と定着、関心・意欲の向上を図ることを目的にしているからである。そのような研究関心は、授業技術の一般化や法

---

[4] 聴き合う能力は実際の相互行為を通して授業の中で実践的に身に付け獲得されるものである。聴き合うということは、単に他者の発話を聞いていることや、他者の発言内容を理解して関連した発言をするということではない。自分自身の発話を、教師を含めた他者の発話にどのように連接させ、関連付け、発話するかということと深く結びついている。他者の発話への重なり（overlap）を回避することや適切な発話の順番交替に細心の注意を払いつつ、自分以外の他者に聞いてもらえるようにデザインし、その結果公的な発言として取り扱われるように自ら配慮することが必要なのである。聴き合う能力とは、単なる「聞く」という受動的な行為ではなく、適切に「話す」という主体性を伴った行為であり、話し合いという場の成立に協働的に寄与する相互行為能力であるといえる。この事例の教師は児童の自発的な発話を敏感に聞き取り、それを利用しながら板書を作り上げていったが、それは児童側からすれば教師に聴き取ってもらうように発言することを促していたともいえるだろう。その結果として児童の聴き合う能力が発揮されていたのだと考えられる。

則性の発見を志向するとともに、授業改善のために意義がある。

　しかしこのような研究関心は、その授業を背後で支えている相互行為の水準における教師の授業技術に目を向け、焦点化し、理解可能な記述を与えることはなかった。むしろ、こうしたことへの関心はもたれることなく、放置されてきたと言うべきであろう。

　だが、これまでの考察で見えてきたように、実際の教師は、授業の中で、授業展開のありようと学びの主体である生徒の状況の理解を同時に行っている。そのどちらか一方だけで授業実践をすることは難しい。仮に、どんなに優れた教材や指導法があったとしても、その実践と生徒が置かれている状況を無視して授業をすることはできないからだ。

　教授学レベルでの技術と、こうした相互行為レベルの技術は車の両輪であり、双方が適切にかみ合うことによって、授業における指導目標もよりよく達成でき、昨今の授業改善で求められている「主体的・対話的で深い学び」の実現も可能になると考える。そしてエスノメソドロジー・会話分析の視点は、相互行為の水準における教師の授業技術だけでなく、こうした授業の実践と生徒の状況について理解する力も深めてくれるのである。[5] 授業を教師と生徒の相互行為における実践として捉え直すことによって、これまでに見られてはいるけれども気付かれてこなかった（seen but unnoticed）実践のただ中における教師の授業技術や生徒が置かれている状況を明らかにし、生徒の学びの姿をより深く理解することができる。そして、そのことを学ぶことによって、授業実践をめぐる教師の力量形成が可能になると思われる。

## 【文献】

Cazden, C. B., 2001, *Classroom Discourse: The Language of Teaching and Learning* (2nd ed), Hinemann.

ドナルド・ショーン，2001，『専門家の知恵——反省的実践家は行為しながら考える』佐藤学・秋田喜代美訳、ゆみる出版.

Fox, B. A. & S. A. Thompson, 2010, "Responses to Wh-Questions in English Conversation," *Research on Language and Social Interaction*, 43(2): 133-156.

---

[5]　五十嵐（2017）は、授業における教師の「行為や活動の成り立ちについて理解を深め、実践の特徴を明確に言語化することは、ともすればこの教師や生徒の性格や能力の問題、あるいは個人的な経験と思われてきた事柄を、もっと多くの人と共有し議論していくための助けとなり、授業を改善していく一助になる」と指摘している。

Heap, J., 1988, "On Task in Classroom Discourse," *Linguistics and Education*,1: 177-198.

五十嵐素子, 2017,「『何をどう学ぶか』をデザインするためのエスノメソドロジー研究の視点――『対話的な学び』はいかに『立場の違い』を通じて生まれるのか――」『質的心理学フォーラム』9: 35-44.

池谷のぞみ, 2019,「社会問題とエスノメソドロジー研究との関わり」『年報社会学論集』32: 12-22.

金田裕子, 2001,「協同的な学習の参加構造における教師の役割――社会科討論場面における対話的・多層的な会話フロアの組織」『日本教師教育学会年報』10: 92-103

Mehan, H., 1979, *Learning Lessons: Social Organization in the Classroom*, Cambridge, Mass.: Harvard University Press.

森一平, 2014,「授業会話における発言順番の配分と取得――『一斉発話』と『挙手』を含んだ会話の検討」『教育社会学研究』94: 153-172

Schegloff, E. A., G. Jefferson & H. Sacks, 1977, "The Preference for Self-Correction in the Organization of Repair in Conversation," *Language*, 53: 361-382 (=2010, 西阪仰訳「会話における修復の組織――自己訂正の優先性」『会話分析基本論集』世界思想社, 157-246.

鶴田真紀, 2010,「初期授業場面における学校的社会化――児童の挙手と教師の指名の観点から」『立教大学大学院教育学研究集録』7: 23-33

鶴田真紀, 2018,「『児童になること』と挙手ルール」北澤毅・間山広朗編著『教師のメソドロジー――社会学的に教育実践を創るために』北樹出版, 30-41.

# 専門家実践を省察するためのビデオフィールドワーク

秋谷直矩

## 1. 録音・映像データの利用可能性

　活動の流れのなかでの参与者の発話・身振り・身体の配置・道具の使用は、その活動自体を組織することと不可分である。したがって、特定の活動を組織するために参与者が実際にやっていることを分析対象とする場合、それらを記録に残せるとよい。**ビデオカメラを用いた活動の撮影はその目的において有効なひとつのやり方である**（その意義や方法については 8 章 1 節を参照）。

　音声・映像データを集めるタイプのエスノメソドロジー・会話分析研究者は、調査で収集したそのデータを用いて、頻繁に「データセッション」（ten Have 2007: 140-141; Heath, Hindmarsh & Luff 2010: 102-103）を行う。**データセッションとは、音声・映像データのうち、特に見たい箇所について繰り返し複数人で視聴し、「そこで何が起こっているのか？（what is going on here?）」**（Sacks 1992: 115）**「なぜ、いまそこで（why that now?）」**（Schegloff & Sacks 1973: 299）**という観点から、人びとのやりとりや振る舞いに即した記述をしていくことである。**[1] その際、検討したい場面のやりとりについて、発話や身振りを書き起こしたトランスクリプト（音声や身振りの起稿は田中（2004）や Heath, Hindmarsh & Luff（2010）、Hapburn & Bolden（2017）を参照）があると、場面の理解がしやすくなり、分析のフォーカスを定めやすい（トランスクリプトの範例については、本書に様々なものが掲載されているので適宜参照してほしい）。

　さて、こうしたデータセッションついて、**エスノメソドロジー・会話分析研究者による現象の分析にとどまらず、その教育的意義という点からの有用性が認識されてきている。**たとえば「教育」ならば、保育実践（斉藤 2001）、初等教員研

---

[1] 会話分析者による実際のデータセッション事例をまとめ、そこでのやりとりの特徴をまとめたものとして Antaki ほか（2008）がある。あるいは、データセッションではないが、会話分析者の分析の流れを詳述したものに、串田（2000）がある。どちらも、会話分析者がデータを前にして何に注目するのかを丁寧に説明している。

修（五十嵐 2011）、会話分析者養成（Harris et al. 2012）などがある。

あるいは、**音声・映像データを対象にしたエスノメソドロジー・会話分析的研究を経た分析的知見の現場還元可能性や教育的実践への発展可能性**についても指摘されている。医療診断、電話によるモニター調査、聴覚障害者との労働場面、ジョブインタビューといった様々な場面の分析的知見の現場還元可能性と教育的実践への発展可能性についての著作の出版（Antaki 2011）は、こうした動向を反映させたものとして理解できる。国内の事例でいえば、医療者教育プログラムの設計（樫田・岡田・中塚 2018）や研究者・研究職・大学院生を対象とした科学コミュニケーションのトレーニングプログラムの設計（加納ほか 2021）では、音声・映像データの収集とそれを用いたデータセッションを教育プログラムに適応させたかたちで組み込んでいる。

重要なことは、いずれにおいても、音声・映像データを用いることによるデータセッション参加者の実践理解と省察の促進が目的となっていることである。で**は、以上のような目的で音声・映像データを用いることをゴールのひとつとして設定した場合、どのように音声・映像データを収集すればよいのだろうか**。そのための調査を設計する際の参考として、撮影前・撮影中・撮影後それぞれのフェーズですべきことと留意事項について、Heath ら（2010）と南出・秋谷（2013）による、映像データ収集を目的とした調査設計の解説をベースに紹介する。

## 2. フィールドワークと撮影

### 2.1. 撮影前

「撮影したい活動」がある程度事前に焦点化されている場合でも、特に決まっていない場合でも、ビデオカメラやマイクをどこに配置するかということは非常に悩ましい問題である。撮影に際して達成すべきことは、(1) 撮影したい活動の参与者すべてがフレーム内に収まっていることと、(2) 音声ができるだけクリアーに録音できていることである。この 2 点を確保するためには、撮影したい活動が (a) どのような目的をもっているのか、(b) いかなるスケジュールが組まれているのか、(c) 参与者はそれぞれどのよう動くのかといったことを理解している必要がある。それができていれば、当日の動きがある程度予測可能になるので、ビデオカメラやマイクの設置箇所は決められるようになる。特に具体的なフォーカスがあらかじめ定まっていない場合——たとえば「授業場面」を撮影しながら、撮影中、または撮影後にフォーカスする場面を探したいという目的から

出発する場合も同様である。その授業がグループワークなのか、一斉授業型なのかでもビデオカメラやマイクの設置場所は変わってくるからである。

　そのために、担当教員へのインタビューや授業案の閲覧、ある程度のスパンでの授業見学などのフィールドワークが必要である。ビデオカメラやマイクを設置する前から調査は始まっていること、このことは念頭に置いてほしい。

## 2.2. 撮影中

　ビデオカメラとマイクの設置場所が決まったらそれで一安心というわけではない。事前の予測通りに撮影対象者が動く保証はないし、撮影中に「ここに注目したい」と思うような場面に出会うこともしばしばである。したがって、ビデオカメラの録画ボタンを押したあとも、調査者はその場に留まり、手元のメモ帳などに気付きを記録しながら観察するべきである。そして適宜、ビデオカメラやマイクの位置を動かす。なお、撮影したデータは後で「見る」ので、手ブレは押さえることと、撮影対象の活動の始まりから終わりまでがフレーム内に収まった状態で撮影し続けていることが望ましい。

　状況的に可能であれば、ビデオカメラの録画ボタンを押した瞬間を出発点とした時間記録を添えた観察記録もその場で併せてつけていくとよいだろう。その際の記録は、観察者が思ったことや気になったことだけではなく、実際にその場でなされていたことを、発話や身振りのレベルで書き連ねたものだと、後で音声・映像データを見直す際のインデックスとして用いることが可能になる（なお、筆者の場合はだいたい5〜10分毎に観察記録内に時間情報を記入している）。

## 2.3. 撮影後

　撮影後は、音声・映像データを HDD や PC に保存する。そのデータは分析やデータセッションのために繰り返し見ることになるので、それが可能になるような形式に編集したファイルをマスターデータ以外でもっておくとよいだろう。そのために、手持ちの PC でデータを再生するのに取り回しのよいファイル形式への変換や、フォーカスしたい場面の映像データの切り出しなどを可能にする動画編集ソフトはあらかじめ導入しておくとよい。トランスクリプト作成時やデータセッション時、さらには分析時に映像データは繰り返し（それこそ何百回と）再生することになるので、調査設計時は、この作業があるということを念頭に置いた環境構築も併せて進めることが必要である。

## 3．調査設計と実施に向けて

　冒頭で述べたように、音声・映像データは、それ自体が分析対象になるとともに、省察を行うための教育的リソースとしての利用可能性を持つ。**分析や省察を行うためには、「見るべき対象が十分に記録されていること」と、「視聴に耐えうる映像のブレのなさとクリアな音声の確保」が達成されていることが望ましい。**ここまでで駆け足で述べてきたのは、それを達成するための留意点である。本解説で述べたことを念頭に置いたうえで調査を設計すれば、「失敗」のリスクのいくらかは低減できるはずである。

　なお、エスノメソドロジー・会話分析に指向したフィールドワークにおける録音・映像機材の使い方やその意義、そして調査設計の仕方については、いくつかの教科書的文献があるので、そちらも併せて読むとよいだろう（たとえば、Jordan & Henderson 1995; 石黒 2001; Heath, Hindmarsh & Luff 2010; 南出・秋谷 2013; 秋谷 2018）。

## 【文献】

秋谷直矩，2018,「相互行為データの収集と分析の初歩」樫田美雄・岡田光弘・中塚朋子編『医療者教育のビデオ・エスノグラフィー──若い学生・スタッフのコミュニケーション能力を育む』晃洋書房 , 185-199.

Antaki, C. ed, 2011, *Applied Conversation Analysis: Intervention and Change in Institutional Talk*, New York: Palgrave Macmillan.

Antaki, C., B. Michela, N. Anette & W. Johannes, 2008, "Managing Moral Accountability in Scholarly Talk: The Case of a Conversation Analysis Data Session," *Text and Talk*, 28: 1-30.

五十嵐素子，2011,「教員研修や教員養成の授業観察・分析における『授業ビデオデータ』の利用法」藤岡達也編『環境教育と総合的な学習の時間』協同出版 , 60-69.

石黒広昭編，2001,『AV 機器をもってフィールドへ──保育・教育・社会的実践の理解と研究のために』新曜社.

Hapburn, A. & G. B. Bolden, 2017, *Transcribing for Social Research*, London: Sage.

Harris, J., M. Theobald, S. Danby, E. Reynolds & S. Rintel, 2012, "'What's Going on Here?': The Pedagogy of a Data Analysis Session," A. Lee & S. Danby eds, *Reshaping Doctoral Education: International Approaches and Pedagogies*, London and New York: Routledge, 83-96.

Heath, C., J. Hindmarsh & P. Luff, 2010, *Video in Qualitative Research: Analysing Social Interaction in Everyday Life*, London: Sage.

Jordan, B. & A. Henderson, 1995, "Interaction Analysis: Foundation and Practice," *The Journal of the Learning Sciences*, 4(1): 39-103.

加納圭・水町衣里・城綾実・一方井祐子編，2021,『研究者・研究職・大学院生のための対話トレーニング──きく、伝える、分かち合う』ナカニシヤ出版.

樫田美雄・岡田光弘・中塚朋子編，2018,『医療者教育のビデオ・エスノグラフィー──若い学生・スタッフのコミュニケーション能力を育む』晃洋書房.

南出和余・秋谷直矩，2013,『フィールドワークと映像実践──研究のためのビデオ撮影入門』ハーベスト社.

Sacks, H. 1992, *Lectures on Conversation: Volume 2*, Oxford: Blackwell.

斉藤こずゑ，2001,「実践のための研究、研究のための実践」石黒広昭編『AV 機器をもってフィールドへ──保育・教育・社会的実践の理解と研究のために』新曜社，145-172.

Schegloff, E. & H. Sacks, 1973, "Opening up Closing," *Semiotica*, 8, 289-327.

田中博子，2004,「会話分析の方法と会話データの記述法」山崎敬一編『実践エスノメソドロジー入門』有斐閣, 71-84.

ten Have, P. 2007, *Doing Conversation Analysis*(2nd edition), London: Sage.

# ❖ コラム ❖
## データセッションの仕方

團　康晃

　授業のフィールドワークの中でビデオを撮ったなら、あるいは以前撮ったビデオがあるのならデータセッションができる。教育実習や研究授業において授業のビデオを見ることはあるだろうが、ここではこの本でなされてきたような会話分析やエスノメソドロジー研究の中で実施されるビデオデータを用いたデータセッションのやり方をかいつまんで紹介したい。

　なお、データセッションを経て分析をし、論文を書きたいという人は、より詳細な分析の手続きを紹介している串田・平本・林（2017）の第3章を、また教員研究などでのビデオデータの利用については五十嵐（2011）を、ぜひ参照していただきたい。

　まず、ビデオデータの音声の書き起こし、文字起こしをする。面倒であっても、書き起こしはした方が良い。手元に書き起こされた資料があると、その資料を見ながら議論できるし、データセッションをする中で自分の気づきや他の参加者のコメントをその資料に直接メモして残すことができる。

　書き起こしの記号は、ジェファーソンシステム（Jefferson 2004）が一般的だ。ジェファーソンシステムでは、音の高低や大小、呼気吸気といった細やかな点も書き起こすことができる。細かくすることで、これまで気づかなかった様々な相互行為上の特徴に気づくことができる。ただ、細かく文字起こしすると時間がかかっていつまでもデータの検討に移れないこともあるので、まずはある程度の水準の粗さで書き起こしをし、データセッションをして、議論を進める中で必要に応じて細かく起こしなおしても良いだろう。

　授業のはじめから終わりまでを全部書き起こすとなると大変だ、と思うかもしれない。該当する授業のはじめから終わりまでを書き起こせると、ビデオを再生しなくともその書き起こしから授業の全体を概観できる。その書き起こしを眺めながら授業の流れをふり返ったり、注目したいやりとりをさがすこともできる。ただ、授業全体を書き起こす時間は

取れない、つらい、という場合は、自分が注目したい箇所を先に決めて、その部分を書き起こして、データセッションをすることもできる。その際、どこを書き起こすのかというとき、この本の各章で扱われた様々な事例を参考にしても良い。あるいは、この本で扱っていない、自分が気になっている場面でも良い。例えば「授業開始時のやりとりに注目したい」（4章齊藤論文参照）、「児童同士のやりとりに注目したい」（6章團論文参照）など、自分が注目したい箇所が定まっているのであれば、その箇所をピックアップして書き起こしても良いだろう。

　慣れないうちは、ちっとも書き起こしが進まず、途方に暮れるかもしれない。しかし、書き起こしの過程自体が、ふだんとは違うかたちで授業をみる経験であり、様々なことに気づかされる。なぜ、あの児童はこうした発話をしたのか、なぜ、あの笑いは起こっていたのか、書き起こしをする中で、気づくことも少なくない。

　書き起こしがある程度できたら、データセッションをやろう。会話分析やエスノメソドロジー研究で実施するデータセッションでは、第一にそこでの相互行為に注目し、そのやりとりの参加者の理解を重視する。作成した書き起こしを手元に置き、ビデオを観て、やりとりに関する気づきをメモしたりしながら、気づきを共有していく。

　この時、あくまで、ビデオや書き起こしからいえることのみに注目することが大切になる。授業実践者であったり、そのビデオに登場する児童生徒をよく知っている人は、ビデオの中での児童生徒のやりとりを、児童生徒の性格や気質などから心理学的なモデルで説明したり、あるいは家庭環境や地域性などの社会構造的な知識で説明することがある。教師の日ごろの児童生徒の見方として、心理学や社会学のモデルから児童生徒の振る舞いを説明するということは、よくあるし、教師の職能として重要なものの一つかもしれない。しかし、ここで行うデータセッションの目的は、そうした見方の中で見落とされがちな、児童生徒や教師のやりとりの秩序を見出すことだ。だから、そうしたモデルで解釈するということは避けたい。あくまで、書き起こしとビデオデータ、フィールドの知識からいえることにこだわって、分析をする。そうすることで、相互行為、やりとりをめぐる様々な特徴が見えてくる。

　こうした見方は、ふだん行うことのない物事の見方であり、慣れてくればふだんでも様々なやりとりについて、気づきを得られるようにな

る。新しい見方を得られるということだ。ただ、慣れが必要であり、一朝一夕で獲得できる見方ではない。

　エスノメソドロジー研究、会話分析研究に関心がある人たちは、各地域で様々なデータを持ち寄り、データセッションをしている。こうした場を利用して、データセッションの仕方、分析の仕方を学んでいくというのも一つのやり方である。

【文献】

Jefferson, G., 2004 "Glossary of Transcript Symbols with an Introduction," G. H. Lerner ed., *Conversation Analysis: Studies From the First Generation*, Philadelphia: John Benjamins, 13-23.

串田秀也・平本毅・林誠 , 2017,『会話分析入門』勁草書房 .

五十嵐素子 , 2011,「教員研究や教員養成の授業観察・分析における『授業ビデオデータ』の利用法」藤岡達也編『環境教育と統合的な学習の時間』協同出版 , 60-69.

---
❖ コラム ❖
---

# 授業のビデオフィールドワーク

**五十嵐 素子**

　近年では医療の現場や企業の労働現場などにおける様々な専門家の実践を省察する際に、インタビューデータやフィールドノートに加えて、録音データやビデオデータが、現場の実践や環境の改善や新しい道具の開発などに役立てられている。8章解説「専門家実践を省察するためのビデオフィールドワーク」では、録音データやビデオデータを収集して調査を行うときの、撮影前・撮影中・撮影後それぞれの局面でなすべきこととその留意事項が示されていた。

　以下では、この解説を踏まえたうえで、主に教育実践を観察する目的で撮影する際の留意点について簡単に述べておきたい。

## 撮影を始める前に

### (1) 調査と撮影の承諾を得る

　調査の一環として学校現場での撮影を行う場合には、これに対応する学校の方針が個別に異なっているため、その方針に従いつつ、調査について事前に説明して学校長の許諾を得ることが一般的だ。また、児童生徒の顔が記録されてそれが公開される場合には、プライバシー保護の観点から肖像権の問題が生じ、児童と保護者の許諾が必要になることがある。しかし顔などは公開せず、撮影の目的が研究・教育に限定される場合には、必ずしも個々の児童生徒の許諾を必要としないとする考え方もある。ただこれも自治体や学校ごとに判断や対応が異なっているため、その方針に従うことになる。いずれにせよ、顔や、個人が特定できるような映像データや、ノートの内容等の記録は、しっかりと管理計画をたて、利用について十分に理解を得ておくことが必要である。

### (2) 調査計画に沿って撮影計画を立てておく

　ひと口に「授業の撮影」といっても、漠然とカメラを設置して撮影するのは失敗のもとであり、その目的とその対象に応じて綿密に撮影計画

を立てることが必要になるのはいうまでもない。このため「授業を撮影する」というよりは、まずは考察の対象となる「撮影対象」を決める必要がある。例えば、児童生徒の学習状況を考察する目的で撮影する場合などは、カメラを一台据えただけでは記録としては不足になり、かといって全員をカメラで撮影することは物理的に難しく現実的ではない。こうしたときには授業全体の進行を撮影しながらも、考察目的に照らして児童生徒を——またそれが複数人か1人かということもイメージしながら——選び出し撮影することになる。

　また、どの対象者を撮影する場合でもその対象者だけを撮影するのではなく、その対象者が活動に参加したり、道具を使ったり、誰かとやりとりする状況を想定して、そうした状況全体を記録することが必要だ。例えば4章の齊藤論文のように教師の板書の仕方について研究する際には、教師の発言や動きだけを撮影したのでは、教師が生徒とやりとりしながら行っている、教師ならではの工夫が見逃されてしまう。このため、教師が生徒のどのような発言に反応し、またどのように板書が変化したのかを記録できるように、生徒の発言とそれにともなう板書の変化を記録しておく必要がある。

　同様に、生徒の学習経験に焦点を当てる場合でも、その生徒（達）がどんな活動（個人の学習活動、ペア活動、グループ活動）に参加するのかに配慮して計画を立てることになる。例えば5章の巽・五十嵐論文で扱っているデータは、複数の生徒（個人）を研究対象としているが、彼らが一人で学習活動をしている状況から、ペア活動やグループ活動に参加する状況に変化することを想定し、双方の状況が記録できるような場所にカメラを設置している。まずは、このようなことに配慮して大まかにでも撮影計画をたてておくことが大切である。

## 撮影中の留意点

　実際に撮影する段階になって困らないためには、上記の点に加えて、授業ならではの特徴を考慮しておくことが重要だ。それは（1）複数の参加者がいること（2）学習活動が途中で変化すること（3）教科書、ノート、黒板、スクリーン、PCなどの教具や機材が用いられること、の3点である。これらに関わって生じる問題とその対処法を簡単に述べ

ておこう。

## (1) 複数の参加者がいること

　教室の生徒全体を撮影しようとすると撮影のフレーム設定に問題が生じることがある。一斉授業の場合、カメラを設置するスペースは教室の前後方と両脇になり、生徒との距離が近いために全員を画角に入れることができないことがある。その場合、三脚やあるいは棚の上などにカメラを置いて高さを出す、広角レンズ（ワイドコンバージョンレンズ）を付ける、などをして教室全体が映るように工夫することになる。

　また可能であればカメラも一台で一方向からだけではなく複数台で様々な角度から撮影するとよい。そうすることで、一斉授業のように教師と生徒が相対して授業をしている場合には、教師と生徒が互いに何を見てやりとりをしていたのかが記録できる。

　また、同時に複数の人物の声を拾うには、カメラの内蔵マイクでは不十分なこともあるため、集音マイクをカメラに外付けしたり、カメラから遠い場所にはワイヤレスの集音マイクやICレコーダーを置いたりするなどの工夫をする。映像は撮れていても、声が聞こえないことがよくあるからだ。近年はソフトウエアによって、比較的簡単にビデオデータと音声を同期させることができるので、なるべく多くのICレコーダー等を配置しておくほうがよいだろう。

## (2) 学習活動が途中で変化すること

　授業は複数の学習活動から成り立っており、しばしば途中でその内容も形態も変化する。一斉授業からペア活動やグループ活動へと移行し、また一斉授業へと戻る、またときには、別の場所（図書室やコンピューター室）に移動して授業がなされることもある。形態や場所が変われば、撮影の仕方も変える必要があるため、あらかじめ授業者に授業プランを教えてもらい、相談しながら、こうした変化に対応できるようにしておこう。学習活動が一斉授業からグループ学習になった場合、どのグループを撮影するのかも考えておかなければならないし、グループの活動の内容を記録するためには、カメラをグループの活動に向けて再配置（固定カメラではなく手持ちで移動するなど）する必要がでてくる。

## (3) 教科書、ノート、黒板、スクリーン、PC などの道具や機材が用いられること

　授業では教科書、ノート、ワークシート、黒板、といった伝統的な教具から、実物投影機（書画カメラ）、スクリーン、ディスプレイ、ノートパソコンや電子黒板と、そこで用いられるデジタル教科書といった ICT 機器、また教科によっては実験器具、楽器、作品なども用いられる。どのような教具が使われるのかということを事前に知っておき、またそれをどの程度まで資料として記録する必要性があるのかについて考えておく必要がある。

　例えば黒板は、授業の進行に応じてその内容が移り変わる。4 章の齊藤論文でも示されているように、黒板上で生徒の発言をどのように記録していくのかは、教師の工夫のしどころだが、黒板の使い方を記録しておく必要があるのならば、黒板だけを撮影するカメラを設ける、それが難しいならば、板書内容がまとまりをもった段階で適時撮影しておくようにするなどしておこう。

　また、各生徒のノートやワークシートの内容をどの程度収集する必要があるのかということも、目的に応じて判断しておく必要がある。学習の記録としては、デジタル教科書やアプリ等の学習ログを活用することも考えられるが、それだけで十分な資料となるとは限らない。

　5 章の巽・五十嵐論文のように一人の生徒あるいは特定の生徒らに焦点をあててその学習過程を追う場合には、必要性に応じてノートやワークシート等を後でコピーさせてもらう、撮影中に適時撮影させてもらう、ノートを書いている様子を含めて撮影させてもらう等の方法を検討しよう。

　このように、教師や生徒が道具を用いながら活動している場合には、その活動と道具も含めた活動環境の全体をビデオデータに記録しておくことを薦めたい（これが難しい場合には、必ずフィールドノートにメモを書いておく）。後で見返したときに何がなされていたのか分からなくなるからだ。例えば 6 章の團論文にあるように、児童らが作品を指さしながら説明するような場面などは、作品と児童のかかわり方が分からないと、児童らが話していることが理解できず、また何をしているのかも読み取れない。理科の実験が含まれる授業なども、教師・生徒らが実験器具を用いて測定し観察する状況が生じるが、同様の理由から、そうした

状況を全体として撮影するための準備をしておくことが必要になる。

　ただし、生徒の活動をその環境を含めて撮影するにあたっては、教師と生徒側の協力と、カメラの設置が学習活動の邪魔にならないようにする工夫が必要だ。そのやり方としては、小型カメラを手で持ちながら生徒と一緒に活動に参加させてもらう体制をとる、一脚を使って高いところから俯瞰で撮影する、Gopro のような小型カメラを活動の中心に置かせてもらう、何人かの生徒に視線カメラを付けてもらうなどの方法があるが、教師や生徒に負担になる無理な撮影は避けて、授業者と相談して可能な範囲を見極めながら計画していこう。

## 撮影の後には

### (1) データの整理と管理

　撮影後にはビデオデータや音声データを見直し、研究の対象がきちんと記録されているかを確認し、通し番号をつけておこう。またフィールドノートには、音声データやビデオデータの記録内容について加筆しておき、後でフィールドノートの内容と対照できるようにしておこう。データの整理をし、バックアップをとったら、流出の可能性がある PC の内部には保存せず、パスワード付きハードディスクなどで管理する。

### (2) 事後調査とデータセッション

　実際に分析をしてみると、何度データを見てもそこで何が問題になっているのかが全く分からないことがある。これはその状況についての背景知識が足りないことに起因しているため、授業者やあるいは可能な範囲で生徒にインタビューをするなどして、場面の理解に努めることにしよう。そのうえでデータセッションをして考察を深めていく（データセッションの仕方については 8 章のコラム「データセッションの仕方」を参照のこと）。

### (3) データと成果の還元

　また、被対象者や研究に協力してくれた学校関係者の先生方には、記録したデータやその成果をなるべく還元するようにする。成果物となる発表原稿や論文を事前に見てもらったり、送付することはもちろんだ

が、それ以外にも撮影したビデオデータ、授業の書き起こしデータといった基礎データを送付するほか、ビデオデータを交えて授業検討会を行ったり、報告書を作成するなど、関係する方々の要望に応じた方法をとりながら、現場への還元をしよう。

**研修におけるビデオデータの活用について**

さて、ここまで研究のために対象を撮影して詳細に記録する場合に話を絞ってきたが、学校現場で撮影する機会の多くは、初任者研修のように研修の一環として授業を撮影し、それを後で見直す場合かもしれない。その場合は、設備も人手も少ないため、カメラを複数台使うことはなく、1台を三脚で固定して教室の後方に設置するだけのことが多いだろう。こうして撮られた記録でも、授業者が見直す場合には、授業の展開についても生徒についても十分知っているので、省察に活用することができる。

この場合、自分自身の授業の仕方を振り返ることができるのはもちろんだが、特に生徒の様子を見渡すことで大きな発見があるだろう。通常、授業者は生徒の様子を観察しながら授業を展開していくが、その際にはあくまで「授業を展開していくのに役立つ観点」から生徒を観察していることが多い。しかし、改めてビデオを見返すことで、生徒の様子を多様な視点から見ることができ、新たな認識を得ることができるからである。

また、5章や6章でみられたように、アクティブラーニングにおける生徒の学びは、教師だけでなく生徒同士のやりとりにおいて生まれてくるものであるため、生徒の様子をじっくり観察することで、次にどのように学習活動をさせたらいいのかということを考えるよいきっかけにもなるだろう。

# おわりに

　本書は、エスノメソドロジー・会話分析の視点に基づいて学校教育の教育実践を理解する方法論を、事例分析を通じて紹介した、国内初の著作といっていいと思います。

　このような本を構想するときに一番気にかけたのは、ただ単に教育実践を分析して知見を提示するのではなく、読者にその方法論の良さや可能性を十分に感じてもらえるようにしたい、ということでした。このため本書では、今の学校教育に求められている、生徒の主体性が発揮されている実践や、教師と生徒、また生徒同士の対話によって展開されている実践を中心に構成しています。お読みくださった方々が、相互行為分析が提示する繊細な教育実践の世界に触れ、生き生きとした子どもたちの学びの躍動を感じることができたとしたら、本書のねらいの一つは達成されたといえるかもしれません。

　ですが、著者たちは、これは単なる出発点であり通過点だと考えています。

　まずは本書の視点と方法論、分析例は、これから教師を目指している方々、現場の教師の方々の振り返りに役に立つと考えています。例えば収録されている事例に広くみられる児童生徒の「ガヤ」（1章）や「つぶやき」（4章、8章）は、教師がしばしば直面する事態であり、これを利用して授業を展開していくやり方は、いわば教師の「実践知」といえます。この他にも発問のデザイン（2章）、エピソードの語り方（3章）、ジェスチャーや板書の利用（3章、4章）等々、様々な実践知が示されています。8章で齊藤が述べるように、本書の分析は、これまで光が当たってこなかった相互行為の水準における教師の技術を明らかにしたものであり、今までに蓄積されてきた教授学的知見と支え合うものとなることで、現場で生かすことができるでしょう。

　しかしそれだけでなく、本書のアプローチは学校教育について考えたいと思っている様々な方々に、認識の基礎となる知見を提供することができると考えています。

　これを書いている令和5年に至る数年の間には、新たな教育政策が立て続けに示されてきました。学習指導要領の改訂、学校における働き方改革、GIGAスクール構想、「令和の日本型学校教育」の構築、等々です。例えばPart1で示された一斉授業における教師の生徒への働きかけは、働き方改革の観点から見れ

ば、「教員が担うべき業務」の姿でもあります。本書の事例の多くは、わずか数分を切り取ったものですが、そこでの教師と生徒は、相互行為を通じて豊かな意味内容を紡ぎだしていました。このときの教師は、授業のねらいを念頭に置きつつ、児童生徒の発言や行為を常にモニターし、その分析をすることが必要になります。この分析の正確さと、それに基づいてなされる教師の即座の働きかけは、授業実践に求められる教師の専門性の一つといえるかもしれません。また事例の詳細をよく見ると、教育上のねらいに向けて児童生徒とやりとりを紡ぐことと切り離せない形で、集団を管理する仕掛けが内包されていることも見えてきます。授業運営の業務の特性としてこれらを指摘することもできるでしょう。

　また、Part2 で示された生徒同士の学習活動は、現行の学習指導要領が推進している「主体的・対話的で深い学び」の一つの姿と捉えることができます。各章の事例に共通する一つの特徴は、児童生徒が学習活動で展開している相互行為が、学びと呼ばれうる事態を作り出す土台となっているという点です。例えば 5 章の英語のペア活動の事例では、ある生徒は、ペアの相手の生徒から何度か聞き返されたことで、文法の誤りを言い直す機会を持つことができ、正しい英文を言えるようになっていきました。6 章の児童は、自分の作品の作り方を説明しながら身体の配置を変えていきます。説明を聞く側の児童もそれに合わせて移動し、対象を共に注視し、覗き込んで驚きを示すなどして、適切な聞き手としてあり続け、さらに質問をすることで作品の理解を深めていました。

　こうした事例からは「主体的・対話的で深い学び」が成り立つには、児童生徒の相互行為能力が不可欠であることが示唆されています。ここでいう「相互行為能力」とは社会的実践に参加するために必要とされる能力ですが、個人に帰属できる能力ではなく、その場の社会的文脈の中で互いに様々な資源を利用しながら、相互行為を通じて活動を組み立て、さらなる社会的文脈を生み出していく能力のことです。こうした能力の特徴は 5 章や 6 章の事例でも窺い知れるのですが、特に 7 章の事例において、国語の授業で生徒に行わせた作業が、課題を同じくする連携授業の体育でも活用されていくことからも良くわかります。このように、生徒同士の活動においてある学びの経験をさせようと考えるのならば、授業を計画するときに、その学びの土台となる実践の文脈の設定（指示や課題設定、生徒間に配分する行為役割）や学習環境のデザイン（身体や教具・道具の配置）という観点を持つことが大事だと考えられるのです。また行われている生徒同士の活動をこうした観点から丁寧に読みとって、次の生徒同士の活動につなげていく視点も意義があるといえます。

こうした読み方はあくまでも一例ですので、あとは読者の皆様の自由な読み
と、今後の諸研究の展開を待ちたいと思います。

　さて、最後に出版に至る経緯を簡単に説明し、お詫びと感謝をお伝えさせてく
ださい。本書の企画が通過し実際に作業を始めたのは 2015 年半ばからでした。
ラフ原稿を作成し、データセッションを伴う検討会を経て、編者がそれぞれの章
にコメントし、執筆者はこれに応える形で原稿を仕上げていきました。2019 年
には外部の識者からのアドバイスを受けて原稿の修正に取り組み、コロナ禍によ
る中断を経て、2021 年に入稿しました。しかしその後は担当編集者の交代もあ
り、2023 年に出版にこぎつけた次第です。とはいえ入稿前の執筆作業の遅れは、
執筆者のライフスタイルが変化し、業務も増大したこと、学習指導要領の改訂に
対応した書き直しをしたことが要因でした。

　この間、草稿にアドバイス頂いた、酒井泰斗さん、澤田稔さん、森直人さん、
中川敦さん、また、関連する研究会の皆さんには大変に心配をおかけしました
が、原稿が格段に磨かれたことに心より感謝しております。また当初の編集担当
の高橋直樹さんには、企画段階において丁寧なコメントを頂き、また引き継がれ
た原光樹さんには、詳細な校正依頼に幾度も対応していただきました。装丁の制
作・進行については、主婦の友社の志岐麻子さんにもお世話になりました。な
お、本書は編者らの共同研究の成果の一部であり、科研費（17K04147、2680430）
の助成を受けています。

　このように企画から長い時間を経て、出版された本書ですが、Introduction に
書かせていただいたように、その現代的意義は、企画当初よりも高まっているよ
うに感じます。現場の実践は休むことはありませんが、今だからこそ、ふと立ち
止まって子どもたちを新しいまなざしで見つめる契機があると感じるからです。
この本を手に取ってこの文章を読んでいるすべての皆さんと、そうした瞬間を少
しでも共有できることができれば幸いです。


　2023 年 8 月　編者を代表して

五十嵐 素子

# 執筆者一覧 (執筆順、★は編者)

**★五十嵐素子**（いがらし　もとこ）【Introduction、Lecture1、Lecture2、1 章、1 章コラム、3 章、5 章、7 章、7 章コラム、8 章、8 章コラム】

　　北海学園大学法学部教授。一橋大学大学院社会学研究科博士課程修了、博士（社会学）。主な著作・論文に『ワークプレイス・スタディーズ』（共編著、ハーベスト社、2017 年）、『エスノメソドロジー・会話分析ハンドブック』（共著、新曜社、2023 年）、『実践の論理を描く』（共著、勁草書房、2023 年）などがある。

**★平本　毅**（ひらもと　たけし）【Lecture3、1 章、1 章解説、1 章コラム、2 章解説、3 章解説、5 章解説、7 章解説】

　　京都府立大学文学部准教授。立命館大学大学院社会学研究科博士課程修了、博士（社会学）。主な著作・論文に『会話分析入門』（共著、勁草書房、2017 年）、「他者を『わかる』やり方にかんする会話分析的研究」『社会学評論』62 巻 2 号（2011 年）などがある。

**★森　一平**（もり　いっぺい）【2 章、2 章コラム、5 章コラム】

　　帝京大学教育学部准教授。東京大学大学院教育学研究科博士課程修了、博士（教育学）。主な著作・論文に『小学校教師の専門性育成』（共著、現代図書、2020 年）、「一斉授業における熟議の構成技法」『社会学評論』74 巻 2 号（2023 年）などがある。

　**下村　渉**（しもむら　わたる）【3 章】

　　北海道えりも町立笛舞小学校教諭。上越教育大学大学院学校教育研究科修士課程修了。

**★團　康晃**（だん　やすあき）【3 章コラム、6 章、8 章コラム】

　　大阪経済大学情報社会学部准教授。東京大学大学院学際情報学府博士課程修了、博士（社会情報学）。主な著作・論文に『楽しみの技法』（共編著、ナカニシヤ出版、2021 年）、「学校の中の物語作者たち」『子ども社会研究』20 巻（2014 年）などがある。

**★齊藤和貴**（さいとう　かずたか）【4 章、4 章コラム、8 章】

　　京都女子大学発達教育学部准教授。東京学芸大学大学院教育学研究科修士課程修了。東京都公立小学校、東京学芸大学附属世田谷小学校・小金井小学校教諭を経て、現職。主な著作・論文に『絵本で広がる小学校の授業づくり』（小学館、2022 年）、「生活科における食育の授業実践の分析」『せいかつか＆そうごう』第 30 号（2023 年）などがある。

**城　綾実**（じょう　あやみ）【4 章解説】

立命館大学文学部准教授。滋賀県立大学博士課程修了、博士（学術）。主な著作・論文に『研究者・研究職・大学院生のための対話トレーニング』（共編著、ナカニシヤ出版、2021 年）、『会話分析の広がり』（共編著、ひつじ書房、2018 年）などがある。

**巽　洋子**（たつみ　ようこ）【5 章】

名古屋大学国際本部グローバル・エンゲージメントセンター特任助教。上越教育大学大学院学校教育研究科修士課程修了。私立高校教諭を経て、現職。主な著作・論文に「双方向遠隔教育によるグローバルリーダー育成プログラムの効果」『名古屋高等教育研究』第 22 号（共著、2022 年）などがある。

**鈴木美徳**（すずき　よしのり）【7 章、8 章】

静岡県立高等学校教諭。上越教育大学大学院学校教育研究科修士課程修了。

**秋谷直矩**（あきや　なおのり）【8 章解説】

山口大学国際総合科学部准教授。埼玉大学大学院理工学研究科博士後期課程修了、博士（学術）。主な著作・論文に『ワークプレイス・スタディーズ』（共編著、ハーベスト社、2017 年）、『楽しみの技法』（共編著、ナカニシヤ出版、2021 年）などがある。

新曜社　学びをみとる
　　　　エスノメソドロジー・会話分析による授業の分析

初版第 1 刷発行　2023年11月 7 日

編　者　五十嵐素子・平本　毅・森　一平・團　康晃・齊藤和貴
発行者　塩浦　暲
発行所　株式会社　新曜社
　　　　〒101-0051　東京都千代田区神田神保町3-9
　　　　電話（03）3264-4973㈹・Fax（03）3239-2958
　　　　E-mail：info@shin-yo-sha.co.jp
　　　　URL：https://www.shin-yo-sha.co.jp/
印　刷　メデューム
製　本　積信堂

──────────── 好評関連書 ────────────

木村　優・岸野麻衣　編　　　　　　　　　　　　　　　四六判 288 頁
## ワードマップ　授業研究
### 実践を変え、理論を革新する
本体 2600 円

授業の見方、記録の取り方、授業研究の目的、研究会の組織・運営、授業研究会の内容
――教師の協働の学びとして営まれている授業研究の歴史的背景から考え方、実施に伴
う手法までを、実際のプロセスとサイクルに即して懇切に解説。小中高の事例付き。

山崎敬一・浜日出夫・小宮友根・田中博子・川島理恵・　　　A 5 判 492 頁
池田佳子・山崎晶子・池谷のぞみ　編　　　　　　　　　　本体 4200 円
## エスノメソドロジー・会話分析ハンドブック

社会学、言語学、人類学、心理学、経営学、政治学、メディア研究、医療・看護研究など、
幅広い学問分野で多彩に発展したエスノメソドロジー・会話分析の起源をたどり、その
現在を一線の研究者たちが解説。全体を包括的に理解するための待望のガイド。

前田泰樹・水川喜文・岡田光弘　編　　　　　　　　　　　四六判 328 頁
## ワードマップ　エスノメソドロジー
### 人びとの実践から学ぶ
本体 2400 円

人びとが日常を作りあげていく方法を調べることを通じて社会の理解に迫るエスノメソ
ドロジー。認知科学、情報工学、言語学、教育学など幅広い分野に結びつく近年の研究
実例を紹介し、難解と思われがちな方法論を初心者向けに解きほぐす，待望の入門書。

中河伸俊・渡辺克典　編　　　　　　　　　　　　　　　　四六判 304 頁
## 触発するゴフマン　やりとりの秩序の社会学
本体 2800 円

ビジネス・看護といった新たな現場での質的調査が増加する近年。医療・ジェンダーな
ど多分野のやりとりの秩序を活写した先人ゴフマンの視点と経験を今後の経験的研究に
活かすには？ 人類学者や言語学者も参加したゴフマンを「使う」ための論文集。

A・プラウト　著／元森絵里子　訳　　　　　　　　　　　四六判 304 頁
## これからの子ども社会学
### 生物・技術・社会のネットワークとしての「子ども」
本体 3400 円

「子ども」は、自然で文化的、生物学的で社会的、物質的で言説的な「ハイブリッド」。
自然科学と社会科学の知を縦横に行き来しつつ、「子ども」をめぐる近代主義的対立を乗
り越える研究の形を理論的に示した、新しい子ども社会学のスタンダード。

（表示価格は税を含みません）